KB047103

自步가 똑바로 본

사주팔자

自步가 똑바로 본

사주팔자

自步 박인주 지음

명리학을 기반으로 관상 손금 작명까지

밥북
B·O·O·K

운명을 개척하는 사주팔자와 노후

필자는 어릴 때부터 역학과 손금, 관상에 관심이 있었다. 필자가 학생 이던 시절, 학생 잡지 뒷면에는 펜팔란이 있었고, 그 앞에는 손금/관상/ 사주에 대하여 간단하게 설명한 페이지가 있었는데, 늘 그것을 읽고 따로 내용을 모아두곤 했다. 그러다 사업에 실패하고 방황할 때 우연히 조선일 보에 철학관 학생 모집 광고가 났고, 사주첩경의 저자 故 자강 이석영 선 생이 설립한 용산 철도길 옆 한국역학교육학원에 등록하며 사주팔자와 인연을 맺었다.

공부할 당시 필자는 지금 공부해서 조금씩 연습을 하다가, 환갑이 넘 고 나이를 더 먹으면 철학관을 열어 소일거리나 하면서 보내려는 생각이 었다. 우여곡절 끝에 역학학원을 졸업하고, 사업 실패의 악몽을 딛고 섬 유 사업을 다시 시작하여 승승장구하기 시작했다. 그리고 은퇴 후 생각 했던 대로 철학관을 열고 오늘에 이르렀다.

철학관처럼 은퇴 후에 좋은 일도 없다. 그렇다고 아무 지식도 없이 무 턱대고 철학관을 열 수는 없으니 시간이 날 때 공부하고, 기회가 될 때 타인의 사주를 봐 주면서 실전 경험을 쌓는 게 필요하다. 꼭 공부 목적이 아니더라도 상대방 사주를 봐 주는 것만으로 서로의 사이가 친밀해지고 관계 발전에 좋은 효과를 내기 때문이다.

필자도 사업을 하면서 사주팔자를 통해 꽤 많은 도움을 받았다. 거래처 관계자들의 자식 이름도 작명해 주고, 어려운 일이 있어 상담을 요청하면 성의껏 봐 주었다. 이렇게 관계를 쌓으며 나도 필요할 때 그들에게서 여러 도움을 받았다. 나는 실전 경험을 쌓아 좋고, 상대방은 사주를 알아서 좋고, 누이 좋고 매부 좋은 쌍방통행이었던 셈이다.

이렇듯 젊어서 사주팔자를 공부하고, 시간이 나면 취미 삼아 다른 사람들의 사주를 봐 주며 실력을 쌓은 다음, 사회생활을 은퇴할 때쯤 철학관을 오픈한다면 이렇게 좋은 인생 2막도 없다. 무엇보다 노후에는 친구가 사라지고 대화할 사람이 적어 외로움을 느끼는데, 이 직업은 항상 새로운 사람과 인생사를 들여다보며 자기의 살아온 인생 경험을 이야기하기에 늘 새롭고 흥미롭다.

필자 역시 철학관을 운영하면서도 한평생 배운 사주 명리학을 후배들에게 전해 주기 위하여 강의를 하고 있다. 갑을병정도 모르고 입학한 제자들이 몇 달만 지나도 나름의 사주를 술술 풀어내는 것을 볼 때마다 얼마나 보람찬지 모른다. 앞으로도 훌륭한 제자들을 많이 배출하여, 삿된 사주풀이로 혹세무민하는 철학관이 정화되도록 노력하고픈 마음이다.

자보는 필자의 호이고 사주팔자 공부의 마지막 종착역은 사주를 똑바로 내담자가 필요한 것을 학문의 논리를 기초로 속 시원하게 풀이해 주는 데 목적이 있다. 강의로도 알려주지만 더 많은 사람에게 사주팔자를 바르게 알려주고, 필자와 같이 철학관과 함께하는 인생 2막이 있음을 전하고자 이 책을 썼다. 필자는 이 책의 독자를 사주팔자에 관심이 있으나 아직 전문적으로 배워보지 않은 사람들로 잡았다. 그래서 되도록 쉽고 재미있게 쓰려고 노력했다. 무엇보다 사주의 이치는 명리학에서 출발하는데, 명리학을 기반으로 사주는 물론이고, 작명, 궁합, 수상, 관상 등을 보는 원리도 손쉽게 풀어쓰려 노력했다.

이 책이 사주팔자를 제대로 알고 배우며 이를 통해 삶의 어려움을 피하고 행복을 이뤄가는 데 작은 도움이라도 되기를 바라는 마음 간절하다.

자보미래예측학회
2020년 여름 부설 참사주 철학관에서
자보 박인주

3장 사주팔자 - 운명의 역학작용을 추적하다

4장 이름이 인연을 부른다

5장 수상 - 손이 말해주는 모든 것

6장 관상 1 - 얼굴, 얼이 드러나는 굴

7장 관상 2 - 얼굴 및 신체와 말씨도 포함하는 관상

8장 다양한 사례 분석 - 유명인에게 적용해본 명리학

9장 누구나 명리학을 배우고 활용해야 한다

1장

사주팔자 발걸음 떼기

1.

사주의 출발은 만물의 이치와 본질이 담긴 명리학

"걱정도 팔자, 팔자가 늘어지다, 팔자가 사납다, 개 팔자 상팔자,
모두 제 팔자소관, 여자 팔자 뒤웅박 팔자…"

'팔자'는 사람이 타고 태어나는 일생 동안의 운수를 의미한다. 정확하
게는 '사주팔자'의 줄임말이다. 재미있게도 일상에서 쓰이는 '팔자'는 부
정적인 상황에 대한 체념이나 수용적 자세가 묻어있다. 하지만 사주팔자
가 운명에 대한 굴복이라고 생각한다면 큰 오산이다.

운명이라는 것은 참으로 얄궂다. 사람 누구나 인생을 둘러싼 환경을
한 치 앞도 알 수 없다. 누구는 재수가 좋아 앞으로 넘어져도 동전 한
닢 더 줍고, 누구는 재수에 옴이 붙어 뒤로 넘어져도 코가 깨진다. 보통
이 불안을 해소하는 방법 중 하나가 자신이 타고난 '사주팔자'를 확인하
는 것이다. 그 환경조건이 형성된 원인을 파악하면 내게 주어진 운명과
순리를 알아낼 수 있다.

동양권에서는 사주팔자, 여덟 글자가 일생의 운명을 결정한다고 보기
때문에, 새해가 되면 한해 기복을 파악하기 위해 철학관을 찾는다. 철

학관을 찾는 이들의 마음가짐 또한 각양각색이다. 사주팔자는 '미신'이라며 믿지 않는다고 하면서도 궁금해하는 사람, 또는 '종교'처럼 생각하며 절대자를 믿고 복을 빌고자 오는 사람, 일정 부분 수긍하면서 '통계' 또는 '확률'로 받아들이고 알아두어 나쁠 것 없다는 사람 등등이다. 하지만 누구라도 사주를 보기 전에 알아야 할 중요한 두 가지가 있다.

첫째, 사주팔자는 미신도, 종교도, 통계학도 아니다. 만물의 이치와 본질을 담은 학문으로서 엄연히 존재한다는 사실을 알아야 한다. 그리고 이를 '명리학'이라 부른다.

둘째, 사주팔자 이전에 중요한 것이 있다. 첫째가 적덕, 둘째가 태어난 곳과 성장한 환경, 셋째가 자기 노력이다. 그리고 다음에 사주팔자가 영향을 끼친다.

이 두 가지를 알고 언급한 것처럼 사주의 이치는 명리학에서 출발하는데, 명리학을 알면 자연현상과 사회현상의 이치를 알게 된다.

이러한 전제를 두고 1장에서는 일반인이 사주에 가질 수 있는 몇 가지 오해를 풀어주고자 한다. 그 후 본격적으로 본론으로 들어간다면, 명리학을 공부해야 하는 이유를 더욱 바르게 이해할 수 있다.

2.

사주팔자는 미신이 아니다

미신으로 생각하는 게 사주에 관한 가장 흔한 오해 중 하나다. 보통 사주는 비과학적이라고 생각하기 마련이다. 먼저 비과학성에 대한 오해는 '과학'에 대한 오해해서 출발한다. 그 '과학성'은 보통 서양 학문에 기조를 두고 판단하곤 한다. 즉, 뿌리가 서양 과학이냐 아니냐를 두고 과학적인가 비과학적인가라는 판단으로 귀결되어 버리는 경향이 있다. 그러나 무엇보다 과학은 동서양을 가리지 않고 자연현상을 이치에 맞게 설명하는 것이어야 한다. 재미있는 사실 중 하나는 그 과학의 근본은 실제로 서양과 동양에 큰 차이가 없다는 점이다.

서양 학문의 시작은 고대 그리스 시대라고 할 수 있다. 고대 그리스에서는 세상의 물질을 이르는 근간을 물, 불, 흙, 공기로 보았다. 그리고 차가움, 습함, 뜨거움, 건조함의 4요소 중 두 가지가 합쳐져 이루어졌다고 생각되었다. 이후 과학의 발전에 따라 물질을 더욱 쪼개고 쪼개어 더 이상 쪼개지지 않는 단위인 '원소'를 발견하고 현대에는 100여 가지 이상의 원자에 번호를 부여하기까지 이른다.

동양학문에서도 이와 크게 다르지 않다. 만물의 구성은 음양오행론에 기반을 두고 있다. 오행은 우주를 구성하는 다섯 가지 원소, 나무, 불, 흙, 쇠, 물을 상징하며, 음양은 만물이 상대적으로 존재하기에 한 가지로만 존재할 수 없으며, 상대적 물질에 따라 +도 되었다가 −도 되는 순환적 구조를 밝힌 이론이라고 할 수 있다.

사주팔자는 이를 바탕으로 하여 천간과 지지의 글자字 22개를 사용한다. 천간과 지지는 우주와 자연이 생성하고 변화하는 원리로서, 갑, 을, 병, 정으로 시작되는 총 10개의 자字가 '천간', 자, 축, 인, 묘로 시작되는 12개의 자字가 '지지'에 해당한다. 마치 서양에서 원자에 번호를 붙인 것과 원리적으로는 유사하다고 할 수 있을 것이다.

다만 서양에서는 하나하나의 원자를 정확히 명명하는 데 기초를 두었고 동양에서는 상징체계를 활용하여 '기운'氣, 상대적인 에너지를 명명하는 데에 초점을 두었다는 차이가 있다. 서양 과학에서 원소가 100여 가지가 넘는데 비해 22개의 자字만을 활용하는 것이 그 이유다. 예를 들어, 나무는 탄소, 산소, 수소 등으로 이루어져 있다. 그리고 그 구성 원소는 다시 C, H, O, P, N, S라는 원소기호로 표시된다. 그러나 동양 과학에서 나무木라는 원소는 실제 나무만을 말하는 것이 아니다. 나무의 기운을 타고나는 것들을 상징하는 지칭어이기 때문에, 세부적인 명칭을 필요로 하지 않는다. 그 기운을 그저 총괄하여 나무木라고 칭할 뿐이다.

이러한 차이 때문에 서양의 딱딱한 원소기호는 전문 영역에서만 쓰이는 반면, 동양의 천간지지는 우리 삶에 굉장히 밀접하게 활용된다. 실제로 운전면허 시험장이나 사회생활에서 갑, 을 등을 활용하여 지칭하기도 하고, 토끼띠, 돼지띠 등 태어난 해에 주목하여 '띠'라는 이름으로 구분하기도 한다.

결과적으로 원소에 주목하느냐와 원리에 주목하느냐의 차이만 있을 뿐, 동서양 간의 과학성은 도리어 공통점이 많다. 사주팔자를 미신으로 이해하는 것은 동양적 과학관에 대한 이해가 부족한 것이다. 이를 볼 때 사주팔자를 연구하는 명리학은 인문학 중에서 가장 이론 과학적인 학문에 속한다는 점을 알아두는 것이 좋겠다.

3.
사주팔자는 종교가 아니다

독실한 종교를 가진 분들이 사주를 보는 것은 정신적 영역에 대한 도전이라거나, 영靈을 해치는 비정상적 행태라고 극단적으로 판단하는 경우도 있다. 이 부분은 미신이 아니라 동양과학을 기반으로 한 하나의 학문이라는 점을 앞서 설명했기 때문에 어느 정도 해소되었을 것으로 이해한다. 사주팔자는 심리학도, 종교도 아니다. 정신적·영적 영역과는 관련성이 없다.

혹은 사주가 지극히 종교적이라 믿고 절대적으로 신봉하는 사례도 있다. 사주를 보는 사람 중에 스님, 무속인 등 종교인이 있는 경우가 있어 해당 종교의 것이라는 착각을 하는 경우다. 그러나 학문과 종교는 엄격히 구분해서 이해해야 한다. 사주를 공부한 사람이 종교인이었던 것이지, 종교가 사주에 영향을 주는 것이 아니다. 사주는 하나의 원리 체계이며, 이에 대한 해석은 종교마다, 사람마다 각기 다를 수는 있다.

이 부분은 비유적으로 접근하면 조금 더 이해가 쉬울 수 있다. 예를 들어, '도둑질을 해서는 안 된다'라는 사회 규칙에 대해 윤리학자들은 어떻게 해석할 것인가? 의무론적 관점을 고수하는 칸트주의자는 당연히

'그것이 인간의 양심(선의지)에 맞는 행위'이기 때문이라고 말할 것이다. 공리주의자가 있다면 어떻게 대답할까? '도둑질이 공공의 이익(공리)을 위반하는 행위'이기 때문이라고 대답할 것이다. 종교적 관점에서도 접근해보면, 교회 목사님은 아마도 '하나님의 뜻(십계명)에 위반하는 행위'이기 때문에 '도둑질을 해서는 안 된다'고 설명할 것으로 유추할 수 있다.

본론으로 돌아와 보자. 즉 하나의 현상이나 이론을 놓고도 각각의 입장이 다르다. 여기서 누군가는 맞고 누군가는 틀리다고 할 것인가? 그렇지 않다. 해석은 저마다의 이유와 특징이 있다. 그와 별개로 현상은 어떻게든 현상으로 존재한다. 사주는 앞서 설명했듯, '과학적 원리'에 지나지 않는다. 그러나 이 원리를 해석하는 방식은 종교인마다 다르다. 스님은 불교적 입장에서, 무속인은 모시는 신의 공수에 의해서 해석해줄 수밖에 없다.

점사를 보는 무속인이 의뢰인의 사주를 물어본다고 해서, 사주 이론이 해당 교단과 교리를 바탕으로 하는 것은 아니다. 사주는 초월적 존재를 모시거나 믿는 종교가 아니다. 따라서 사주팔자를 대할 때는 일정 주의를 기울여야 한다. '미신으로 매도하는 태도'나 '무조건적인 믿음을 가지는 것'이나 모두 바른 학구적 자세가 아니다. '인생 모든 것이 주어진 숙명이겠거니 하며 자포자기하는 태도' 또한 옳지 못하다. 그렇다고 해서 '기복신앙으로 생각하고 팔자를 바꾸어보겠다며 부적이나 제사 등에 치중'해서도 안 된다. 다시 한번 강조한다. 사주팔자는 오로지 인간의 운명을 설명하는 학문으로 이해하여야 한다. 학문은 우리 삶에 유용성을 더해주는 요소이지 신봉의 대상이 아니다.

4.
사주팔자는 통계가 아니다

학문이라는 말에 종종 '확률통계'와 사주팔자를 혼동하는 경우도 있다. 사주는 비슷한 해, 비슷한 시기의 사람들의 자료가 축적된 일종의 데이터라고 이해하는 것이다. 그리고 그 사람들의 인생 패턴에 대입하여 유사한 흐름을 가질 것이라고 추측한다고 보는 입장이다. 종종 사주를 푸는 사람이 자신의 경험이나 과거의 비슷한 사례를 들어 설명하는 경우가 있기 때문에, 이와 같은 오해가 쌓이는 것이 아닌가 생각된다.

그렇다면 바꿔서 물어볼 수도 있겠다. 동일한 연월일시와 동일한 부모를 공유한 쌍둥이의 운명은 어떻게 될 것이라고 생각하는가? 똑같이 주어졌으니 똑같이 살다가 한날한시에 이생을 마감할 것이라고 생각하는가? 우리는 통상적으로 그렇지 않다는 점을 잘 알고 있다.

사주팔자는 굳이 대입하자면 귀납법보다는 연역법에 가깝다. 귀납법은 경험과 관찰에 기반한다. 사주팔자가 귀납법이라면 '유사한 시기에 태어난 사람들을 묶어 A라는 그룹 포함해 보자. 그룹에 속하는 사람 1은 a와 같은 인생을 살았고, 사람 2는 a'라는 인생을 살았으며, 사람 3은 a"라는 삶을 살았으니 사람 n은 a계열의 삶을 살게 될 확률이 높다'

라는 결론이 나와야 한다. 하지만 사주팔자는 이렇게 주먹구구식의 이론이 아니다. 오히려 철저히 사실에 기반한 이론에서 출발하여 연역적 과정을 거쳐 결과를 추측해내는 연역법에 가깝다.

그리고 그 내용은 비유나 상징을 통해 풀이해나간다. 앞서 설명한 음양과 오행의 관계를 적용하여 삶의 길을 가늠해보는 것이다. 간단한 예를 들어보자. 한겨울에 태양으로 태어난 사람이 있다고 가정을 해보자. 태양은 불이다. 불이 계속 타오르려면 무엇이 필요한가? 연료가 되는 나무가 필요하다. 그런데 불이 계속 타오르기에는 겨울이라는 환경은 너무 습하고, 연료 또한 부족하다. 그렇다면 이 태양이 그 환경에서 가장 잘 살아가는 방법은 무엇이겠는가?

그의 인생에서 나무를, 그리고 또 나무를 자라게 할 토양을 만나야 할 것이다. 불의 크기에 따라 그 정도와 양이 달라질 것이다. 그가 앞으로 살아갈 인생길에서 필요한 것들을 준비할 수 있으려면, 그리고 더 나은 방향으로 약진하려면 명리학을 알아야 할 것이다. 명리학을 배워야 하는 것 역시 이러한 이유다.

5.
만물의 본질로서 사주팔자

살펴본 대로, 사주팔자는 세상 만물의 형성 원리를 담은 학문이요, 이론이다. 이 이론을 공부하는 것은 세상에 대한 탐구이자 궁극적으로는 나 자신이 잘살아가기 위해 어떻게 해야 하는가에 대한 탐구이기도 하다. 그렇기에 간과하지 말아야 할 것이 있다. 정해진 것은 어떤 조건이지 과거나 현재, 미래가 아니다. 앞서 사주에 대해 알아야 할 것이 두 가지가 있다고 했다. 그 두 번째가 바로 지금 하려는 말이다.

사주팔자 이전에 중요한 것은
첫째가 적덕,
둘째가 태어난 곳과 성장한 환경,
셋째가 자기 노력임을 알아야 한다는 점이다.

적덕積德은 선대가 남을 위해 좋은 일을 많이 하여 쌓은 덕이다. 적덕을 쌓으면 한 세대 건너 손자에게 하늘에서 복을 내려준다. 그 복이란 바로 아기가 어머니 몸속에서 나올 때의 공기를 접하며 울음을 터뜨리는 그 시점에 주어진다. 즉 좋은 날, 좋은 시에 하늘의 기운이 사람의 몸과 접촉하며 정해지는 사주는 조상의 덕인 것이다. 여기에 태어난 곳과 자란 환경이 영향을 미친다. 부모님의 사회적 지위, 생활 환경, 가정 교육 등의 차이가 사람의 근본이 되는 그릇을 만들어 준다. 따라서 내가 태어나는 순간에 기본적인 조건들은 일정하게 정해져 있다고 볼 수 있다.

하지만 이것을 기억하자. 사람은 노력하는 존재다. 자유의지를 타고난 존재다. 자기의 노력이 있고 난 후 사주팔자가 있는 것이다. 사주팔자가 변하지는 않지만 어떻게 운영하는가에 따라 인생은 변한다. 운명이란 그런 것이다. 숙명처럼 주어진 바가 아니다. 운용하는 능력은 개인에게 달려있다. 그래서 누군가는 좋은 집안에서 태어나도 빛을 못 보고, 누구는 어려운 가정환경 속에서도 자기 꿈을 이루어낸다.

운명은 숙명이 아니다. 운명이라는 지도를 펼쳐놓고 어느 길로 어떻게 갈 것인가 정하는 것이 인간의 노력이다. 그리고 그 지도를 해독하는 학문이 명리학이다.

인간이 스스로 운명의 지배를 받아야 하는 것이라고 인정하기보다는 그 사주팔자의 음양오행 바코드를 심층 분석하여 대응할 수 있어야 한다. 우리는 좋은 일에는 적극 대응하고 흉한 일에는 대비하고 조심함으로써 길吉을 맞이하고 흉凶은 피할 수 있어야 한다.

2장

명리학

하늘이 내려준 인생의 메뉴얼

서른넷, 부도를 맞다

"죄송합니다. 더 이상 대출은 어렵겠네요."

나는 그 말 한마디에 어안이 벙벙해졌다. 한마디로 나는 망해 버린 것이다. 그 당시 내 나이는 고작 서른넷이었다. 인생에 대하여 무엇을 안다 모른다 말할 처지도 아니었다. 나는 그저 내 손 안에 주어진 일을 열심히 하면 그 대가가 반드시 돌아올 것을 믿었다. 믿음대로 회사는 성장하고 있었다. 나이 30세에 결혼도 하고 논현동 한신 아파트도 구하고. 차 한 대도 귀했던 1980년 대에 기사 있는 자가용을 타면서 나는 거칠 것이 없었다. 그랬던 내가 파산이라니…?

심장이 터질 것 같았다. 내가 어떻게 꾸려온 사업인데. 하루 아침에 나는 실업자가 되었다. 다시는 재기再起할 수 없을 것 같 았다. 그 사업체는 원래 나와 인연이 아니었음을, 당시에는 몰랐 다. 평범하고 성실하게 잘 살아온 나에게 이런 일이 벌어진 것이 그저 분하고 억울할 뿐이었다. 고통의 시간이 지속되자 심장이 이따금 아파왔다. 불현듯 궁금증이 올라왔다. 나를 나락으로 밀 어 넣은 장영자 사건! 대체 그 '장영자'라는 사람은 누구이길래? 나는 연일 보도되는 뉴스와 신문을 파고들 수밖에 없었다.

여러모로 대단한 사람이었다. 사채시장의 거물, 미모와 지략을 갖춘 재력가, 사람의 마음을 조종하는 미모의 여성, 대한민국에서 둘째가라면 서러울 인맥…. 누구에게나 쉽사리 따르지 않을 수식어가 너무 손쉽게 붙는 사람이었다. 내가 잃은 돈은 그에게 있어 그저 일부 중에도 극히 일부에 지나지 않을 것이었다. 어이없게도 심장의 통증은 새로운 궁금증과 함께 묻혀 버렸다.

　'이 사람은, 그리고 나는 어떤 팔자를 타고났길래 이렇게 된 것일까?'

　그 궁금증은 서른네 살의 나로서는 도무지 풀 수 없었다. 그때의 나는 사주니, 명리학이니 하는 것에 대해서는 영 무지했다. 결국 이러한 질문은 내 인생의 근간을 돌아보게 하였다. 스스로 계속 물음을 던졌다. '내 삶에서 진정으로 내 힘으로 선택한 것이 얼마나 있는가, 선택했다고 한들 그것이 정말 나의 선택이라고 할 수 있을 것인가, 선택의 결과는 어떠했던가?'

물론 답을 알 수는 없었다. 답답하기만 하였다. 그 답답함은 결국 인간사, '운명'을 향했던 것이니, 사업에 실패한 치기 어린 젊은이로서는 모를 수밖에 없었다. 하지만 그 해답의 실마리를 얻는 데까지는 그리 오랜 시간이 걸리지 않았다.

그 실마리는 바로, 우연히 만난 역학학원에 있었다.

1

사주의 이론체계 – 한국의 역학을 파헤치다

"태극은 음양으로 나누어지며, 음양은 오행으로 나누어진다.
그러나 오행은 음양에 다르지 않으며, 음양은 태극에 다름이 아니다.
없는 것이 아니라 드러나지 않는 것뿐이며, 끊임없이 순환한다."

■ 태극에서 음양으로, 음양에서 오행으로

아무도 없는 텅 빈 진공상태를 태극, 혹은 무극이라 한다. 무극은 곧 유의 근원이 되며, 무극 상태에서 세월이 흐르면 일기─氣시대로 진화하게 되고, 이 기에는 향후 만물을 만드는 음양과 오행의 기가 들어 있다. 이때 음양이 분리되지 않은 상태를 일기라 하는데, 많은 세월이 지나면서 음과 양이 나누어지는 양의시대兩儀時代로 나가게 된다.

양이(음, 양) 시대에서 사상(태양, 소음, 소양, 태음)이 생기고 사상에서 팔괘(건, 태, 이, 진, 손, 감, 간, 곤)로 형성되었다.

음양은 어디에서 와서 어떻게 바뀌는가? 이것을 설명한 것이 오행이다. 오행은 음양의 강약에 따라 나눈 것이다. 음기가 약해지면서 양기가 강해지기 시작하는 기운이 木이고, 양기가 가장 강한 기운이 火이며, 양기가 약해지고 음기가 강해지기 시작하는 기운이 金이며, 음기가 가장 강한 기운이 水이다. 土는 음양이 중화된 기운이다. 태고로부터 하늘에 목성, 화성, 토성, 금성 수성이라 칭하는 오성의 혹성이 있었다. 간지에 있어 천간에 오행을 기로 하고, 지지에 오행을 질로 하여 사주팔자와 음양오행의 생 극 합 충의 원리에 비추어 추명한 것이 바로 오행설이다.

■ 고대 중국에서 한반도로

고대 중국에서는 주역에 의한 음양 학설이 먼저 존재했다. 음양의 학문에서 시작한 복희伏羲氏는 전설 속에서 상고시대 동이족의 유명한 수령인데, 복희씨가 황하에 나타난 용마의 등에 있는 그림의 형상을 보고 만물의 변화를 살펴 선천 팔괘를 만든 뒤 후에 주나라의 문왕이 육십사괘와 괘의 효사爻辭를 만들었다는 것. 후에 주나라 문왕의 아들 주공이 384괘를 만들어 주역의 근간을 마련하고 주나라에서 만든 역이라 하여 주역이라고 부르고 있다.

이후 2,500년 전 공자가 말년에 가죽끈이 세 번 끊어지도록 주역을 연구하였고, 사서삼경의 대학, 논어, 맹자 중용의 사서와 시경, 서경, 역경의 삼경 중 사서와 시경 서경을 배운 후 마지막 공부한 것이 바로 이 역경이다. 말년에 저술한 공자의 책인 역경학이 지금까지 내려오고 있다.

사주팔자의 명리학은 중국 춘추전국시대에 오행을 바탕으로 운명을 추명하는 오행학설이 유행하기 시작하였다.

명리학의 역사 중, 현재 우리가 사용하고 있는 연 월 일 시의 간지는 당나라 말 이허중 선생이 연주를 기준으로 운명을 판단하는 당사주를 만들었다. 이후 송대 서자평(서대승) 선생이 연주를 기준으로 운명을 감정하고 일간을 중심으로 판단하는 이론을 창안하여 연해자평이란 책을 저술하였다. 명나라 때 많은 명리학자들이 사주학의 뿌리를 튼튼하게 만들었는데 그중 장남 선생이 명리종정을 저술하고 사주학 정립에 일조를 하였고 유백온 선생이 명리학의 3대 보서라고 칭하는 적천수를 저술하였다.

이후 서락오 선생은 궁통보감이라는 책을 편찬하여 명리학의 3대 보서라는 연해자평, 적천수 궁통보감이 명리학의 틀을 바탕으로 다양한 이론적 발전을 이루며 지금까지 이어져 오고 있다. 한국에서는 명리학이라고 하지만 일본에서는 운명을 추리한다고 하여 추명학이라고 하고, 중국에서는 운명을 계산한다고 하여 산명학이라고 칭한다.

조선 시대에 중인들이 응시할 수 있는 과거시험 잡과에는 천문학, 지리학, 명과학이 있어 이에 능통한 인재를 등용하였는데 명과학에 뽑힌 인재는 나라의 국운, 길흉, 천기 등을 판단하여 국사에 참여했다.

조선 시대 역을 통달한 대표적인 분은 임진왜란을 예언하고 십만 양병설을 주장한 이율곡 선생과 송도삼절의 화담 서경덕 선생, 평생 마포 토굴에서 거하면서 빈민들을 구제하신 토정 이지함 선생, 난중일기를 보면 전쟁터에 나가기 전에 목욕 재개하고 괘를 뽑았다는 이순신 장군 등이 역에 조예가 깊고 통달하였다.

■ 한국 역학의 명인에는 누가 있을까?

첫째, 자강 이석영 선생(1920-1983)은 20년의 연구로 사주 첩경이라는 전 6권의 대작을 실전체험과 임상을 걸쳐 1969년 완성함으로써 중국에 의존하던 명리학을 탈피했다. 그 후로도 관인 한국역학학원을 설립하여 많은 후학을 양성하였다. 필자가 사사를 받고 수학한 학원으로 긍지를 가지고 역학에 맹진하고 있다.

둘째, 도계 박재완(1903-1992) 선생은 대구에서 태어나 중국으로 건너가 중국의 역학의 대가 왕보 선생을 만나 수학을 하고 1960년에서 1980년에 걸쳐 한국에서 정치인 사업가라면 한번 정도는 만나지 않은 사람이 없을 정도로 유명한 분이었다.

셋째, 제산 박재현(1935-2000년)은 삼대 명인 가운데 마지막 선생이다. 좌충우돌에 신출귀몰하는 천재형으로 성격이 불같아서 가는 곳마다 흔적을 남기는 기인의 인생을 살았다.

2.
사주팔자 감정의 12가지 필수사항

사주팔자를 감정하려면 필수적으로 다음 12가지 내용을 알아야 한다.

 첫째는 운명의 사주팔자로, 사람이 태어난 생년, 생월, 생일, 생시의 네 기둥을 사주라 한다.

 둘째는 사주의 구성법으로, 년 월 일 시의 천간 4개와 지지의 4개가 합하여 8자, 즉 사주팔자라 한다.

 셋째는 오행과 천간, 오행 상생법 및 상극법이다.

 넷째는 형살법, 다섯째는 12신살, 여섯째는 길신류, 일곱째는 공망, 여덟째는 흉살류, 아홉째는 12 운성법, 열 번째는 육친, 열한 번째는 대운, 열두 번째는 격국과 용신이다.

이 12가지를 하나하나씩 구체적으로 살펴보자.

오행(五行) 구분(區分)	목(木)	화(火)	토(土)	금(金)	수(水)
계절(季節)	춘(春)	하(夏)	중앙(中央)	추(秋)	동(冬)
방위(方位)	동(東)	남(南)	중앙(中央)	서(西)	북(北)
천간(天干)	갑(甲),을(乙)	병(丙),정(正)	무(戊),기(己)	경(庚),신(辛)	임(壬),계(癸)
지지(地支)	인(寅) 묘(卯)	사(巳) 오(午)	진(辰)술(戌) 축(丑)미(未)	신(申) 유(酉)	해(亥) 자(子)
수리(數理)	3, 8	2, 7	5, 10	4, 9	1, 6
오색(五色)	청색(靑色)	홍색(紅色)	황색(黃色)	백색(白色)	흑색(黑色)
오성(五性)	인(仁)	예(禮)	신(信)	의(義)	지(智)
오장(五臟)	간(肝) 담(膽)	심장(心藏) 소장(小腸)	비(脾) 위(胃)	폐(肺) 대장(大腸)	신장(腎藏) 방광(膀胱)

■ 운명의 사주팔자

사람이 태어난 생년 생월, 생일, 생시, 네 기둥을 사주라 하고 천간의 4개와 지지의 4개를 합하여 사주팔자라 한다. 다만 사주보다 더 중요한 것은 첫째로 적덕, 둘째로 태어난 곳과 자란 환경, 셋째로는 자신의 노력이며, 그다음이 사주이다.

■ 사주의 구성법

사주를 보려면 우선 사주팔자의 기둥을 세워야 한다. 사주팔자란 년 월 일 시의 천간 4개 지지의 4개가 합하여 8자를 이루는데, 그래서 흔히 말하는 '사주팔자'라 하는 것이다.

사주에는 년주, 월주, 일주, 시주가 있다. 여기서 년주란 할아버지 할머니를 의미하고 월주는 부모 형제를 의미하며, 일주는 본인과 배우자를 의미하고 시주는 자식을 의미한다. 또 년주는 초년을, 월주는 청년을, 일주는 중년을, 시주는 노년을 의미한다.

옛날에는 만세력을 보고 사주팔자를 세웠으나 지금은 대부분이 인터넷에서 만세력을 다운받아 사용하고 있다. 인터넷에서 각자 생년월일을 넣으면 자동으로 사주팔자의 명식이 나오니 초심자들은 이용하면 편리하다. 만세력은 기본적으로 책이다 보니 글씨도 작고 월일을 찾기도 힘들었다. 그래서 생년월일과 시를 찾다 보니 실수할 때도 많았지만, 지금은 컴퓨터 만세력이 나와 큰 글씨로 길신류, 흉신, 12신살과 포태법 육친 등 전부 찾아볼 수 있어 초보자도 명리학에 쉽게 접근이 가능하다.

〈스스로 자기 사주와 지인들의 사주를 감정하는 쉬운 방법〉

1. 참사주철학관 홈페이지 (www.chamsaju.net)에 들어와 자보 만세력을 클릭합니다.
2. 네이버, 구글에서 자보 만세력을 검색합니다.
3. 생년월일시를 넣고 양력 음력 윤음력, 남자 여자를 구별하고 사주 보기를 누른다.
4. 사주 보기를 누르면 사주 보고자 하는 사람의 사주팔자 명식이 나온다.
5. 오른쪽부터 년월일시 순서로 나온다.

■ 오행과 천간, 오행 상생/상극법

오행은 목성과 화성, 토성, 금성, 수성으로 이루어진다. 10간오행방위 숫자법은 동방에 갑을 3,8 목, 남방에 병정 2,7 화, 중앙에 무기 5,10 토, 서방에 경신 4,9 금, 북방 임계 1,6 수로 계산하면 된다.

다음은 천간과 12지의 음양이다.
천간에서 양은 '갑 병 무 경 임', 음은 '을 정 기 신 계'로 나누어진다.

- 12지의 음양
음: 묘(토끼) 사(뱀) 미(양) 유(닭) 해(돼지) 축(소)
양: 인(범) 진(용) 오(말) 신(원숭이) 술(개) 자(쥐)

- 오행의 상생법과 상극법
오행 상생법: 목 생 화, 화 생 토, 토 생 금, 금 생 수, 수 생 목
오행 상극법: 목 극 토, 토 극 수, 수 극 화, 화 극 금, 금 극 목

- 천간합과 충
천간에는 합과 충이 있는데, 합을 간합이라 하고 충을 간충이라 한다.
천간합법: 갑기합 토, 을경합 금, 병신합 수, 무계합 화
천간충법: 갑경상충, 을신상충, 병임상충, 정계상충

< 천간의 속성 >

天干	甲	乙	丙	丁	戊	己	庚	辛	壬	癸
陰陽	陽	陰	陽	陰	陽	陰	陽	陰	陽	陰
五行	木		火		土		金		水	
方位	東方		南方		中央		西方		北方	
季節	春		夏		四季節		秋		冬	
五色	靑色		赤色		黃色		白色		黑色	
五音	牙(아)		舌(설)		喉(후)		齒(치)		脣(순)	
五味	酸(산)		苦(고)		甘(감)		辛(신)		鹹(함)	
五意	仁(인)		禮(예)		信(신)		義(의)		智(지)	

- 지지 합과 충

지지의 육합

자축합 토, 인해합 목, 묘술합 화, 진유합 금, 사신합 수, 오미합 화

- 삼합

해묘미 삼합 목국, 인오술 삼합 화국, 사유축 삼합 금국, 신자진 삼합 수국

- 방합

인묘진 삼합 목국, 사오미 삼합 화국, 신유술 삼합 금국, 해자축 삼합 수국

- 지지충

자오충, 축미충, 인신충, 묘유충, 진술충, 사해충

- 6파

파는 파괴, 분리, 이별, 절단하는 작용이 있다.

자유파, 오묘파, 신사파, 인해파, 미술파, 축진파

- 6해

자미해, 축오해, 인사해, 묘진해, 시해해, 유술해

■ 형살법

- 삼형

인사신 삼형 무은지형

인신충 인사형 사신합

포악하고 의리가 없고 배신을 잘하며 반역하는 경향이 있다.

축술미 삼형 지세지형

축미충 축술형 미술형

　자신의 세력을 믿고 밀어붙이며 돌발적으로 고집을 부리고 욕심을 내다 재앙을 만나 실패한다. 호언장담을 잘하고 허풍이 심하다.

- 상형살

자묘상형을 무례지형이라 하는데 자형묘 묘형자로 작용한다.

예의가 없고 천방지축으로 남에게 불쾌감을 주는 경우가 많다.

- 자형살

진진형, 오오형, 유유형, 해해형이니 이를 자형이라 한다,

 남에게 의존심이 많으며 스스로 자책을 하며 인내심이 약하며 용두
사미로 끝나는 경우가 많다.

- 원진살

 자미 원진, 축오 원진, 인유 원진, 묘신 원진, 진해 원진, 사술 원진

 지지에 충을 하고 나면 그 여파로 서로 반목하듯, 서로 미워하는 것
을 말한다. 단 원진살은 만나면 서로 미워하지만 헤어지면 다시 보고
싶은 경우가 허다하다. 따라서 원진살이 있는 부부는 이혼한 뒤 재결
합하는 경우도 종종 보인다.

- 12지암장오행법

 암장이란 지지 가운데 천간의 기를 간직하고 있음을 말하는데 이를
암장이라고 한다.

 자-계, 축-기신계, 인-갑병무, 묘-을, 진-무을계, 사-병무경, 오-
정기, 미-정을기

 신-경임, 유-신, 술-정신무, 해-임갑.

 암장법에 주의해야 할 것은 사와 해는 음이지만(체) 작용(용)은 사중
병술경 해중 임갑을 각각 양으로 사용하게 되고 자와 오는 양이지만
(체) 작용면에서는 자는 자중 계수 오는 오중

 정화를 각각 음으로 사용하게 되므로 작용면에서 음양을 달리하는

것이다. 따라서 사와 해는 체는 음이지만 작용면에서 양이되고 자와 오는 체는 양이지만 작용면에서 음이 적용된다.

■ 12신살

연지·일지	劫殺	災殺	天殺	地殺	年殺	月殺	亡身殺	將星	攀鞍	驛馬	六害	華蓋
申子辰	巳	午	未	申	酉	戌	亥	子	丑	寅	卯	辰
亥卯未	申	酉	戌	亥	子	丑	寅	卯	辰	巳	午	未
寅午戌	亥	子	丑	寅	卯	辰	巳	五	未	申	酉	戌
巳酉丑	寅	卯	辰	巳	午	未	申	酉	戌	亥	子	丑

12신살은 다음 12가지로 구성되어 있다.

1. 겁살, 2. 재살, 3. 천살, 4. 지살, 5. 년살, 6. 월살, 7. 망신살, 8. 장성, 9. 반안, 10. 역마, 11. 육해, 12. 화계

12신살은 사주에서 길신과 흉신이 있다. 신살은 옛날에 당사주라 하여 일반 가정이나 무당들이 신년이 되면 운명 판단법으로 많이 보았다. 지금도 사주풀이에 많이 이용하고 있다.

신자진생은 사(뱀)부터 출발하고, 해묘미생은 신(원숭이띠)부터 출발한다.

인오술생은 해(돼지)부터 출발하고, 사유축생은 인(범띠)부터 출발하여 겁, 재, 천, 지, 년, 월, 망, 장, 반, 역, 육, 화계의 순서로 진행된다.

① 겁살은 물질적이나 정신적으로 남에게 빼앗기는 것을 의미한다

② 재살은 재살의 재 자가 재앙 재 자이다. 일명 수옥살이라 한다. 따라서 감옥이나 병원의 입원을 한다는 의미이다.

③ 천살은 천재지변으로 인하여 피해를 본다는 의미이다.

④ 지살은 분주다사한 것을 말한다. 역마살과 같은 의미이다. 고향을 빨리 떠난다는 의미이다.

⑤ 연살은 도화살이라고도 한다. 좋게 이야기하면 남에게 인기가 좋고 나쁘게 이야기하면 바람을 피운다는 의미이다.

⑥ 월살은 몸의 살이 빠진다는 의미이다. 월살이 있는 사람은 살이 찌지 않는 수가 많다.

⑦ 망신살은 남에게 망신을 당한다는 의미로 사업에 실패하든지, 부부가 이혼을 하든지 하여 망신을 당한다는 의미이다.

⑧ 장군성은 장군이 말을 타고 부하를 거느리고 호령하는 것으로 자기가 주도하는 역할을 한다.

⑨ 반안은 높은 자리를 의미하는 말로서 말 안장에 올라타고 있는 형상이다. 말 안장에 올라 있으면 아주 편안하다는 의미이다.

⑩ 역마살은 변화 이동 분주다사하고 해외 출입이 빈번하다는 의미이다.

⑪ 육해살은 병이란 뜻으로 병이 한번 들어오면 오래 간다는 의미이다.

⑫ 화개살은 종교 신앙, 예술 학문, 등에 해당한다. 이 살이 주중에 있으면 성품이 총명하고 지혜가 뛰어나다.

■ 길신류

①

일간	甲	乙	丙	丁	戊	己	庚	辛	壬	癸
十干祿	寅	卯	巳	午	巳	午	申	酉	亥	子
天乙貴人	丑未	子申	亥酉	亥酉	丑未	子申	丑未	午寅	巳卯	巳卯
官貴學館	巳	巳	申	申	亥	亥	寅	寅	申	申
文昌貴人	巳	午	申	酉	申	酉	亥	子	寅	卯
文曲貴人	亥	子	寅	卯	寅	卯	巳	午	申	酉
學堂貴人	亥	午	寅	酉	寅	酉	巳	子	申	卯
金與綠	辰	巳	未	申	未	申	戌	亥	丑	寅
暗綠	亥	戌	申	未	申	未	巳	辰	寅	丑

②

生月	寅	卯	辰	巳	午	未	申	酉	戌	亥	子	丑
天德貴人	丁	申	壬	辛	亥	甲	癸	寅	丙	乙	巳	庚
月德貴人	丙	申	壬	庚	丙	甲	壬	庚	丙	申	壬	庚
進神	甲子	甲子	甲子	甲午	甲午	甲午	己卯	己卯	己卯	己酉	己酉	己酉
天赦星	戊寅	戊寅	戊寅	甲午	甲午	甲午	戊申	戊申	戊申	甲子	甲子	甲子

① 천을귀인(일간 기준 지지에 대입)

　길신 중 제일 좋은 길신이다. 모든 길신을 다 모아도 천을귀인을 따라가지 못할 정도라 불리며, 선조(특히 친할아버지나 할머니, 외할아버지나 할머니)의 적덕으로 자손(특히 손자나 손녀)에게 천우신조의 복을 내린다는 복신이다.

② 천덕귀인(월지 기준 천간에 대입)

　선조의 유덕이 있고 천우신조의 혜택이 많아 일체 재앙이 소멸한다는 길성이다.

③ 월덕귀인(월지 기준 천간에 대입)

　할아버지 대에 적덕을 쌓으면 공덕을 받아 은총을 받게 되는 길성으로, 사주에 월덕귀인이 있으면 평생 관운이 좋다.

④ 문창귀인(일간 기준으로 지지에 대입)

　사주에 문창귀인이 있으면 어릴 적부터 머리가 총명하고 지혜로워 문장력이 뛰어나고 공부를 잘한다.

⑤ 문곡귀인(일간 기준으로 지지에 대입)

　육친으로 인수에 해당하며 암기력이 좋다. 문장력도 뛰어나 학문의 깊이가 있으며, 평생 학문과 인연을 맺고 산다.

⑥ 금여록(일간 기준으로 지지에 대입)

　처의 내조가 많은 사주로, 처가에서 재물 혜택을 많이 보거나 미모의 처를 얻게 된다.

⑦ 암록(일간 기준으로 지지에 대입)

　평생 금전의 궁함이 없으며, 살아가다 역경에 처하였다가도 뜻하지 않은 귀인의 도움으로 풀려난다.

⑧ 진신(월지 기준으로 천간에 대입)

　사주에 진신이 있으면 매사 계획에 장애가 없고 순탄히 진행된다.

⑨ 천사성(월지 기준으로 천간에 대입)

　사주에 천사성이 있으면 처세에 원만하여, 병이나 재화를 당했다가
도 금방 사면되어 복귀福貴를 누린다.

⑩ 관귀학관(일간 기준으로 지지에 대입)

　사주에 관귀학관이 있는 사람은 관직에 진출하면 승진이 매우 빨
라, 그 벼슬이 산과 같이 높아진다는 길신이다.

⑪ 학당귀인(일간 기준 지지에 대입)

　학당이란 공부하는 공간을 의미하여 총명하고 교육계통에서 두각
을 나타낸다는 의미이다.

⑫ 십간록(일간 기준으로 지지에 대입)

　남의 신망을 받아 복록을 누린다는 의미이다.

■ 공망

　공망이란 천간이 10개 지지가 12개로 천간 10개를 짝을 짓고 나면 천
간은 없고 지지만 2개가 남게되어 하늘은 없고 땅만 남게 되어 이것을
공망살이라고 한다.

일주 (日柱)	甲子 (갑자)	甲戌 (갑술)	甲申 (갑신)	甲午 (갑오)	甲辰 (갑진)	甲寅 (갑인)
	乙丑 (을축)	乙亥 (을해)	乙酉 (을유)	乙未 (을미)	乙巳 (을사)	乙卯 (을묘)
	丙寅 (병인)	丙子(병자)	丙戌 (병술)	丙申 (병신)	丙午 (병오)	丙辰 (병진)
	丁卯 (정묘)	丁丑 (정축)	丁亥 (정해)	丁酉 (정유)	丁未 (정미)	丁巳 (정사)
	戊辰 (무진)	戊寅 (무인)	戊子 (무자)	戊戌 (무술)	戊申 (무신)	戊午 (무오)
	己巳 (기사)	己卯 (기묘)	己丑 (기축)	己亥 (기해)	己酉 (기유)	己未 (기미)
	庚午 (경오)	庚辰 (경진)	庚寅 (경인)	庚子 (경자)	庚戌 (경술)	庚申 (경신)
	辛未 (신미)	辛巳 (신사)	辛卯 (신묘)	辛丑 (신축)	辛亥 (신해)	辛酉 (신유)
	壬申 (임신)	壬午 (임오)	壬辰 (임진)	壬寅 (임인)	壬子 (임자)	壬戌 (임술)
	癸酉 (계유)	癸未 (계미)	癸巳 (계사)	癸卯 (계묘)	癸丑 (계축)	癸亥 (계해)
공망	戌亥(술해)	申酉(신유)	午未 (오미)	辰巳 (진사)	寅卯 (인묘)	子丑 (자축)

길신에 공망이 있으면 길신이 없어지고 흉신이 공망이면 흉이 없어진다.

년지에 공망이면 조상의 유산이 없고 초년에 고생이 많다.

월지에 공망이면 부모형제와 덕이 없고 사이가 좋지 않다.

일지에 공망이면 배우자 덕이 없고 고독하다.

시지에 공망이면 자식과 인연이 없고 말년이 외롭고 불우하다.

비견겁이 공망이면 형제 동료간에 관계가 좋지 않다.

식신상관이 공망이면 직장 변동이 심하고 사회활동에 지장이 많다.

정편재가 공망이면 남자는 처복 과 아버지 덕이 없고 여자는 재물 복이 없다.

정편인이 공망이면 부모덕이 없고 학업운, 인덕이 없다.

■ 흉살류

일 간	甲	乙	丙	丁	戊	己	庚	辛	壬	癸	적용
洛井關殺	巳	子	申	戌	卯	巳	子	申	戌	卯	日·時
羊 刃 殺	卯		午		午		酉		子		桂中
梟 神 殺	子	亥	寅	卯	午	巳	辰戌	丑未	申	酉	日·時
孤 鸞 殺	寅	巳		巳	申	眞		亥			日
紅 艷 殺	午	午	寅	未	辰		戌	酉	申	申	桂中
白虎大殺	辰	未	戌	丑	辰				戌	丑	桂中
魁 罡 殺				戌		辰戌		辰戌			日
陰 錯 殺				丑未				卯酉		巳亥	日·時
陽 差 殺			子午		寅申				辰戌		日·時

연 지	子	丑	寅	卯	辰	巳	午	未	申	酉	戌	亥
孤 神 殺	寅	寅	巳	巳	巳	申	申	申	亥	亥	亥	寅
寡 宿 殺	戌	戌	丑	丑	丑	辰	辰	辰	未	未	未	戌
桃 花 殺	酉	午	卯	子	酉	午	卯	子	酉	午	卯	子
囚 獄 殺	午	卯	子	酉	午	卯	子	酉	午	卯	子	酉
鬼問關殺	酉	午	未	申	亥	戌	丑	寅	卯	子	巳	辰

월 지	寅	卯	辰	巳	午	未	申	酉	戌	亥	子	丑
急 脚 殺	亥子	亥子	亥子	卯未	卯未	卯未	寅戌	寅戌	寅戌	丑辰	丑辰	丑辰
斷橋關殺	寅	卯	申	丑	戌	酉	辰	巳	午	未	亥	子
天 轉 殺	乙卯	乙卯	乙卯	丙午	丙午	丙午	辛酉	辛酉	辛酉	壬子	壬子	壬子
地 轉 殺	辛卯	辛卯	辛卯	戊午	戊午	戊午	癸酉	癸酉	癸酉	丙子	丙子	丙子

斧劈殺	酉	巳	丑	酉	巳	酉	酉	巳	丑	酉	巳	丑
湯火殺	寅 巳 申				辰 午 丑							午 戌 未

〈1~8의 흉살은 일간 기준으로 지지에 대입〉

① 낙정관살: 우물이나 맨홀, 강물 바다 등에 빠지는 흉살

② 양인살: 염소를 뜻하는 양羊과 칼날刀로 구성되어, 극부하고 극처하는 살.

③ 효신살: 효신살을 가진 사람은 일찍 모친을 이별하거나 서모가 있는 경우가 많음.

④ 고란살: 남편이 첩을 얻거나 남편과 이별하여 독수공방으로 살게 되는 살.

⑤ 홍염살: 남명은 작첩을 하게 되고, 여명은 남편이 있음에도 정부를 두게 되며 정부를 따라서 달아나는 경우도 있는 살.

⑥ 백호대살: 견혈, 교통사고, 노상 객사, 수술, 횡사 등 예측할 수 없는 불의의 재난이 있게 된다는 대흉살.

⑦ 괴광살: 사주가 길격이면 우두머리나 수령 등 사람을 제압하는 힘을 가지고 크게 부귀하는 살이나, 사주가 빈천하면 성품이 난폭하고 재앙을 빈번히 만나 극빈하게 사는 흉살.

⑧ 음착살, 양착살: 도화살 홍염살보다 더 음란하고 색을 밝히며 음욕을 참지 못하고 문제를 일으키는 것을 의미한다(사주에 일주 또는 시주에 음·양착살이 들어오면 이 살이 작동한다).

〈9~13의 흉살은 년지 기준으로 지지에 대입〉

⑨ 고신살: 부인과 사별하거나, 별거하여 고독하게 되는 살.

⑩ 과부살: 남편과 사별하거나, 별거하여 독수공방하게 되는 살.

⑪ 도화살: 성욕이 강하고 이성관계가 문란할 수 있는 살.

⑫ 수옥살: 동업을 조심하고 금전 거래나 보증 등을 조심해야 하는 살로, 대운이나 세운에서 수옥살이 오면 구속되거나 병원에 입원하는 경우가 많음.

⑬ 귀문관살: 정신이상 또는 신경쇠약, 우울증 신경이 예민하고 까다롭고 신경질적이 됨.

〈14~19의 흉살은 월지 기준으로 지지에 대입〉

⑭ 급각살: 소아마비, 척추장애, 신경통 등으로 고생함, 기형아 소아마비 반신불구 수족이상 골절 등의 흉살 신경통 등에 시달림.

⑮ 단교관살: 낙상하거나 넘어져 팔 다리를 상함.

⑯ 천전(天轉): 천전일에 태어난 사람은 일정한 직업이 없이 동서남북으로 전전하게 되며 자연의 방해를 많이 받게 된다는 흉살.

⑰ 지전살: 지전일에 태어난 사람은 일의 마무리를 쉬이 짓지 못하며, 낭비가 심하고 발달이 늦는데다 불의의 재앙을 많이 받아 직업의 변화가 많음.

⑱ 부벽살: 부벽살을 가진 이들은 모든 일이 도끼로 쪼개듯이 파재하고 재물분산이 많음.

⑲ 탕화살: 화상 음독 비관 등의 일이 있게 됨. 인일 오일 축일

■ 12 운성법(포태법)

운성 생일간	장 생	목 욕	관 대	건 록	제 왕	쇠	병	사	묘	절	태	양
甲	亥	子	丑	寅	卯	辰	巳	午	未	申	酉	戌
乙	午	巳	辰	卯	寅	丑	子	亥	戌	酉	申	未
丙戊	寅	卯	辰	巳	午	未	申	酉	戌	亥	子	丑
丁己	酉	申	未	午	巳	辰	卯	寅	丑	子	亥	戌
庚	巳	午	未	申	酉	戌	亥	子	丑	寅	卯	辰
辛	子	亥	戌	酉	申	未	午	巳	辰	卯	寅	丑
壬	申	酉	戌	亥	子	丑	寅	卯	辰	巳	午	未
癸	卯	寅	丑	子	亥	戌	酉	申	未	午	巳	辰

포(胞) 태(胎) 양(養) 생(生) 욕(浴) 대(帶)
관(冠) 왕(旺) 쇠(衰) 병(病) 사(死) 묘(墓)

12운성은 불교에서 말하는 십이인연법 윤회법과 같은 이치라 하겠다. 이는 천간이 지지를 만나 탄생과 소멸하는 과정을 보여 주는 이론으로, 불교에서는 12인연법이라고도 하며 일명 포태법 또는 장생법이라고 한다.

- 절궁絶宮

포는 모든 것이 끝나고 진공상태로 되어 모든 일이 순조롭지 못하다는 의미이다.

- 태궁胎宮

어머니 자궁에 아이를 잉태한 형상으로 새롭게 시작한다는 의미로 운이 이제 막 시작되고 있다는 의미이다.

- 양궁 養宮

잉태한 태아가 자궁 속에서 성장하고 있다는 의미로 돈이 잘 들어오고 모든 운이 잘 풀린다는 의미이다.

- 생궁生宮

무에서 유가 탄생한다는 의미이다. 십이운성 가운데 최고의 길성이다.

- 욕궁浴宮

목욕을 말하는데 섹스를 하려면 목욕을 해야 하듯이 이런 이유 때문에 욕을 도화살이라 한다. 이 운이 들어오면 바람을 피우는 경우가 많다.

- 대궁帶宮

아이가 성장하여 어른이 되어 사회에 진출하고, 출세하여 명예를 얻게 된다는 의미이다.

- 관궁冠宮

관은 의관을 갖추고 벼슬길에 올라 책임과 의무가 막중해 어떠한 고통과 역경을 이겨내 큰 대가를 받게 된다는 12운성 중에서도 길신이다.

- 왕궁旺宮

이 제왕은 강하고 건강한 기세인데 절정기에 이르러 가장 왕성한 시기를 말한다. 보름달이 차면 기울 듯이 조심하는 시기이다.

- 쇠궁衰宮

이 쇠는 절정기를 지나서 점차 몰락해 가는 모습이다.

- 병궁病宮

이 병궁은 신음의 기상이며 병이 들어가는 시기이다.

- 사궁死宮

활동이 정지되고 매사가 동결되는 기상으로 죽거나 그와 비슷한 시기를 의미한다.

- 묘궁墓宮

병들고 죽어 무덤 속으로 들어가면 모든 것이 종식된다.

■ 명리학의 꽃, 육친, 십신 십성

四 桂	時 桂	日 桂	月 桂	年 桂
根苗花實	實	花	苗	根
六 親	자식	자신, 배우자	부모, 형제	조상
一 生	말년	중년	청년	유년
季 節	冬	秋	夏	春

<지지육친조견표>

비견	남	형제, 친우, 동서, 동창생
	여	동서 간, 형제, 친우, 동창생
겁재	남	동생, 누나, 여동생, 동서
	여	동생, 남동생, 동서, 시아버지
식신	남	손자, 조카, 장모
	여	아들, 딸
상관	남	장인, 외손자, 처가식구, 조모
	여	딸, 아들, 조모
정재	남	처, 아버지, 형제
	여	시어머니, 형제
편재	남	부친, 첩, 처의 형제
	여	부친, 시어머니
정관	남	아들, 딸, 질녀
	여	남편
편관	남	아들, 사촌 형제
	여	남편, 남편 친구, 간부(奸夫), 애인
인수	남	모친, 장인, 이모
	여	모친, 사위, 손녀
편인	남	계모, 이모, 유모, 조부
	여	계모, 이모, 유모, 조부

<천간육친조견표>

六親 日干	比肩 (비견)	怯財 (겁재)	食神 (식신)	傷官 (상관)	偏財 (편재)	正財 (정재)	偏官 (편관)	正官 (정관)	偏印 (편인)	正印 (정인)
甲	甲	乙	丙	丁	戊	己	庚	辛	壬	癸
乙	乙	甲	丁	丙	己	戊	辛	庚	癸	壬
丙	丙	丁	戊	己	庚	辛	壬	癸	甲	乙
丁	丁	丙	己	戊	辛	庚	癸	壬	乙	甲
戊	戊	己	庚	辛	壬	癸	甲	乙	丙	丁
己	己	戊	辛	庚	癸	壬	乙	甲	丁	丙
庚	庚	辛	壬	癸	甲	乙	丙	丁	戊	己
辛	辛	庚	癸	壬	乙	甲	丁	丙	己	戊
壬	壬	癸	甲	乙	丙	丁	戊	己	庚	辛
癸	癸	壬	乙	甲	丁	丙	己	戊	辛	庚

<지지육친조견표>

구분	비견	겁재	식신	상관	편재	정재	편관	정관	편인	정인
甲	寅	卯	巳	午	辰戌	丑未	申	酉	亥	子
乙	卯	寅	午	巳	丑未	辰戌	酉	申	子	亥
丙	巳	午	辰戌	丑未	申	酉	亥	子	寅	卯
丁	午	巳	丑未	辰戌	酉	申	子	亥	卯	寅
戊	辰戌	丑未	申	酉	亥	子	寅	卯	巳	午
己	丑未	辰戌	酉	申	子	亥	卯	寅	午	巳
庚	申	酉	亥	子	寅	卯	巳	午	辰戌	丑未
辛	酉	申	子	亥	卯	寅	午	巳	丑未	辰戌
壬	亥	子	寅	卯	巳	午	辰戌	丑未	申	酉
癸	子	亥	卯	寅	午	巳	丑未	辰戌	酉	申

육친의 정의를 좇으면 운명의 답이 보인다.

육신은 사주팔자의 주인공인 일간과 나머지 7자와의 관계를 나타낸 것이다. 육친六親, 십신十神, 십성十星이라 한다. 육신六神은 육친六親으로 불리기도 하는데 이것은 음양과 오행으로 이루어진 천간지지 중 하나의 별을 놓고 달리 표현하는 것이다. 우선 육친은 인간관계를 명리학적인 법칙에 맞추어, 나를 기준으로 부모 형제 자식 배우자 등 친인척 관계를 표현할 때만 적용하는 명칭이다.

육친은 타고난 사주를 주축으로 개인의 행과 불행을 살펴야 하므로 타고난 명의 전체적인 환경조건을 관찰하면서 다각적으로 대입하게 된다. 즉 육신이란 육친을 포함하여 타인과의 관계와 성정性情, 빈부, 사회성 등을 논하며 포괄적으로 사용하는 명칭이라고 할 수 있다.

이와 같이 오행 중 정正과 편偏을 가르는 내용으로 구성된 육신은 정인, 편인, 비견, 겁재, 식신, 상관, 정재, 편재, 정관, 편관의 열 가지가 있다. 10개의 별이라는 뜻으로 십성으로 불리기도 하는 육친은 각각의 성격과 기질이 있으며 사주 내 다른 육신과 형성된 관계에서 기질과 작용력이 또 다르게 변화하고 나타나게 되는 신이다.

- 십성의 구별

① 비견: 일간과 같은 오행에 음양이 같은 것

비견이란 같을 비에 어깨견 자이다. 비견이란 어깨를 겨누는 동등한 입장이라는 뜻이다. 그래서 비견이란 형제자매 동업자, 경쟁자 친구를 말한다. 특성은 자기중심적이고 고집이 세고 타인에게 지기를 싫어하며 전문적 직업에 적합하다.

② 겁재(비겁): 일간과 오행이 같으나 음양이 다른 것

　겁재는 겁탈할 겁 자에 재물재 자로 재물을 겁탈한다의 뜻으로 형제자매 동업자의 재물 등 남의 것을 겁탈한다는 뜻이다.

③ 식신: 일주가 생하는 오행으로 음양이 같은 것

　식신은 내가 시간과 능력을 제공해주는 사회활동을 말하며 사회활동을 하면 대가를 받기 때문에 먹을 복이라 하며 표현력이 뛰어나고 멋을 부릴 줄 알고 남에게 베풀 줄을 아는 등 사교술이 뛰어나다.

④ 상관: 일주가 생하는 오행은 음양이 다른 것

　상관의 상자는 상할 상자와 벼슬 관으로 정관을 극하는 기질이 있다. 감정 기복이 심하고 남의 구속과 참견을 싫어하며 반항심이 강하다.

⑤ 편재: 일주가 극하는 오행으로 음양이 같은 것

　편재는 편협한 재물로 정규적 수입보다 불규칙적 수입으로 투기 투자로 큰 횡재를 하지만 일시에 실패하는 경우가 빈번하다.

⑥ 정재: 일주가 극하는 오행으로 음양이 다른 것

　정재는 규칙적 수입으로 월급이나 월세를 매달 들어오는 고정 수입으로 재산 관리가 뛰어나고 고지식한 성격으로 안정적 수입을 추구한다.

⑦ 편관: 일주를 극하는 오행으로 음양이 같은 것

　관이란 관공서와 같은 것으로 벼슬 관이다. 편관은 권위의식과 과격한 행동을 서슴지 않고 개척 정신과 모험심이 강하고 의협심이 있다.

⑧ 정관: 일주를 극하는 오행으로 음양이 다른 것

정관은 바른 정 자와 벼슬 관으로 정직하고 모범적으로 시시비비를 공정하게 처리한다. 직장에서 승진이 남보다 빠르며 상관에게 능력을 인정받고 부하 직원으로부터 존경을 받으며 공무원, 국회의원, 법률가 등이 많다.

⑨, ⑩ 편인: 일주를 생하는 오행으로 음양이 같은 것
   정인: 일주를 생하는 오행으로 음양이 다른 것

정인이나 편인은 학문이고 엄마이다. 신생아 사주에 정편인이 없으면 공부에 관심이 없고 또한 엄마의 사랑을 받지 못하고 인덕이 없을 수 있다. 대학교 입학시험 시기에 정편인이 들어오면 공부를 잘하고 성적이 좋다. 그러나 정편재 운이 들어오면 정편재는 정편인을 극하기 때문에 실력을 제대로 발휘하지 못하여 학교의 순위를 낮추어 응시해야 한다.

■ 사주와 대운

"사주팔자는 자동차이며 대운은 차가 갈 수 있는 도로다. 차가 아무리 좋은 벤츠라도 도로가 나쁘면 가지 못한다. 따라서 사주보다 대운이 더욱 중요하다."

사주를 구성해도 대운을 알아야 그 운명의 흐름을 간파할 수가 있다. 사람에게도 사계절이 있다. 자연의 계절은 몸으로 느끼면 알 수 있지만

인생의 계절은 사주팔자를 보고 판단을 해야 한다. 자기 자신의 현재 계절이 어디에 있는가를 알면 인생 설계를 하는 데 큰 도움이 된다. 즉 봄인 사람은 열심히 씨앗을 뿌리고 여름인 사람은 열심히 밭을 갈고 가을은 사람은 추수를 거두고 겨울인 사람은 창고에 곡식을 보관하며 봄을 기다리며 휴식을 가지는 것이다. 대운은 인생의 여러 환경적인 요소를 예측하는 지도나 나침판 같은 것이다. 사주가 좋아도 대운이 좋지 않으면 삶이 꼬이고, 사주가 나빠도 대운이 좋으면 순탄히 흘러간다. 또한 대운이 좋으면 좋은 일은 더욱 좋아지고 나쁜 일은 삭감된다. 반대로 대운이 나쁘면 좋은 일은 삭감되고 나쁜 일은 가중된다.

이렇듯 대운이란 매우 중요하기에, 대운을 무시하는 사주 감정은 올바른 사주 감정이라 할 수가 없다.

- 대운의 간지 구성법은?

대운은 10년 주기로 바뀐다.

대운 역시 육십갑자로, 사주의 연간 음양에 따라 월주로부터 시작된다. 양남 음녀는 순행하고 음남 양녀는 역행하는 것만 기억해 두면 된다.

- 사주의 강약

사주를 판단함에 있어 일주의 강약을 똑바로 알아야 사주를 정확하게 감정할 수 있다. 사주의 신강과 신약을 구별하는데 반드시 확인해야 할 부분이 득령, 득지, 득세이다.

① 득령

　일간이 비견 겁재 또는 정인 편인 월에 출생하면 월령으로부터 기를 얻었다 하여 얻을 득 월령 령이라 하여 득령이라 한다. 일간이 월령을 얻지 못하면 실령했다고 한다. 득령을 하면 일단 신강 사주의 요건이 되고 실령을 하면 신약사주의 요건이 된다.

② 득지

　일간이 일지에 비견 겁재 정인 편인을 깔고 있으면 득지했다고 하고 그렇지 못하면 실지했다고 한다.

③ 득세

　일간이 월지(득령), 일지(득지) 외에 주중에서 일간을 생하는 정인 편인이나 비견 겁재를 얻었을 때를 말한다.

　사주를 판단하는데 득령, 득지, 득세, 세 가지를 다 갖추고 있으면 극신강이고, 세 가지 중 두 가지를 갖추고 있으면 중강이고, 세 가지 중 하나만 있으면 신약이고, 세 가지 중 하나도 없으면 극신약이다.

■ 격국格局과 용신用神

- 격국 및 용신의 활용

　용신이란 사주 운명의 길흉을 판단하는데 가장 중요한 길신이다.

일주 격국과 용신을 대비하여 본다면 주역에서 말하는 체體와 용用의 관계가 된다. 즉, 일주 격국이 신체라면 용신은 정신에 해당한다. 교통 수단으로 말하자면 일주 격국은 차와 같고 용신은 운전수와 같으며, 사업체로 말하자면 일주 격국은 회사의 사장이고 용신은 전무와 같은 것이다. 이처럼 격국과 용신은 떼려야 뗄 수 없는 불가분의 관계에 있다.

- 용신의 종류

용신의 종류는 크게 5종류로 나눌 수 있다.

첫째는 역부용신, 둘째는 병약용신, 셋째는 조후용신, 넷째는 격국 용신, 다섯째는 통관 용신이다.

- 용신의 성질

억부용신은 사주의 기세가 강한 자는 억제하고 약한 자는 보충해 준다.

병약용신은 사주에 병을 보아 그 병을 제거하는 약신이다.

조후용신은 사주의 계절에서 한랭할 때는 목화로, 조열할 때는 금수로 조후한다.

격국용신은 사주학에서 인명의 사활권을 장악하는 용신이다.

통관용신은 사주에 오행이 한쪽으로 치우쳐 있거나 대립하여 막혀 있을 때 소통시켜주는 오행을 말한다.

- 격국이란 무엇인가?

격국의 격은 일간 오행과 월지를 기준으로 정한다. 월지를 기준으로 삼는 것은 월지가 엄마의 자리로, 사주팔자 중 오행의 기가 가장 강하게 작용하기 때문이다. 격국을 통하여 사주의 그릇과 인품을 가늠하고 건강과 수명까지도 유추할 수 있다.

격의 구성이 어려울 것 같으나 앞에서 공부한 육친에 격자를 하나 더 붙이면 된다.

예를 들어 월지에 인수면 인수격이요, 정재가 있으면 정재격이며, 편재가 있으면 편재격이다. 인수가 있으면 인수격, 정관이 있으면 정관격, 편관이 있으면 편관격이라 이름을 만들면 된다.

- 용신의 정의

용신이란 사주 내에 가장 필요한 길신의 오행을 말하며 용신의 가장 큰 역할은 중화의 균형이다. 사주팔자의 오행이 불균형할 때 사주의 균형을 맞추는 역할을 하는 것이 용신이기 때문이다.

사주를 판단할 때 사주의 강약을 면밀히 검토 후 사주가 신강하면 설기를 하는 오행이 용신이며, 사주가 신약하면 보충해주는 오행이 용신이 된다. 너무 어렵게 생각하면 자칫 용신을 잘못 정하여 정반대로 사주 판단을 할 수도 있다. 길운을 흉운으로, 또 흉운을 길운으로 잘못 판단할 수도 있으니 명리학 공부를 하는 이들은 용신에 대한 환상을 가져서는 안 될 것이다.

3.
음양 – 플러스와 마이너스의 조화

우주 만물에는 음과 양이 존재하기 마련이다.

앞서서 우주가 내보내는 파장이 1년을 주기로 생명체에 영향을 미치고 있다고 설명하였다. 그것을 큰 틀로 쪼개면 '음과 양'으로 설명할 수 있다. 세상만사 하늘이 있으면 땅이 있고, 남자가 있으면 여자가 있고, 어둠이 있으면 밝음이 있고, 동이 있으면 서가 있고, 남이 있으면 북이 있는 법이다. 재미난 것은 위에 언급된 어느 것 하나도 홀로 존재할 수 없고, 상대적 개념이 존재할 때 비로소 그 의미가 생긴다는 점이다. 그것이 명리학에서 설명하고자 하는, 이 우주가 존재하는 과학적 원리이다.

■ 방향성 – 고정불변의 것은 없다

예로부터 우리나라는 '동방예의지국'이라는 이름으로 불려왔다. 여기서 '동방'이란 동쪽 방향을 의미한다. 한국이라는 나라는 중국에서 본다면 동쪽에 있는 나라이기 때문이다. 그러나 일본에서 본다면 한국은 서쪽에 있는 나라다. 일본의 동쪽에는 까마득한 태평양이 있고, 이를 건너면 아메리카 대륙이 있을 뿐이다. 그렇다면 지구의 동쪽 끝은 '아메리카'인가. 물론 그렇지 않다. 지구가 둥근 탓에, 아메리카를 대표하는 나라 중 미국을 기점으로 동쪽 방향으로 전진하면 유럽이 있고, 유럽에서 다시 동쪽으로 향하면 인도가, 인도에서 더욱 동쪽에는 중국이, 그리고 다시 중국의 동쪽에는 '동방예의지국' 한국이 있다.

결국 지구 상에 존재하는 어떤 땅도 동서남북을 고정할 수 없다. 오로지 상대적 존재가 있을 때만 그 개념은 성립할 수 있는 것이다. 음양론이란 이처럼 유동적인 흐름을 의미한다. 이 때문에 음양론에 의거하여 현상을 분석할 때, 고정적인 것을 정해두고 한 가지로만 해석해서는 현상에 대한 설명이 되지 않는다.

■ 양(+)과 음(-)에 대한 이해

우리는 흔히 불은 양이요, 물은 음이라고 생각한다. 그러나 이러한 해석이 보편적인 이유는 양은 밝고 능동적인 속성, 밖으로 뛰쳐나가는 기운이 있고 음은 어둡고 안으로 감추려 하며 수동적인 성향을 가지고 있기 때문이다. 불이 양이라고는 하지만 더 밝은 불이 있다면 그 전의 불은 음이 되어버린다. 즉, 태양과 촛불을 비교하면 태양이 양이요, 촛불은 음에 해당하는 것이다.

물 또한 마찬가지다. 어릴 때 해보았던 과학실험을 떠올려 보라. 뜨거운 물과 차가운 물을 한 컵씩 받고 뜨거운 물에는 붉은 색소를, 차가운 물에는 파란 색소를 타보자. 이 두 물컵 사이에 투명막을 두고 입구를 합쳐 컵을 쌓는다. 이후 막을 제거하면 뜨거운 물은 위로, 차가운 물은 아래로 향하는 대류 현상이 일어난다. 이때 뜨거운 물은 밖으로 뛰쳐나가는 양의 속성을 갖는 것이고, 차가운 물은 아래로 감추어지는 음의 속성을 갖는 것이다. 물이라고 해서 음, 불이라고 해서 양의 기운인 것이 아니라 이처럼 어디까지나 상대적인 입장에서 음이고 양이 된다.

■ 음양론의 핵심 - 조화와 상생

얼핏 들으면 음양론은 이분법적 사고로 이어질 수 있다. 하지만 세상 모든 것을 단언할 수 없어도 이것은 단언할 수 있다. 음양론은 모 아니면 도, 옳은 것 아니면 그른 것이라는 의미가 아니다. 음양론의 핵심은 조화와 상생이다. 에너지는 한 군데 머무는 것이 아니다. 이곳에서 저곳으로 끊임없이 움직이고 그 변화의 힘으로 세상 만물이 조화를 이루고 살아간다. 자기장의 이동으로 지구는 끊임없이 돌고 덕분에 사계절의 변화가 생기며 그 안에서 만물이 생멸生滅을 반복하며 조화를 이룬다. 음양론은 이런 면에서 불교의 연기론과도 맞물려 설명되기도 한다.

철학에서 벗어나 과학적으로 해석하자면, 음양론은 '에너지와 물질이 지속적인 관계를 유지하며 서로 변환되는 현상'이다. 아인슈타인의 '특수상대성이론'과도 동일한 이론이라고 할 수 있다. 동양에서는 이미 수백 년 전에 정립된 이론임에도 서양 물리학에서는 현대 아인슈타인 시대에 들어서 정립된 것이다. 고전 물리학에서 에너지는 질량과 엄연히 다른 것이었다. 그러나 아인슈타인은 $E=MC^2$라는 수식을 통해 발산에 해당하는 에너지(+)가 수렴에 해당하는 질량(−)과 치환이 된다는 것을 밝혀냈다.

특수상대성이론을 밝히는 것이 이 책의 목표는 아니기 때문에 간략히 소개하고 넘어가지만, 실제로 음양론의 과학적 근거는 현대에 와서야 밝혀지는 추세이다. 현대물리학의 궁극적인 목표가 TOE(Theory of Everythig: 만물이론)라는 점을 생각해볼 때, '상호관계'가 만물을 이루는 본체라는 점 또한 부인할 수 없다. 즉 음양론은 동서양을 막론하고 '우주의 본질을 연구한 결과'라고도 정리할 수 있겠다.

4.
오행 – 인간 또한 우주고 자연이다

■ '오행'이란 우주의 순환원리이다

동양철학에서는 우리 은하계를 구성하는 태양과 그 외 행성들의 관계를 기의 흐름이라고 보았다. 예를 들어 지구는 태양을 기준점으로 자전과 공전을 거듭하는데 이 과정에서 기氣의 흐름이 발생한다.

마찬가지로 다른 행성들 역시 지구와 의미 있는 관계를 형성하는데, 이를 각각의 별들이 원소를 가지고 있다고 보고, '물水, 나무木, 불火, 흙土, 쇠金'로 구분했는데, 오행이라고 부르는 것이다. 오행에 대해서 생소한 독자들도 이 원소들의 이름이 친숙할 것이다. 바로 화요일, 수요일, 목요일, 금요일, 토요일, 즉 우리가 살아가는 하루하루를 말해주는 요일 이름에 사용되고 있기 때문이다.

① 물을 뜻하는 수水는 흘러내리는 속성을 가지고 있다. 위에서 아래로 흘러내리며 모든 무생물과 생물에게 영양분을 공급하는 역할을 한다. 그리고 아래로 향하여 결국에는 바다의 짠맛을 남긴다.

② 불을 뜻하는 화火는 활활 타오르며 번져나가는 속성을 지니며 위로 올라가며 쓴맛을 남긴다.

③ 나무를 뜻하는 목木은 나무의 모양을 연상해 보았을 때 곧은 모양과 굽은 모양이 연상되며 위로 자라나는 속성을 가지고 있다. 나무의 열매는 신맛이므로 이를 상징한다.

④ 쇠를 뜻하는 금金은 빛나는 성질과 변화무쌍함을 가지고 있는 원소로 실제로 금을 녹여서 여러 가지를 만들어내며 인류의 문명은 발달해왔다. 역학에서 금은 매운맛을 뜻한다.

⑤ 우리 인류의 삶을 짊어져 온 공간인 흙을 뜻하는 토土는 단맛을 낸다. 우리는 흙에서 태어나고 흙에서 먹거리를 얻으며 죽으면 흙으로 돌아간다. 흙 자체가 곧 대자연의 순환을 상징하는 존재라고 볼 수 있겠다.

■ 상생과 상극

지금까지 살펴본 오행은 각각 서로 상생과 상극이 있는데 이들의 관계를 참고해보면 다음과 같다. 상생의 조합으로 목木과 화火, 화火와 토土, 토土와 금金, 금金과 수水, 수水와 목木이 있다. 이들은 서로 어울리면 좋은 방향으로 향하게 되는 조합이다. 반면, 상극의 조합으로는 목木과 토土, 토土와 수水, 수水와 화火, 화火와 금金, 금金과 목木이 있는데 이들은 서로 어울리면 좋지 않다고 한다.

상생	상극
목생화 (木生火)	목극토 (木剋土)
화생토 (火生土)	토극수 (土剋水)
토생금 (土生金)	수극화 (水剋火)
금생수 (金生水)	화극금 (火剋金)
수생목 (水生木)	금극목 (金剋木)

그러나 음양론에서도 말했듯이, 만물은 상대적으로 존재한다. 바꾸어 말하면 상대가 존재해야 언제나 의미 있는 것이 된다. 생을 정正으로 보고 극을 반反으로 보았을 때 과연 정은 항상 좋은 것이고 반은 항상 나쁜 것이라고 볼 수 있을까? 인간에게 정은 혈액이 혈관을 타고 도는 것과 같고, 반은 심장의 펌프질과 같아서 이 둘은 필연적으로 함께 존재하는 것이다.

예를 들면 나의 의견에 대해서 찬성하는 사람이 필요한 만큼 반대하는 사람 역시 필요하다는 이야기이다. 모두가 나의 이야기에 맹목적으로 찬성만 한다면, 나는 히틀러나 다름없는 독재자가 되지 않겠는가? 나의 주장에 대해 반대하는 목소리에 귀를 기울여야만 균형 잡힌 사고를 유지할 수 있지 않을까?

진정한 충신을 나타낸 이야기인 설총의 '화왕계'를 보면 임금인 모란 곁에 듣기 좋은 말만 하는 아름다운 장미꽃과 듣기 싫은 소리만 하는 할미꽃이 등장한다. 화왕은 절세미인인 장미꽃에게 마음이 기울었다가 결국은 할미꽃의 지혜를 선택한다는 결말로 쓴소리의 필요성을 이야기 하고 있다.

마찬가지로 우리는 생과 극 하나에 지나치게 치우치는 것은 좋지 않다. 극剋은 생生으로 이어지고 생生은 극剋으로 이어진다. 둘은 결국 하나의 흐름 속에 변화한 모습이라 볼 수 있기 때문이다. 그러므로 생生만을 원하고 극剋을 멀리하는 실수를 범하지 않도록 하자.

■ 인간의 삶에는 오행이 깃들어 있다

오행은 갓 태어난 아기의 이름을 지을 때도 사용되고, 달력에 적혀있는 요일 이름에도 사용되는 등, 우리 생활 속에 아주 깊숙이 들어와 있다. 인간은 살아가면서 물을 사용해서 씻고, 수분을 공급받고 불을 사용해서 요리를 하고 따뜻한 겨울을 난다. 또한 나무를 이용해 집과 가구를 만들고, 공기를 정화하며, 금속을 이용해서 기차, 자동차, 비행기, 돈 등의 여러 편리한 도구를 만들어 이용한다. 그리고 흙에 씨앗을 뿌려 식물을 길러내고 먹으며 흙 위에 집을 짓고 살다가 죽어서 흙으로 돌아간다.

이렇듯 인간의 삶 속에서 오행은 항상 함께하고 있는 존재이다. 또한 오행 속에 들어있는 우주의 원리 역시 언제나 공존하기 때문에 인간은 곧 우주의 기를 품고 살아가는 것이다. 고로 인간 또한 하나의 소우주이고 자연이 또 다른 모습으로 현신한 것이라 할 수 있다.

숨을 한 번 크게 내쉬어 보자. 우리의 오장육부에 존재하고 있는 우주의 기가 느껴지는가? 약동하고 있는 심장과 흐르는 뜨거운 피를 느끼며 우리의 몸에 깃든 우주의 모습과 자연을 찾아보자. 이렇게 대단한 것을 품고 있는 스스로를 귀하게 여기고 더욱 사랑해주자. 우리는 모두 우주이고 또 자연이라는 것을 항상 기억하며 살아가도록 하자.

지금까지 역학에서 음양오행 중 오행에 대해서 자세히 알아보았다. 이 글을 읽고 난 후 독자 여러분들은 아마도 생활 속에 숨어있는 여러 가지 오행의 흔적들을 더 쉽게 잘 찾아낼 수 있으리라 생각된다. 그만큼 오행은 우리 생활에 소리 없이 깊이 스며들어 있기 때문이다.

5.
기운의 변화 – 틀에 갇히지 말고 전체를 보라

　사주를 보면서 많은 사람들이 빠지는 함정이 '작은 틀에 갇히는 것'이다. 보통 내 운명이 어떻게 될 것인지가 궁금해서 사주를 보러 오곤 하는데, 대개 현실에서의 삶이 답답한 경우가 많아서 장기적인 시각을 가지지 못하고 단기적으로 인생이 어떻게 풀릴지만을 생각하는 근시안적인 시각을 보여 주는 경우가 흔하다.

　하지만 인간의 삶이라는 것이 그렇게 단기적인 일들로 일희일비한다고 쉽게 결정이 나는 것이면 얼마나 편하겠느냐만, 인생은 길고 워낙에 다양한 사주가 인생의 행로에 놓여 있기 때문에 더 넓은 시야와 관점을 가지고 사주와 팔자를 분석하고 대비하며 사는 것이 중요하다.

　특히 사람에게 가장 중요한 것은 신체와 정신을 지배하고 있는 기운을 잘 살피는 것인데, 대개 강단이 있고 눈에 또렷한 힘을 가진 사람의 사주를 보면, 그 기운과 동일하게 좋은 흐름과 더불어 사람의 신수神授가 훌륭하게 나타나고는 한다. 이런 사람은 단기적인 사주가 조금은 안 좋을지 몰라도 장기적으로 보면 자신의 좋은 기운을 계속해서 주변에 전파시키고, 스스로도 이러한 기운을 계속해서 유지하려는 성질을 보여 주기 때문에 전반적으로 훌륭한 길로 나아갈 수 있다.

이와는 반대로 단기적인 운세는 좋으나 전체적인 기운이 좋지 않아서 화를 입는 경우도 매우 많다. 대개 남을 해하거나 밟고 올라가서 단기적인 성취나 금전적인 이득을 보려는 경우가 대부분인데, 이러한 사람은 짧은 기간에는 스스로 운이 좋다고 여기며 우쭐댈 수 있을지는 몰라도 장기적으로는 크게 안 좋은 사주가 자리 잡게 된다.

주식투자에서도 자주 언급되는 용어인 "첫 끗발이 개 끗발이다"라는 말이 있는 것처럼, 근시안적으로 눈앞의 이득과 좋은 운세만을 찾다가는 전반적인 사람의 좋은 기운을 잃어버리는 경우가 왕왕 있으므로 사람들은 항상 자신이 가진 성정과 운명을 멀리 보며 주위 사람들에게 액운을 불러일으키는 행동과 마음가짐을 멀리하여야 한다.

이러한 기운을 결정하는 요소는 굉장히 다양한 것들이 있다. 우선 사람의 운명을 결정짓는 가장 중요한 요소 중 하나인 이름을 짓는 부분에서도 단기적인 시각이 아닌 큰 틀에서 좋은 기운이 들어올 수 있는 방향으로 결정하여야 한다.

이름은 스스로 결정하는 것이 아니라 대부분 부모에 의해 결정되지만, 평생 그 호칭으로 불리기 때문에 스스로의 이미지와 운명을 결정짓게 되므로, 가장 먼저 살펴보아야 할 것은 그 의미이다. 최근에는 순 한글로 아이의 이름을 짓기도 하지만, 여전히 많은 수가 한자음으로 이름을 짓는다. 그러므로 각 한자의 의미를 잘 따져 보아야 하는데, 근래에 유행했던 글자로는 아이의 학습이나 경제적인 성공을 위하는 의미에서 빼어날 수秀나 이룰 성成을 많이 쓰고는 했다. 하지만 이러한 글자는 단기적으로는 좋은 운세를 만들 수도 있으나, 전체적으로 보았을 때는 오히려 주변 사람들에 대한 지나친 경쟁 구도를 만들기 때문에 오히려 적을 많이 만들고 향후에는 화를 일으킬 수 있는 기운을 생성하기 때문에 유의하여야 한다.

이름으로 사람의 전반적인 좋은 기운을 만들기 위해서는 주변 사람들을 잘 살피는 동시에 주위의 사랑을 많이 받을 수 있는 글자를 선택하는 것이 좋다. 좋은 이름이라는 것은 또한 타고난 운명에서 부족한 부분을 잘 보완해 주어, 평생 동안 약한 부분을 채워주고 기氣가 잘 흐르도록 도와주는 것이기 때문이다. 예를 들어 아이의 사주에서 수水, 즉 물의 기운이 부족한 것이 느껴진다면 해당 의미를 내포한 한자인 강 강江, 물 하河, 바다 해海 자를 이름에 넣어서 보완을 시켜주는 경우이다. 이렇게 부족한 점을 보완하게 되면 인생이 전반적으로 균형이 맞추어지므로 그저 단순하게 그 뜻에 연연하며 앞으로 잘 될 것인지 만을 생각하는 것이 아니라, 인생 전체의 좋은 기운을 받아들일 수가 있게 된다.

이처럼 단기적으로 틀에 갇히지 않고 전반적인 기운을 살피는 경우는 사람들이 많이들 궁금해하는 손금 영역에서도 살펴볼 수 있다. 손금 역시 태어날 때 한 번 정해지고는 무슨 수를 쓰더라도 바뀔 수가 없기 때문에 많은 이들이 자신의 생명선이나 애정선, 재물과 관련된 선 등을 보면서 일희일비하기 마련이다. 하지만 이 손금 역시도 근시안적으로 지식적인 측면에서 운명선이 기니 오래 살 것이다, 애정선이 짧으니 연애에 실패할 것이다 등의 방식으로 해석하는 것은 오히려 사주와 팔자를 보는 것이 인생에 도움이 되지 않을뿐더러, 조급하고 아둔한 기운을 사람에 씌우게 되어 더 좋지 않은 결과를 초래할 뿐이다.

손금에서도 주어진 선들을 면밀히 살피고 자신의 사주에 어떤 점이 좋게 나와 있으며, 어떤 점이 단점인지를 인지한 다음에, 그것들을 어떻게 자신의 습식과 행동을 바탕으로 보완해나가며 전반적으로 좋은 기운으로 이끌어 나갈지를 고민해야 한다.

관상 역시 마찬가지이다. 관상의 이론적인 토대에만 극도로 집착하는 사람들은 어떻게 하면 자신의 인상을 바꿀 수 있을지, 성형수술을 통해서라도 좋은 사주를 가져오는 눈, 코, 입 모양을 만들기 위해 애쓰기도 한다. 하지만 얼굴의 기운이라는 것은 단순히 좋지 않은 특정 부위의 모양을 좋게 바꾼다고 정해지는 것이 아니다. 각 부분의 전반적인 조화와 더불어 표정과 내적인 마음에서 우러나오는 것으로 결정이 된다는 걸 알고, 이러한 지점을 잘 가꾸어 나갈 궁리를 하는 것이 그 사람의 미래와 운명에 더 큰 이점이 된다. 단기적으로 좋은 인상이나 복이 들어온다고 생각되는 얼굴로 바꾸기 위해 성형을 한다거나 과도한 시술을 하는 경우에는 오히려 얼굴의 밸런스가 완전히 망가져 원하던 관상은커녕 외모에 집착하고 눈앞의 좋은 소리만을 좇는 심술 맞은 얼굴로 변해버릴 수 있으므로 항상 주의하여야 한다.

이 모든 바가 의미하는 것은, 사주를 보고 이야기를 듣는 것이 단순히 자신의 정해진 운명을 알고 그에 맞추어 살아간다는 것이 아니라, 자신에게 주어진 음양오행 바코드를 바탕으로 어떤 식으로 모자란 점을 보완하며, 가진 능력을 발전시키며 살아야 하는지를 알고 끊임없이 고민하며 노력하게 하는 시발점인 것이다. 어릴 때 좋지 못한 관상이나 사주를 가지고도 좋은 기운을 만들기 위해 노력하고, 개명을 통해서 자신에게 부족한 부분을 채워 넣어 성공한 사례들은 수없이 많다.

사람의 한 치 앞도 볼 수 없는 운명이라는 모험에서 사주나 팔자는 한 장의 지도를 마련해 주는 것으로, 이를 가지고 인생을 개척해나가는 것은 그 사주를 가진 본인의 몫이다. 그저 근시안적인 틀에 갇혀 자신의 운명을 한정 짓고 선을 긋는 행위를 반복한다면 이는 오히려 사주를 보지 않는 것만도 못한 행동이 될 수 있으므로, 이것이 자신의 인생에 도움이 될 수 있는 도구가 되도록 잘 다듬고 관리해야 할 것이다.

운명은 타고나는 것인가?

앞서 필자의 사업 경험담을 늘어놓았었다. 그 당시 나는 소위 '팔자 나쁜 사람'에 속하는 것이 아닌가 생각했었다. 그러나 사실 이것은 운이 아니다. 사람은 누구나 운기를 타고 채어난다. 이런 면에서 어쩌면 운명이 일부 정해져 있다고는 할 것이다. 건강한 기를 타고난 사람, 아무리 열심히 살아도 잔병치레가 많고 일이 잘 안 풀리는 사람이 있기는 있으니 말이다. 물론 인생을 대하는 마인드 차이도 있지만 기본적으로 타고난 사주팔자에 차이가 있으니 어쩔 수 없다. 그러나 이 점을 알아야 한다.

'길을 더하고 흉을 극복하는 것은 명리학의 이해에서부터 시작된다.'

사주팔자를 통해 본인의 운기를 스스로 아는 것은 얼마든지 가능하다. 나에게 주어지는 길흉을 조절할 수는 없지만 이것이 언제 오는지, 어떻게 오는지 대략적인 짐작은 할 수 있다는 의미이다. 그렇다면 주어진 것을 바꿀 수는 없어도, 내 노력으로 흉이 닥쳤을 때는 피하고, 길이 왔을 때는 주워 담을 수 있다는 이야기이기도 하다.

사주팔자를 배우면 명리학을 알게 되고 만세력을 해독할 수 있게 된다. 이를 머리에 담아 나의 운명을 바라보면 무엇이 길하고 흉한지를 변별할 수 있다. 즉 어려운 일이 생겼을 때 어떤 방향으로 가야 길한 평지를 선택하게 되고, 어떤 노력을 해야 흉한 비탈길을 피할 수 있는지 지혜가 생기는 셈이다.

사주팔자는 자연의 이치와 매우 닮아있다. 자연에 4가지 계절 봄, 여름, 가을, 겨울이 있듯이 사주팔자에도 이러한 온도와 흐름의 차이가 존재한다. 이러한 흐름을 구체적으로 살피는 것이 바로 사주팔자의 이해이자 내가 타고난 운명을 바라보는 첫걸음이다. 사주가 무엇이고 팔자가 무엇인지 이론체계를 알게 된다면 흐름을 훨씬 편하게 읽을 수 있다.

타고난 운명은 있다. 그러나 그 안에서 옥석을 가려 얻어내는 것은 자신의 일이다.

아는 것이 힘이라는 말이 있다. 명리학을 아는 것이야말로 자신의 삶을 관장하는 힘이다. 추상적으로 보였던 사주팔자의 이론체계까지 알게 됐으니 흥미가 생길 것이다. 그러니 더욱 궁금하지 않을 수 없다. 하늘이 내려준 나만의 메뉴얼을 조금 더 알아보자.

3장

사주팔자

운명의 역학작용을 추적하다

오어사의 추억, 역학으로 이끌리다

사실, 역학과 나의 연관 고리는 20살 때부터 이미 시작됐다. 그 당시 나는 재수를 하고 있었는데 장소는 포항 인근의 오어사 吾魚寺라는 절이었다. 청풍명월淸風明月이 드나드는 오어사에서 약 7개월을 공부했다. 그때 고시공부를 하는 학생 한 명과 인연이 닿아 꽤 재미있게 역학 이야기를 들었다.

그래서였을까. 신문 한 귀퉁이에 찍혀있던 역학학원 광고를 본 순간 왠지 모를 이끌림을 느꼈다. 학원의 이름은 '한국역학교육학원'이었으며 용산역 근처에 있었다. 한국 역학계의 태두인〈사주첩경〉저자 故 이석영 선생이 설립한 학원이었다. 나는 이석영 선생의 수제자 고(故) 김석환 선생께 가르침을 받았다.

월요일부터 토요일, 저녁 7시부터 9시까지 매일 2시간이었다. 일요일은 특강으로 손금과 관상을 보며 치열히 배움을 쌓아갔다. 코스는 초/중/고급 3개월을 다 이수하고 연수 3개월이 더해져 총 1년이었다. 배움이 힘에 부치자, 입학생들은 속절없이 기권해나갔다. 38명으로 시작한 수강생은, 연수 때는 겨우 8명이 남아 그중 3명만 졸업했을 뿐이었다. 나 역시도 무척이나 힘들었다. 그러나 치열하게 이어진 역학과 나의 고리는 다행히도, 질겼다.

물론 재미있었다. 초급 때 배운 '흉살', '백호대살'(일찍 객사함)', '역마살'(고향을 떠나 떠돌아다님) 등의 의미를 알아내는 일은 흥미로웠다. 친구들에게도 이야기해주면 신기해했다. 하지만 배움이 깊어질수록 코에 걸면 코걸이, 귀에 걸면 귀걸이라는 모순적인 느낌을 지울 수 없었다. 큰 회의감이 느껴질 때마다 선생님은 '용신'을 배울 때까지 인내해야 한다며 나를 타이르셨다. 용신을 배우면 명리학을 다 알게 되고 사주를 볼 수 있다며 말이다. 하지만 배움은 만만하지 않았다. 배울수록 나는 더 안개에 휩싸였다.

　사람들은 보통 사주를 세상살이를 헤쳐 나갈 때 찾게 된다. 사업에 성공하고 싶을 때, 취업을 하거나 이직을 할 때, 연애를 하거나 인생의 반려자를 만날 때, 이사할 때 등 인생에서 중요한 일정이 있을 때 찾는 것이다. 누구나 실제 삶에서 어떤 선택을 하고 어떤 마음가짐으로 어떤 길을 걸어야 할 것인지 고민해야 하는 순간이 오기 마련이고 이때 사주는 바른길을 찾는 데 유용할 수 있다.

2장은 1장과 다르게 이론적인 내용보다 응용적인 내용 중심으로 하였다. 역술을 공부하며 필자도 스스로 많이 들었던 의문이었으며, 주변 지인들, 그리고 역술인으로 살면서 나를 찾아온 손님들의 갖가지 질문을 떠올리며 작성했다. 역술이 내 생활과 맞닿았던 그때를 필자가 떠올렸던 것처럼, 아무쪼록 독자들께서 현실의 궁금증이 일면 해소되기를 바란다.

1.
사업운 – 사업의 흥망은 기운이 결정한다

사업을 하는 사람에게 운세란 매우 중요하게 여겨지는 유구한 역사를 지니고 있다. 사업을 할 때 아무리 개인이 많은 노력과 시간을 쏟아부어도 잘 되지 않는 경우가 있으며, 크게 노력하지 않았음에도 큰 운을 맞이하여 크게 성공하는 경우도 매우 많다.

사업의 성공과 실패는 그 사업을 하는 사람의 사주팔자와 더불어 자신에게 맞는 사업을 골랐는지, 그 사업을 하는 위치의 운세는 어떤지 등, 다양한 운세에 의해 결정되기에, 무작정 시작하는 것보다 '나에게 맞는 사업은 무엇인지, 지금 사주에서 사업을 시작하는 것은 맞는지' 등, 제대로 된 연구가 선행되어야만 패가망신하지 않고 사업을 잘할 수가 있다.

사업이라 함은 많은 경우 장사를 의미한다. 자본주의 사회에서 어떠한 물건을 구매한 뒤 해당 물건에 대한 부가가치를 매겨 이를 판매하고 수익을 버는 행위가 바로 경제활동이기에 사람의 사업운도 이러한 경제활동에 대한 운세로 결정된다고 할 수 있다. 그리고 많은 사람들이 경험하고 증언하듯, 장사라는 것은 한번 잘된다고 계속해서 잘되는 것도 아닐뿐더러 시기에 따라 흥망성쇠할 수 있는 변수가 많기 때문에 운세를 잘 파악해야 한다.

■ 사업과 관련된 여러 운

　사업에서 가장 우선해야 하는 운세는 재물운이라고 할 수 있다. 결국 그 사람의 재물에 대한 운세가 좋다면 사람들의 돈이 자신에게로 쏠리게 될뿐더러 쓸데없이 나가는 지출을 막아준다. 또한 문서운도 중요한데, 사업을 할 때 많은 사람들이 겪는 명의에 대한 분쟁이나, 기술력 및 특허에 대한 이슈가 발생하지 않으려면 이러한 문서운도 좋아야 한다.

　이와 더불어 사업을 할 때는 혼자서 할 수 없으므로 누군가와 동업을 한다거나 최소한 직원을 고용해야 하는 일들이 발생한다. 이럴 때 중요하게 여겨지는 것이 인연에 대한 운이라고 할 수 있다. 이와 관련된 사주가 좋은 사람이라면 사업을 하는 중에도 귀한 사람을 만나 사업이 더욱 크게 번창하게 되니 매우 중요한 요소라고 할 수 있다.

　이뿐만 아니라 사업을 진행할 터를 고르는 것도 중요하다. 만약 사업을 진행하는 장소의 터가 좋지 않고 좋은 기운이 흐르지 않는다면, 아무리 다른 운세가 좋다고 하더라도 결국 사업이 점차 쇠락하여 패가망신하기도 하니 항상 유의하여 사업 터를 고르는 것이 중요하다.

　이렇게 다양한 요소들이 합쳐져 있는 사업운은 이 때문에 단순히 '좋다, 좋지 않다'라고 나누는 것이 아니라 여러 가지 사주와 그 사업을 진행하려는 사람의 기운을 잘 따져보아서 살펴보아야 한다. 그렇다면 각각의 요소들이 어떤 식으로 사주에 영향을 미치는지, 그리고 어떤 운세가 좋게 작용하고 어떤 운세가 흉凶하게 작용하는지 살펴보자.

■ 재물을 얻는 운세

- 재다신약財多身弱 사주

재다신약財多身弱 사주

\+ 비겁比劫이나 인성印星운

\= 재물 얻음(得)

① 재다신약 사주란?

타고난 사주가 조화를 잃어 늘 불안감을 떨칠 수 없는 인생을 의미하는 것이다. 즉 허약한 일주一柱에 비해 재성財星이 많아 부담스러운 사주로 태어난 경우를 일컫는다. 이처럼 재성이 과한 운세는 인성印星과 비겁比劫이 약한 경우가 대부분인데, 이때 인印이라 함은 육친 상, 넓은 의미로는 친부모, 좁은 의미로는 친어머니를 의미한다. 즉 인성이 약한 사주는 초년에 친부모 밑에서 자라지 못하고 불우한 유년을 보낸 사람이 많다. 또한 다른 부족한 요소인 비겁의 비성比星은 그 사람을 돕는 동료나 동업자를 의미한다. 즉 재다신약 사주를 가진 사람은 주변에 사람이 많이 머무르지 않고, 혹시 머무른다고 해도 오래 있지 못한다는 것이다.

② 재다신약이 오히려 전화위복轉禍爲福

하지만 이처럼 좋지 않아 보이는 사주인 재다신약이라도 의기소침해할 필요가 없는 것은 부족한 기운인 비겁이나 인성운을 만나게 되면 그 재물운이 대운大運의 흐름을 띠게 되기 때문이다.

이 사례의 대표적인 예가 바로 삼성의 창업주인 이병철 회장이다. 이병철 회장은 재다신약 사주를 가지고 있었다. 하지만 유복한 집안에서 태어나 선천적으로 부족한 인성印星과 비겁比劫이 후천적으로 채워진 케이스로, 사주에 부족한 오행을 대운에서 보충해 부조화를 조화로 탈바꿈하면서 굴지의 대기업 삼성그룹 신화를 일궈낼 수 있었다.

- 신왕사주와 정재·편재운

신왕사주 + 편재·정재운 = 재물 얻음(得)

(순수한 편재운에는 횡재수橫財도 있다)

① 신왕사주란?

신왕사주는 사업을 함에 있어 매우 많은 성공한 사업주들이 가지고 있는 사주이다. 신왕사주를 가진 사람들은 매사에 자신감과 주관이 뚜렷하고 정신적인 면에서 강하여 쉽게 흔들리지 않는다. 또한 배짱과 추진력이 좋아서 가끔은 맹목적이며 무조건적인 성향을 보이기도 한다. 또한 주변에 구설에 쉽게 휘말리지 않고 독립적인 정신과 개척 정신이 뛰어나서 사업에 매우 적합하고 성공할 확률도 높다고 칭해진다.

하지만 역시 이러한 장점이 있으면 단점도 존재하는데, 대부분의 경우 신왕한 사람들은 매사에 저돌적이라 다른 사람과 마찰이 생길 확률이 높을뿐더러 행동이 생각보다 앞서기 때문에 무계획적이거나 무원칙적이 때가 많다. 또한 무리한 욕심을 부리며 속전속결로 일을 끝내려는 태도를 보이기 때문에 무리수가 따르며, 주변 사람들과 융화가 되지 않는 경우가 잦다. 또한 낙천적인 성격을 가진 경우가 대부분이라 게으름으로 발전되기도 한다.

② 신왕사주의 보완, 편재·정재운

이렇게 장단점이 있는 신왕사주에 이를 보완해 줄 수 있는 요소가 온다면 사업에 재물운이 크게 다가오는데 그것이 바로 편재·정재운이다. 편재운이란 말 그대로 돈이 들어오는 사주로, 매우 귀한 사주인데 제대로 준비가 되지 않은 사람에게 이 사주가 적용될 경우에는 재물은커녕 큰 화를 입는 경우도 많다. 즉 귀하고 가지기 힘든 운세인 데다가 제대로 사용하거나 컨트롤 할 수 있는 사람이 몇 없다는 뜻이다. 그런데 이 어려운 사주가 신왕사주와 만나게 되면 매우 큰 대길大吉의 재운을 가지게 된다. 쉽게 말해서 사업으로 큰 성공을 거둔 사람들의 사주를 살펴보면 대부분 이러한 신왕한 기운에 편재·정재운이 결합된 것임을 알 수 있다.

■ 재물을 잃는 운세

좋은 재운을 타고난 운세도 있지만 사업만 하면 큰 실패를 겪거나 재산이 날아가 버리는 사주도 존재한다. 손재파산하는 운세도 알아보도록 하자.

- 비견기신→ 비견(분가, 창업, 사업확장 충동) → 결과적 실패

비견比肩이라 함은 서로 어깨를 견줄만한 동등한 상대자 또는 일란성 쌍둥이와 같이 닮았다는 의미이다. 즉 사주에 비견이 존재하면 자존심이 매우 강하고, 과감함을 띄고 있는 경우가 많고, 자신의 고집을 지나치게 내세워 주위로부터 비방이나 미움을 사면서 무리에서 따돌

림을 당하는 경우도 있다.

이러한 비견운을 가진 사람은 끊임없이 자신과 남을 비교하고 남보다 우월해야 한다는 강박관념을 가지는 경우가 많기 때문에 남들과 화합하지 못하고 분가를 한다든지, 창업을 한다든지, 사업확장을 무리하게 하는 등의 행동을 하게 된다. 하지만 대부분 이러한 행동을 하는 것은 이성적인 판단이라기보다는 주위의 시선을 의식한 행동이기 때문에 좋은 결과를 맺지 못하는 경우가 대부분이다.

또한 비견운을 가진 사람이 뜻하지 못한 재물운을 만나서 사업적으로 성공한다 하더라도, 이러한 운은 오래가지 못하여 형제나 자매, 친구 혹은 동업자와 재물로 인한 다툼이 일어나게 될 뿐 아니라 부부가 싸우거나 사별하는 경우도 발생하며, 결국은 사업부진이 발생하여 점점 쇠퇴하게 되는 경우가 대부분이다.

- 신왕사주와 비겁운 → 손재파산

앞서 신왕사주는 사업을 함에 있어 매우 중요한 사주라고 말하였다. 배짱과 추진력이 강하여 많은 성공한 사업가는 이 사주를 가지고 있다. 하지만 그 기운이 매우 강하여 이를 잘 보완해 주는 사주가 결합되지 않으면 강한 저돌성이나 욕심으로 인하여 큰 화가 오는 경우가 많다. 앞서 말한 편재 혹은 정재운이 아닌 비겁比劫운의 경우 대표적인 신왕사주와 불화하는 좋지 않은 결합이다. 비겁比劫운이란 비견과 동일하게 옹고집의 기운을 지닌 사주로 남과 끊임없이 경쟁하고 시기를 하기 때문에 타인을 동료로 보지 않고 적으로 보는 경향이 있어 쉽게 화합하지 못한다. 또한 자신의 의견이 잘 반영되지 않으면 강하게 반발하거나 판을 깨려고 시도하기도 하며 상대방을 무시하는 경향을 띠기도 한다. 이러한 강력한 불화의 기운을 지닌 두 사주가 만났으니 당연히 좋은 결과를 가져올 리가 만무하다. 신왕사주와 비겁운을 가진 자는 대부분 재산을 잃고 파산하거나 동업자와 큰 싸움에 휘말리게 되어 실패를 겪게 된다.

<신왕사주의 흉凶을 줄이는 법>

하지만 이 사주 역시 그 흉을 줄이는 방법이 존재하는데, 식상食傷의 기운이 바로 그것이다. 식상이라 함은 식신食神과 상관傷官의 줄임말로 인간관계와 활동성, 사회성에 길吉한 기운을 지닌 사주이다. 식상의 사주를 지닌 자는 무엇인가를 생산하고 창작하며, 기르는 행위를 하게 되고, 생명을 낳고 교육하는 사주를 가진다. 또한 식상의 사주를 가지면 언어능력이 뛰어나서 주변 사람의 신망을 얻는 경우가 많다. 카리스마 넘치게 주변 사람을 휘감는 언변을 지닌 사람을 보면 대부분 식상이 뛰어난 경우이다.

즉 이러한 식상이 신왕과 비겁운에 함께하게 되면 그 두 요소의 취약점인 주변 사람들에 대한 불화와 싸움 등을 보완할 수 있기에 그 흉한 기운이 덜어진다. 고로 본인이 신왕한 사주인데 비겁운까지 함께 있다면 식상이 존재하는지 꼭 살펴보고, 없다면 사업에 대한 생각은 접는 것이 현명하다.

- 신왕사주+비겁운 → 사기, 배신 → 손재파산

사기나 배신, 남녀문제로 인한 손재가 발생하는 사주도 존재한다. 이 다양한 사례로는 비견기신운인데 친구를 믿고 돈거래를 하는 경우에는 친구에게 큰 배신을 당하고 결국 손재 파산할 수가 있으며, 편재기신운에 속하는 사주는 주변 사람을 크게 믿고 의심을 하지 않기 때문에 사기를 당하여 파산할 수 있다. 또한 편인기신운을 가진 사람 역시 주변 사람들에 대한 의심이 적고 금전관계에 어두운 경우가 많아서 사기나 도난, 배신 등을 항상 경계하고 조심해야 한다. 마지막으로 편재기신운을 가진 사람은 아내나 여자와 자신의 재산에 대한 운세가 잘 화(化)하지 못하는 경우가 대부분이기 때문에 손재파산할 수 있고, 결국 여자와도 큰 불화를 겪게 된다.

사업운은 다른 운세에 비해 워낙에 사주의 영향이 강한 경우이다. 사업으로 성공한 CEO나 사업주들의 경우 나쁜 사업운을 가진 경우가 전무할 정도로 그 정확도가 높다. 자신의 사주를 미리 살펴보고 사업을 해서 대성大成할 기운이 보인다면 자신감을 가지고 시작해보아도 좋은 결과를 예상할 수 있지만, 본인의 사주와 기운이 앞서 말한 나쁜 사례들에 해당된다면 욕심을 버리고 자신에게 맞는 일을 찾아가는 것이 큰 화를 피하는 방법이 될 수도 있다. 결국 본인의 사주에 적합한 일을 하는 것이 본인뿐만 아니라 주변 사람들에게도 좋은 기운을 불어 넣어주는 것이기 때문이다.

2.
직장운 – 먹고 사는 길을 종합적으로 찾아가는 여정

직장운은 단순히 '어떤 일'을 업으로 삼느냐에 국한되지 않는다. 어떤 영역에 종사해야 더 오래 살아남을 수 있으며 보다 빠르게 승진할 수 있는지, 누구와 합을 맞추어야 하는지를 종합적으로 알아보는 단계이다. 앞서 살펴본 사업운과 비슷하면서도 조금은 차이가 있는 맥락이다. 사업운이란 결국 내가 어떤 영역을 직접 '개척'하고 리드할 때 큰 수익을 얻을 수 있는지 알아보는 과정이다. 하지만 직장운은 개척의 의미보다는 나의 본성과 조화롭게 녹아들고 큰 잡음이 생기지 않는 영역을 '발견'하는 과정이다. 해당 영역에 발을 담그고 경력을 쌓다 보면 숨겨진 역량발휘가 수월해지고 더 빠른 승진이 가능하다. 이 때문에 특정 연도에 사업 대운이 따른다고 하여서 무조건 직장에서의 승진운이 따른다고는 말할 수 없다. 이 두 가지는 미묘하게 다른 접근법이므로 필요한 흐름을 미시적으로 접근하여서 알아볼 필요가 있다.

■ **천성과 능력, 환경의 3박자? 오행, 격국, 신살의 3박자**

– 천성과 능력, 환경

좋은 직장이란 적성에 맞고, 능력에 맞고, 환경과 합이 잘 맞는 곳을 말한다. 하지만 직장운이란 'S전자 마케팅부서에 경력직으로 입사하세요'를 말해주는 것이 아니다. '통신업종에서 이동이 많은 부서에 근무하되 후임들이 많은 곳으로 가세요'라고 길을 알려주는 것이다. 사주팔자가 개인의 삶에 영향을 주지만 선택을 한정해서는 안 된다. 직장운을 궁금히 여기는 사람들은 세부적인 취업자리를 지정해주길 원하지만 이는 옳은 접근이 아니다. 넓은 시야를 가지되 천성과 능력, 환경의 조화 3박자를 고르게 생각하여 스스로 결정할 필요가 있다.

- 오행과 격국 그리고 신살

직장운에서 중요한 것은 오행과 격국이다. 오행을 바탕으로 큰 그림을 그려놓고 세부적인 격국과 조합을 찾아 나가면 된다. 또한 이외에는 신살을 알아볼 필요가 있다. 오행과 격국, 신살을 종합적으로 판단하여 직장에 큰 영향을 미치는 흐름을 이해하면 된다. 진로를 찾지 못한 사람이라면 직장운을 이용하여 본인에게 숨겨진 적성을 찾을 수 있다. 반면, 현재 진로가 정해진 상태라면 어떤 세부 직업을 선택하고 방향을 설계해야 조금 더 빨리 성공할 수 있을지를 가늠하게 된다.

① 오행

오행은 내가 어떤 '천성'을 가졌는지를 판단하는 기준이 된다. 화수목금토의 성격마다 적성이 잘 맞는 직종이 있다. 반대로 나의 주된 성질과 상극을 이루는 오행의 직업을 선택하면 적성과 맞지 않아 힘들어질 수 있다. 이 점을 유념해서 직업의 후보군을 정해놓으면 도움이 된다.

화 (火)	불은 자라나는 생명의 '꽃'을 의미한다. 즉, 결실을 얻기 위하여 화려하게 피어나려는 뜨거움이 있다. 동시에 수정을 위하여 어떠한 두 개의 요소를 이어주는 매개체를 상징한다. 힘이 있다. 1차원적으로 불을 다루는 제조/생산업과 어울린다. 현대적인 관점으로는 전기/전자/전파/통신업에 적성이 있다. 넓게는 IT업종이다. 약한 불의 오행을 가졌을 경우 학자나 연구자 등 특정 분야 전문직에도 적성이 있다.
수 (水)	물은 씨앗을 자라나게 하는 '양분'을 의미한다. 하나의 생명이 탄생하기 위하여 반드시 필요하지만 가장 아래에서 흐르기에 쉽게 눈에 띄지는 않는다. 차가운 성질을 갖고 있기에 음기가 있다. 1차원적으로 물을 다루는 수산/냉동/요식/주류업과 어울린다. 현대적인 관점으로는 수출/무역/외교/유흥업이 적성에 맞다. 약한 물의 오행을 가졌을 경우 숙박/임대업에도 적성이 있다.
목 (木)	나무는 생명이 형태를 갖추는 '성장'을 의미한다. 뿌리를 내리고 근본에서부터 뻗어 나가 비로소 외형을 이루고 눈에 보이는 과정을 상징한다. 더 먼 목표까지 도달하려는 성실함이 있다. 1차원적으로는 나무를 다루는 공예/목조/건축/건설/토목업과 어울린다. 현대적인 관점으로는 회계업/교육업/기획업이 적성에 맞다. 약한 나무의 오행을 가졌을 경우 종교업/공무원/보건위생업에도 적성이 있다.

금 (金)	금은 생명이 비로소 결실을 얻는 '열매'를 의미한다. 꽃이 한 차례 거쳐 간 뒤에야 완성되는 결실, 즉 성장과 인내 이후의 성과를 상징한다. 단단하고 부피가 크다는 특징이 있다. 1차원적으로 금을 다루는 광업/금속/가공/제철/제강/조선업과 어울린다. 현대적인 관점으로는 금융경제/자동차/항공업이 적성에 맞다. 약한 금의 오행을 가졌을 경우 법률/세무/자재업에도 적성이 있다.
토 (土)	흙은 생명이 바탕을 내리고 자리를 잡는 근간이기에 '풍성함'을 의미한다. 본성을 담고 있는 뿌리와 성장해나가는 기둥을 이어주는 완충 역할을 한다. 부드러우며 온화함이 있다. 1차원적으로는 흙을 다루는 교통/원예/토목/농사/미장업과 잘 어울린다. 현대적인 관점으로는 건설/유통/대행/보험/심리상담업이 적성에 맞다. 약한 흙의 오행을 가졌을 경우 부동산/자재/임업/무속/종교업에도 적성이 있다.

첫째, 강한 오행을 선택: 내가 타고난 오행 중 강한 것을 골라 적성을 찾으면 해당 분야에서 빠른 승진 및 수익창출이 가능하다. '장점'을 강화하는 직종을 선택하는 전략이다. 사회초년생에게 추천하면 좋다.

둘째, 약한 오행을 선택: 내가 타고난 오행 중 약한 것을 골라 적성을 찾으면 부족한 성격을 보완해 줄 수 있다. 즉 직업적 시너지를 기대할 수 있게 된다. '단점'을 개선해나가는 직종을 선택하는 전략이다. 노력과 인내만 있다면 큰 성공을 기대할 수 있다. 현재 직업에서 재미를 느끼지 못하는 사람들에게 방향을 설계해주기 위해 알려주면 좋다.

② 격국

격국은 내가 어떠한 '성격'을 갖고 있는지 판단하는 기준이 된다. 월지의 지장간 중 천간/일간을 대비하여 어떤 육신인지를 파악한다. 오행이 나에게 근간을 두고 있는 거대한 성질이라면 그중에서도 좀 더 세분화된 개성이라고 볼 수 있다. 오행을 바탕으로 넓은 직종을 선택하고 격국으로 세부 포지션을 수립하면 좋다.

식신격	식신생재격은 사업가이고 의식주나 제조업이 맞다. 재성이 없으면 교육계, 학계가 맞다. 연구열이 있으니 연구 직종도 맞다. 성격이 명랑하니 소개업도 좋고, 수화가 왕성하면 요식업도 좋다.
상관격	상관생재는 사업가이고, 말로 먹고사는 직업인 교사, 강사, 변호사 등이 맞다. 예술가, 음악가도 많고, 연구 직종이나 발명가도 많다. 시청각과 관련 있는 방송연예 계통도 맞다. 기술계통은 발명개발의 정보기술, 기술자, 기술계통학자도 맞다.
편재격	일반사업에 적합하고 금전의 출입이 많은 중개업, 사채업이 좋다. 역마살이 있으면 무역업이나 물품의 이동이 많은 도소매, 유통업이 맞다. 증권, 주식, 복권 등 투기업종에 맞다. 재성이 약하면 회사원이다.

정재격	투기적인 일을 제외하고 금융업, 신용사업, 안정적 사업 등 신용을 바탕으로 하는 사업이 맞다. 그릇이 작으면 봉급생활, 회사원이다. 재다신약하면 은행원 등이 된다. 신왕하면 제조업도 맞다
편관격	제살합살 되어 격국이 청하면 사법계통이나 경찰, 군인도 맞고 세무공무원, 정부의 권력공직자가 맞다. 재성이 칠살을 생조하면 건축업, 청부업, 격국이 뚜렷하지 않으면 장사, 기술자이다. 대인관계가 많은 일도 맞다.
정관격	공직으로 나가면 된다. 공무원, 정치가, 법조인. 회사원 등이고, 사주가 탁하면 장사, 기술계통이다.
편인격	의약사, 예술인, 작가등 전문직종이 맞다. 연예인 정치인, 역술가, 종교인, 언론인, 체육인 등 자유로운 직종이 많다. 사주가 탁하면 기술직이다. 대체로 자유롭고 작업 시간에 구애를 받지 않는 일이 맞다. 야간직업도 많다.
정인격	박식하니 학식을 필요로 하는 문과계통의 일이 맞다. 학자나 교육계통이 맞고 자선심이 있으므로 자선사업, 육영사업도 맞으며 조상과 뿌리를 중시하므로 조상 대대로 내려온 일을 이어받는다.

③ 신살

신살은 내게 어떠한 '환경'적 영향이 작용하는지를 판단하는 기준이 된다. 내게 깃들어 있는 천성과 개성이 아닌, 외부에 의해서 작용하는 힘이라고 볼 수 있다. 신살은 길과 흉을 다루는 영역이므로 결국 나에게 어떤 귀인이 찾아올지 문을 열어두는 일과 같다. 반대로 흉이 있다면 그 흉이 빨리 나갈 문을 열어두는 셈이다. 직장운과 관련된 대표적인 신살 몇 가지만 알아보자.

· 역마

역마란 외양간에 묶여있는 말을 의미한다. 특정한 자리에 터를 내리지 못하고 정처 없이 떠도는 살이다. 역마살이 있을 경우 한자리에만 앉아있는 사무업무나 문서 관련 업무보다는 영업이나 서비스업무가 맞다. 외부출장과 미팅 등을 담당하면 오히려 즐길 수 있으며 자신에게도 좋은 기회를 가져다줄 수 있다.

· 화개

화개란 왕을 위해 사용하는, 그림과 수를 놓아 만든 의장을 말한다. 화려하고 빛이 나는 것들을 덮으며 가리는 살이다. 화개살이 있을 경우 주변인의 영향에 따라 운이 크게 좌우되기도 한다. 귀인을 만나면 화려함을 빛내고 주목받는 사람이 되지만 그러지 못하면 고독하고 외로운 일을 하기도 한다. 다른 사람들 앞에 설 수 있는 엔터테이닝, 연예업무가 맞다. 만약 천성이 그러지 못하다면 역으로 종교나 예술, 문화 쪽으로 나아가면 좋다.

· 백호

백호란 흰 호랑이를 말한다. 강인하고 남성적이며 다소 공격적인 면모를 갖고 있는 살이다. 주변인에게 좌지우지되지 않고 일의 흥망을 본인이 초래하는 성향이 있다. 그러므로 백호살이 있는 자는 이를 유익하게 사용하여 남을 구하거나 지키고 관장하는 일을 하면 좋다. 소방, 경찰, 군인의 업무가 맞다. 직장인이라면 상사가 너무 많은 곳보다 후임이 많은 곳에 있어야 본인의 카리스마를 잘 표현할 수 있다. 명령과 지시가 많고 타인의 개입이 많은 곳에 가면 스트레스나 공연한 싸움을 만들 위험이 있다.

· 반안

반안이란 말에 올라타기 위해 달아놓는 안장을 말한다. 높은 곳에 오를 수 있으며 야망이 있고 앞으로 나아가려는 살이다. 출세와 승진에 가깝고 부하보다는 리더에 어울린다. 그러나 말에 안장에 오르면 조금만 잘못해도 쉽게 떨어질 수 있듯 추락과 외로운 추월에도 가깝다. 반안살이 있으면 지위가 고정된 곳보다는 자신의 역량에 따라 승진할 수 있는 부서가 적합하다. 연공서열에 따라 직급이 변하는 곳은 반안살의 흐름이 막혀 무용해질 수 있다.

오행과 격국, 신살을 잘 조합해서 본인에게 가장 유익하게 작용할 수 있는 직장을 선택하면 직장운 흐름을 영리하게 쓸 수 있다. 물론 3박자가 공통점을 가지는 경우도 있지만 그러지 못하고 해석이 제각각일 때도 있다. 그럴 때는 오행이나 격국으로 거시적인 틀을 먼저 잡은 다음에 신살이 잘 작용하는 위치를 미시적으로 조정해나가면 된다. 왜

냐하면 신살 자체로는 적성이나 천성을 알기 어려워서 직종을 정할 때는 어려움이 크기 때문이다.

불/상관격/역마살, 이 세 가지 특징을 간단히 조합해본다면 현대적인 직업 중에서는 전자, 통신, IT업계를 후보로 생각할 수 있다. 상관격은 사업가 기질이 있고 말로 먹고사는 특징이 있으므로 이것을 잘 살려 데스크 업무보다는 사람을 많이 만나는 마케팅, 홍보 쪽 업무가 좋겠다. 마지막으로 역마살이 좋은 흐름을 가져다주게끔 이왕이면 멀리 나아가는, 대외마케팅, 대외홍보 쪽을 고려해볼 수 있다. 이러한 직업을 찾는다면 자신의 역량을 더 잘 발휘하게 된다.

이처럼 직장운을 살펴보면 앞으로 어떻게 진로를 설계해야 성공과 가까워질지 판가름하게 된다. 그러나, 만약 현재의 직업과 불일치하는 점이 있더라도 당장 퇴사나 이직을 고려해야 하는 건 아니다. 같은 직장 내에서도 흐름이 맞는 업무, 부서를 찾아 조금씩 변화를 꾀하면 된다. 결점을 보완하고 단조로운 일상에 변화를 주고 싶거든 내게 부족한 오행을 찾아가 거기에서 격국과 신살을 고려해보라. 얼마나 똑똑하게 명리학을 이용하느냐에 따라 매일 가는 직장도 놀이터처럼 흥미로워진다.

3.
애정운 - 사랑받는 사람은 사주부터 다르다

사람이 살아가면서 어느 하나 중요하지 않은 요소가 없겠지만 그래도 역시 가장 많은 사람들이 관심을 가지고 사주를 궁금해하는 것은 애정 운이다. 남녀관계는 모든 인간의 근본적 욕망인 동시에 누군가를 사랑하고 또 사랑받고 싶은 마음은 누구나 가지고 있는 것이기에 나의 운명에 좋은 애정운이 자리 잡고 있는지를 궁금해하는 사람이 많다.

■ 도화살이 곧 애정운이다?

얼마 전에 깜짝 놀랄만한 말을 들었다. 20대 여성이 화장을 예쁘게도 했길래 인사치레로 '화장 참 곱다'며 칭찬했는데, '도화살 메이크업'을 받았다고 대답하는 것이 아닌가. 요즘은 '도화살'이라는 말이 아마도 '애정운'이라는 말과 유사하게 쓰이는가 싶다. 하지만 도화살이 곧 애정운인 것은 아니다.

- 도화살은 명리학에서 12신살(神 殺) 중 하나인 살이다

연지(띠)나 일지를 기준하여 사주에 있거나 운에서 오면 도화살 작용을 한다. 해, 묘, 미(亥 卯 未) 돼지, 토끼, 양띠는 자(子) 쥐띠이다. 인,

오, 술(寅 午 戌) 호랑이, 말, 개띠는 묘(卯) 토끼띠다. 사, 유, 축(巳 酉 丑) 뱀, 닭 , 소띠는 오(午) 말띠다. 신, 자, 진(申 子 辰) 원숭이, 쥐, 용띠는 유(酉) 닭띠다. 그리하여 자, 묘, 오, 유를 패신이라 한다.

– 도화는 분홍빛을 띤 복숭아꽃을 말한다

사랑으로 치자면 얼굴에 홍조 빛을 띠는 것, 옛날 새색시가 연지곤지 찍고 시집가는 것을 의미한다. 사주에 도화살이 많으면 이성이 잘 따르며 페로몬 분비가 많다. 그리고 또 본인도 이성에 흔들리게 된다. 그래서 도화살을 다른 말로 년살年殺, 패살敗殺이라고도 한다. 잘못하면 패가망신한다는 뜻으로 풀이할 수 있다. 애정운을 높이는 것이 아니라, 조심해야 하는 '살'이라는 점을 기억하길 바란다.

– 도화는 상관의 기운, 목욕의 성향을 타고났다

상관의 기운은 에너지 과다 현상으로, 자신이 주체가 되어 이끌어 가는 힘이고, 목욕은 남을 의식하며 자신을 꾸미고 싶은 심리이다. 도화운이 발동하면 에너지가 넘치고, 자신을 꾸미는데 치중하며, 호기심이 발동하여 여러 이성에게 관심을 갖게 된다. 심리적으로는 타인에게 관심받고 싶은 마음이 생기고, 다소 변덕스럽다.

– 도화살은 왕성한 에너지를 의미한다

자오묘유子午卯酉로 이루어졌으며, 모두 왕지旺支로 구성되어 있기 때문에 에너지가 강해지는 작용을 하는 것이다. 도화 에너지는 성적의미로도 해석될 수 있지만 그 외에도 인기에 관련된 업종(연예인, 예술인 등) 등에서 에너지가 분출되어 크게 성공하는 경우도 많다. 인기를 필요로 하는 직업을 갖기에는 좋은 살이다. 다만 주의점은 이성을 조심하여야 한다는 것이니, 사주에 도화살이 끼었거나, 그 해 도화살이 붙었다고 한다면 이 점을 주의하는 것이 좋다.

■ 도화운과 색色

현실에서 애정운이 재미있는 것은 꼭 외모와 정비례하지 않기 때문이다. 미모가 좋고 매력이 있다고 하더라도 주변에 이성이 한 명도 없는 경우가 있으며, 대중적으로 그렇게 매력적이지 않은 외모를 가졌음에도 주변에 손 한번 잡아보고 싶어 하는 이성들이 득실대는 경우도 흔하다.

도화桃花가 나온 김에 이어서 색色을 설명해보고자 한다. 단순히 '색기가 있다', 이런 식으로만 생각하는 것은 곤란하다. 색色은 정말 여러 가지로 나타날 수 있다. 얼굴부터 눈빛, 눈매, 피부, 목소리, 말투, 몸의 곡선, 굴곡, 몸짓 행동, 화술, 옷 스타일, 분위기 등등이 있으며 이러한 것들도 다 사람마다 제각각으로 색이 있다. 그리고 분명하게 시선이 갈 만큼 특이하게 느껴지며 매력적으로 느껴지는 사람들이 있다. 또한 그것들은 색色을 잘 아는 사람들이라면 정확히 느낄 수 있다.

도화살은 어느 한 부분의 색기가 도가 지나친 것으로, 그 특유의 색色때문에, 사람이 꼬이고 이성이 꼬이는 것이다. 도화살은 감히 누구나 타고날 수 없는 것으로 생각할 것은 아니다. 의외로 흔하기 때문이다. 사주와 운이 적당하고 강하지 않은 도화운은 괜찮다. 타인과 다를 바 없는 평범한 삶이지만 조금 더 색(色)과 관련된 삶을 살아갈 뿐이다.

사람을 끄는 힘은 관성(官星)에서 나온다. 사주 육친상, 관성은 여자에게 남자가 되며 결혼하면 남편이 된다. 반면 남자에게 관성은 자식을 의미한다.

그렇다면, 애정운은 무엇과 관련이 있을까?

해마다 많은 남성들이 혼자서 다른 누군가를 흠모하다가 고통에 빠져서 나를 찾아와 애정에 대한 사주를 묻고는 한다. 이러한 슬픈 청춘들의 경우 대부분 도화운이 없는 경우로 사주가 판단되고는 하는데, 이는 이성에게 어필할 수 있는 매력이 없거나 매우 저조한 사주이므로 그러한 매력을 키우기 위해 많은 노력을 하여야 한다. 하지만 무턱대고 이성적인 매력을 키운다고 운동을 열심히 하거나 성형을 한다고 애정운이 생기는 것이 아니며, 오히려 이러한 과도한 외적 매력에 대한 집착은 스스로를 망가뜨리기도 하므로 유의하여야 한다.

애정운은 바로 관성(官星)의 유무에 달려 있다.

관성이라 함은 나를 극하는 기운이라는 뜻으로 쉽게 풀이하면 자신을 얼마나 잘 조절하고 컨트롤 할 수 있는지에 대한 운세이다. 그러므로 관성이 높고 사주가 좋은 사람은 자신을 통제하는 강한 힘으로 자기 절제가 가능하므로 주변 사람들에게 카리스마나 리더십 등이 어필되고, 이를 통해 주위에 사람들이 많이 머무르게 된다.

특히 이 관성이 길신(吉辰) 혹은 희신(喜辰) 등으로 매우 좋은 여성의 경우 남성의 끊임없는 구애를 받게 되고, 또한 그중에서 좋은 배필을 선택할 수 있는 운명을 가지게 된다. 하지만 이와 반대로 관성이 미약하거나 충극, 즉 과도하여 그 범위를 넘어선 경우에는 아무리 외모가 매력적이라 하더라도 주위에 괜찮은 남자가 없는 경우가 많으며, 혹여나 인연이 닿아 남자를 만나더라도 그 성품이나 상대방을 대하는 태도가 좋지 않은 사람일 경우가 많기 때문에 항상 주의하여야 한다.

도화살이 있으나 관성이 없는 연예인의 사례

몇 년 전 모르는 전화번호로 연락이 와서 몇 번을 받지 않아도 계속 전화가 오길래 한번 받아 본 기억이 있다. 그러자 전화기에서는 대한민국에서 누구나 이름을 들으면 알만한 미모의 톱스타 여배우 매니저라며, 해당 연예인이 꼭 한번 사주, 특히 애정운을 나에게 보고 싶다며 방문을 요청했다. 급하게 예약을 잡고 시간이 되어 여배우가 방문했는데, 방에 들어오면서 놀란 것 두 가지가 있다.

첫 번째로 그 화려한 외모에 한번 감탄했으며, 두 번째로는 그럼에도 불구하고 관성(官星)이 완전히 결여된, 아예 찾아볼 수 없는 기운을 느꼈기 때문이다. 아니나 다를까 그 여배우는 자리에 앉자마자 최근 자신을 거쳐 갔던 몇 명의 남자 연예인들을 언급하며 전부 다 인성이 좋지 못했고, 결국 다 끔찍한 인연으로 기억되고 있다며 자신의 애정운을 물어봤다. 나의 예감이 얼추 맞았음을 깨닫고 그 연예인의 생년월일과 태어난 시각 등을 바탕으로 파악해보았더니 역시나 관성에 살이 끼어있어 애정운이 극도로 좋지 못함을 알 수 있었다. 이 사실을 말하자 여배우는 크게 통곡하며 자신의 운명이 너무 기구하다며 어떻게 할 수 있을지를 나에게 물었다.

이 사례처럼 애정운이 좋지 못한 여성 혹은 남성들이 있다. 그러나 해결책이 없는 것은 아니다. 사주팔자라는 것은 타고난 운명이지만 본인의 긍정적인 태도와 그 운명을 수용하고 수긍하는 동시에 개선해나가려는 노력이 결합된다면 부정적 운명을 극복할 수 있으며, 이러한 사례는 무수히 많다. 오히려 애정운이 좋지 못하다고 쉽게 포기해버리고 그냥 지금까지처럼 운이 없는 채로 살겠다고 체념하는 것은 운명의 곡선을 더욱 암울하게 만드는 결정이므로 주의하여야 한다.

■ 근본원리는 한 사람이 아닌, 두 사람의 기운을 보는 것

흔히들 남녀가 연인관계가 되면 가볍게 사주를 본다거나 궁합에 대한 점괘를 묻곤 한다. 이런 경우 대개 가벼이 애정에 대한 점괘를 보는 경우가 많은데, 웬만한 경우가 아니고서는 찾아온 커플에 대한 덕담을 해주거나 좋은 운세가 있다고 말해주는 경우가 많다.

하지만 애정운이라는 것은 남자와 여자가 평생 어떻게 함께 맞춰나갈 것이며, 어떤 부분이 서로에게 필요하고 어떤 부분을 채워주어야 하는지에 대한 전인적이고 중요한 사주이다. 그러므로 앞서 말한 가볍게 보는 운세를 너무 신뢰하면 안 되고, 각자의 운명과 둘의 궁합을 잘 따져보아야 한다.

기본적으로 애정이라는 것은 상호 간의 소통이 전제되어야 한다. 혼자서 하는 사랑은 이루어질 수 없는 것인 동시에 자신의 사주를 모른 채 잘못된 길을 헤매는 것과 같다.

애정운은 남녀가 함께하면서 행복한 미래를 잘 꾸려나갈 수 있는지도 판단한다. 보통 애정운이 잘 맞는 남녀끼리 결혼하는 경우에는 큰 싸움

없이 평생 해로하는 경우가 많으며, 결혼 중에 다른 이성에게 한눈팔지 않고 자녀도 잘 기르는 등 길운이 함께한다.

애정 궁합이 잘 맞지 않는데도 이를 알지 못하고 결혼 생활을 하는 경우에는 크게 싸우거나 부부 중 한 명이 다른 이성과 외도를 하는 등의 큰 사달이 나는 경우가 많다. 그러므로 결혼을 앞둔 커플의 경우 본인들의 애정운을 꼭 판단하여 자신들에게 닥칠 미래를 알아보고 이에 대해 어떻게 현명하게 대처해야 할지 많은 이야기를 나눠보는 것이 좋다.

이와 같이 다양한 방법으로 알아본 애정운은 남성 혹은 여성이 누구와 만나고 어떻게 살아갈 것이며, 어떻게 행복한 애정을 나눌 수 있는지에 대한 사주팔자이다. 특히 최근 들어 이혼율이 무려 50%에 육박하는 시대에 살고 있는 현대인은 그저 아무나 무턱대고 만나서는 쉽게 좋지 못한 결과를 마주하기도 하며, 그 후폭풍으로 인생이 크게 망가지는 경우도 자주 볼 수 있다. 그렇기에 점차 부부 혹은 커플 간의 운세와 궁합을 잘 살펴보는 것이 중요해지는 시대가 되고 있으며, 이를 바탕으로 어떻게 살아야 할지를 깊게 고민하고 의논해 보아야 한다.

또한 운세 하나만을 너무 맹신해서는 안 된다. 사주와 팔자는 결국에는 자신이 만들어가는 것으로, 본인의 운명을 알았다고 해서 아무런 행동을 하지 않는다고 그것이 이루어지는 것이 아니다. 즉, 아무리 남녀 간의 애정운이 좋지 못하다 하더라도, 끊임없는 배려와 이해 그리고 노력이 함께한다면 좋은 관계를 유지하며 함께 살아갈 수 있으며, 아무리 둘의 사주가 최고로 길吉하다 하더라도, 이것만 믿고 서로를 소원하게 대한다면 좋지 못한 결과가 초래된다.

4.

궁합 - 요철인생이라도 쿵짝이 맞으면 잘 산다

한국 사람들은 식탁 위에 찬을 하나 올릴 때도 다른 찬과의 조화와 합을 꼭 따져본다. 혹시라도 합이 좋지 못한 음식을 먹으면 그날 하루 종일 배탈이 날까 봐 염려까지 하는 정도다. 자연의 모든 요소에는 음과 양이 있고 서로 합이 잘 맞아야 한다는 예로부터 내려오는 철학을 갖고 있기 때문이다. 이것이 바로 사주철학에서 '궁합'이라고 불리는 기준이다. 사람과 사람을 자연의 섭리에 대응시켜 얼마나 서로가 좋은 영향을 주고받는지를 따져보는 척도이다.

'궁합宮合'의 사전적 의미는 '혼인할 남녀의 사주를 오행에 맞추어 봄'이다. 즉 남녀가 함께 만나 가정을 이루면 얼마나 평안을 누리고 살 수 있는지를 미리 알아보는 방법이다. 이는 명리학의 정수로도 통하는데 그 이유는 조선남녀상열지사에서도 알 수 있듯, 무릇 사람들이란 남녀의 애정관계에 관심이 많기 때문이다.

■ 궁합의 참 의미 - 속궁합이 좋은 부부가 무조건 최고일까?

사실 궁합을 알아보고 싶어 하는 남녀가 가장 흥미를 느끼는 게 바로

'속궁합'이다. 남녀의 합을 알기 위해서는 해가 뜰 때보다 달이 뜰 때 둘의 행동을 봐야 한다는 논리이다. 사실, 꼭 그렇지만은 않다. 궁합은 크게 속궁합과 겉궁합으로 나뉘지만 둘 다 중요하다. 현대인들은 속궁합이 잘 맞는 부부야말로 진정한 쿵짝 부부라고 여기지만 겉궁합이 갖춰져 있지 않으면 내실이 없다. 그렇다면 이 둘은 구체적으로 무엇을 의미하는가?

- 겉궁합

남성과 여성의 년주를 비교하여 판단한다. 년주의 형충합원진을 살핀다. 형충합원진이란 서로의 팔자가 가진 기운의 상관관계이다. 겉궁합을 통해서 겉으로 보이는 화합을 알 수 있다. 경제적인 관계와 사회적인 관계, 외모의 조화 등이 해당된다. 간단하게 말하자면 밝은 낮에 보이는 둘의 관계이다.

- 속궁합

남성과 여성의 일주를 비교하여 판단한다. 일주와 마찬가지로 형충합원진을 살핀다. 단순히 성적인 부부관계를 떠나서 천성적인 본질과 인품의 관계를 알 수 있다. 겉궁합과 반대로 깊은 밤과 새벽까지 보이는 둘의 관계다.

좋은 부부관계란 겉궁합과 속궁합이 모두 호혜적인 관계를 유지할 때 성립한다. 둘 중 하나만 다분히 좋아서는 하루 24시간을 순탄히 보낼 수 없다. 상대가 밤에만 보고 싶은 당신, 낮에만 편한 당신이라면 둘 중 어느 하나의 궁합이 어긋나있다는 신호이기도 하다.

■ 궁합의 기준 – 4살 차이는 왜 궁합도 안볼까?

본격적으로 궁금해질 것이다. 과연 이 궁합을 판가름하는 세부 기준이 무엇인지 말이다. 궁합은 주로 남녀의 오행을 분석하는데 서로 부족한 점이 있을 때 보완하는 사이이면 좋은 궁합으로 볼 수 있다. 이외에도 예전에 주로 사용하던 띠로 궁합을 보는 법도 있다. 하지만 이 방법은, 굳이 수치로 표현해보자면 약 10% 정도만 영향을 미칠 정도로 그리 중요하지 않다. 좌우지간 궁합을 설명하는 기준은 하나가 아니라 꽤나 다양하다. 한번 알아보자.

– 삼합 비교

명리학에서 '4살 차이'가 가장 좋다고 말하는 이유는 바로 '삼합(三合)'에서 비롯됐다. 3개의 합 요소라는 의미를 가진 말이다. 삼합은 12지지를 통해서 관계성을 추적하는 것이다. 사주팔자의 12지지란 단편적이지 않고 연속된 흐름임을 전제로 하고 있다. 각각 지지는 마치 원형 테이블에 앉아있듯이 둥근 순환을 갖고 있다. 때로는 마주 본 상대를 공격하는 힘이 되기도 하고, 옆 상대를 도와주는 보완이 되기도 한다. 이때 가장 멀리 있는 상대에 대해서는 뭉치고 싶고 그리워하는 본능이 깃든다.

예를 들어 '유酉, 축丑, 사巳' 지지를 떠올려 보자. 이들은 12지지를 원형으로 펼쳤을 때 큰 정삼각형을 이루고 있다. 서로의 사이에 균일하게 3개의 지지가 들어있다. 그러므로 다른 지지와 조합됐을 때보다 유축, 축사 관계일 때 합에 대한 열망이 더욱 커지는 것이다. 이것을 띠로 계산하면 닭/소띠, 소/뱀띠, 뱀/닭띠가 되고 4살 차이가 된다. 출발한 지지에서부터 +4칸씩 옮겨가면 된다. 이처럼 '궁합도 안보는 4살 차이'라는 말은 12지지의 관계성에서 출발했다.

- 오행 비교

명리학은 사람의 기운을 크게 5가지의 원소로 분류한다. 불火, 흙土, 쇠金, 물水, 나무木이다. 오행은 앞선 파트에서도 설명한 적이 있는데 궁합을 판단할 때도 오행을 비교한다. 우주와 자연의 성질을 담은 5 원소이기 때문에 각각의 원소들은 필연적으로 상호작용하며 하나의 철학을 이룬다. 이때 서로를 살리기 위해 필요로 하는 관계를 상생궁합으로, 서로를 죽이는 관계를 상극궁합으로 표현한다. 상생과 상극에 대한 표는 16쪽(수정)을 참고하면 된다.

예를 들어보자. 오행 관계 중 '수극화'가 있다. 이 말은 수水가 화火를 극한다, 즉 물이 불을 끈다(제압한다)라는 의미이다. 물의 성격을 가진 사람과 불의 성격을 가진 사람이 함께하면 이상하게 불의 기를 가진 사람이 꼼짝을 못하거나 물의 사람에게 언변이 휘말린다. 이 오행 중에는 최강체도, 최약체도 없다. 5개의 요소들은 모두 상생, 상극의 관계를 갖고 있다.

- 일주 비교

'일주'란 사주 중, 가장 나의 개별적 성격에 부합하는 기둥이라 설명

했다. 그러므로 사람 간의 성격적 궁합을 볼 때도 이 일주를 활용할
수 있다. 그 원리는 오행과 비슷하다. 일주의 경우 오행보다 더욱 종류
가 많아 세세하게 개인의 성품을 엿볼 수 있다. 그러나 개별적인 일주
의 특성을 알지 못하면 궁합을 파악하기 어렵다. 명리학에 대한 충분
한 이해가 선행됐을 경우 본격적으로 따져볼 수 있는 방법이며, 많은
명리학자들이 내세우는 궁합 기준 중 하나이다.

- 원진살

독특한 방법으로 원진살의 유무를 따져볼 수 있다. 우리의 사주에
는 다양한 '신살'이 들어있다. 쉽게 설명하자면 자연의 만물을 관장하
는 강한 흐름들을 길신과 흉신으로 나눠놓은 것이다. 좋은 영향을 주
는 것은 길신이라 하며 다른 말로는 '귀인'이라고도 표현한다. 그 반대
가 바로 '살'이다. 무당이 굿을 통해 풀어내는 '살' 역시도 이러한 흉신
을 달래고 해결함으로써 나쁜 기운을 방지하는 과정이다.

이러한 신살에는 다양한 종류가 있다. 그중에서 '원진살'이란 남을 미
워하고 원망하게 만드는 살이다. 이 살이 사주에 있으면 다른 사람과
함께해도 별 이유 없이 공연히 미워지고 배신하고 싶은 마음이 생긴
다. 남녀관계에서 유독 싸움을 많이 일으키는 원인이 되기도 한다. 그
러나 신살은 그 자체로 완전히 독립적이지는 않다. 명리학의 모든 요
소가 그러하듯, 신살 역시 서로의 영향과 사주팔자 요소들의 영향에
따라 기운이 역전하기도 한다

사주를 바탕으로 궁합을 알아보는 기준을 나열해보았다. 명심해야

할 점이 있다. 그 어떤 기준도 '절대적'이지는 않다는 사실이다. 일주, 년주, 오행, 신살 등 여러 기준이 크고 작게 모두 궁합에 영향을 미친다. 오행이 찰떡궁합인데 이상하게 자꾸만 싸우는 부부가 있다면 다른 기준으로도 분석해 보는 게 좋다. 나무만 바라보면 숲을 놓치는 법. 명리학은 언제나 자연의 조화와 우주의 기운을 논하는 학문임을 잊지 말자.

■ 궁합의 활용 – 우리 부부 쿵짝 맞추는 법

- 미혼남녀

미혼남녀는 궁합을 하나의 '신호'로 받아들이면 참 좋겠다. 궁합을 토대로 상대와 계속 만날지 말지를 결정하기보다는 이 사람을 선택했을 때 어떤 위험이 따르고 어떤 득이 생길지를 넌지시 살피는 거다. 곧 다가올 사랑의 신호등에 빨간불이 켜질지, 파란불이 켜질지 아니면 애매한 노란불일지. 신호를 살펴보는 일을 통해서 우리는 힘차게 건널지 멈출지 액션을 취할 수 있지 않겠는가.

만나고 있는 상대가 여럿인 경우라면 그중에서 가장 신호가 좋은 쪽을 고르면 되겠다. 남녀 사이라는 게 남이 조언해주어도 귀에 들어오지 않을 때가 참 많다. 그럴 때 서로가 타고난 궁합을 미리 살피면 희한하게 그 말은 또 듣게 된다. 궁합이란 바꿀 수 없는 순리고 흐름이기 때문이다. 가장 좋은 상대를 고르고 싶을 때 참고하라.

- 기혼남녀

기혼남녀는 궁합이 나쁘다고 관계를 끝장내지 말라. 궁합의 참 의미는 남녀의 흐름에 균형을 만드는 일이라고 하였다. 즉, 서로가 보완할 점을 찾을 수 있다는 말이다. 자꾸만 대화가 안 되고 내 말에 무작정 화부터 내는 남편이라면 과연 그가 성격적으로 무엇이 부족한지 파악하자. 아니면 나의 어떤 기운이 남편을 자극하는지 알아보자. 그리고 그 점을 서로 보완해나가면 된다.

기혼남녀에게 나쁜 궁합이란 오히려 위기를 극복해가는 지혜의 시작으로 여길 수 있겠다. 서로가 서로를 피하는 이유, 잘 맞지 않는 이유를 알고 나면 무엇을 고쳐야 할지 보인다. 조금 더 배려하고 상대의 결점을 보완해 주려는 의지가 있다는 사실만으로도 당신들은 나쁜 부부가 아니다. 그러니 걱정 말라. 이혼수가 있다고 모든 부부가 다 이혼하는 게 아니듯이 말이다.

■ 궁합법 – 남녀 사이가 아닌, 사람과 사람 사이의 관계를 엿보다

- 연인이 없다면 궁합을 볼 이유가 없다? NO

궁합은 알면 알수록 흥미로운 분야이다. 더 놀라운 것은, 연인이 없거나 애정을 알아보기 위해서가 아니더라도 얼마든지 궁합을 활용할 수 있다는 사실이다. 궁합은 오직 남녀의 합만 알아보기 위해 존재하는 요소가 아니다. 혼인을 비롯하여 사람과 사람 간의 보다 넓은 관계를 알아볼 수 있다. 먹는 음식부터 일상의 대부분 요소들에게서 궁합을 찾을 수 있다. 심지어는 묫자리의 풍수를 알아볼 때도 궁합을 활용한다.

그러므로 앞서 언급한 겉궁합, 속궁합 등 오직 연인만을 위한 궁합법에 연연할 필요가 없다. 단편적인 시각으로만 궁합을 판단하는 게 좋지 않은 이유가 있다. 사주팔자 중 생년으로만 남녀의 합을 알아보는 방법을 '구궁 궁합법'이라고 한다. 구궁 궁합법은 중국 고대 한나라 때 생겼다. 오랑캐 족이 한나라 공주를 탐내 사돈 관계를 요구하자 한나라 임금이 혼인을 거절하기 위해 고안해냈다는 야사가 존재한다. 즉 구궁 궁합법은 근거가 취약하고 논리도 부실한 편이다. 이것이 현재에까지 쭉 내려와 오직 연인을 위한 궁합법으로 돌고 도는 셈이다. 이런 방법으로 합이 맞다, 맞지 않다를 딱 잘라 말하는 일은 옳지 않다. 나의 경우는 해당 방법만을 고집하여 택일하려는 사람에게는 궁합을 봐주지 않는다.

- 사람과 사람의 만남은 오직 사랑이 전부가 아니다.

주변을 보면 쉽게 찾아볼 수 있을 것이다. 전체 부부 중 합이 잘 맞는 부부는 20% 정도인데, 잘 맞지 않는 30% 정도의 부부도 이혼하지 않은 채 미운 정으로 가정을 지켜나간다는 사실을 말이다. 궁합이 잘 맞지 않는다고 가정이 와해되는 건 아니다. 서로 다른 환경에서 자란 사람이기에 생활 습관과 음식 기호의 차이 등 다른 점이 너무나도 많다. 이를 배려할 마음이 있으면 결혼이 유지가 되고 없으면 불행해진다.

나의 경우는 일주를 기준으로 서로 충인지, 형인지, 원진인지를 따져본다. 충은 서로 충돌하는 것으로 헤어짐을 의미한다. 형은 상처를 낼 정도로 심하게 다툼이 있어 법정 공방 등 큰 싸움이 있음을 의미한다. 반면 원진의 경우 '원진살' 설명에서 알 수 있듯 서로 미워하고 싸우는 케이스가 있지만 오히려 주말부부일 때는 이것이 서로의 긴장감을 유지해줘 잘 맞는 케이스도 있다. 원진이 있는 부부들이 결혼 후 이혼, 다시 재혼하는 케이스가 많은 이유이다.

해와 파를 살펴보기도 하는데 이 경우는 싸움이 있어도 금방 다시 화해할 수 있는 케이스이다. 이후에 사주 전체 흐름을 파악하고 음양 오행의 강약을 따져본다. 대운 분석 역시 마찬가지이다. 종합적으로 서로에게 필요한 오행이 잘 보완되는지까지 살펴보면 그제야 궁합을 말할 수 있다. 오직 사랑하느냐, 미워하느냐로 귀결되는 문제가 아닌 셈이다. 예를 들자면 남자 쪽에 자식 운이 없어도 여자 쪽에서 자식 운이 있다면 괜찮다. 자식과의 관계가 남자 쪽에서 소원하다면 여자 쪽에서 돈독할 때 보완이 가능하다. 이러한 점을 다 판단하여 궁합을 결론짓는다.

궁합을 알아본 부부의 실제 사례

실제로 궁합을 봐준 남녀 중 부부가 된 사례가 있다. 저녁 7시경에 본 철학관을 방문한 부부였다. 서로의 일지가 자子 미未 육해六害를 하고 있으나 중상 정도의 궁합이었기에 나쁘지 않았다. 일반적인 결혼생활을 꾸려갈 거라고 말해주었다. 그러자 남자 쪽에서 "엄마가 궁합을 네 군데서 보았는데 결혼하면 남편이 죽거나 큰 사고가 날 것이라며 궁합이 너무 좋지 않아 결혼을 반대했다"라는 말을 하였다.

이에 마지막으로 강남 유명한 곳에서 궁합을 한 번 더 보고, 또 나쁜 결과를 받으면 그때는 친구로 지내자는 약속을 한 후, 내 철학관에 방문하게 됐다고 했다.

부부의 상황이 안타까워 전체적인 사주의 흐름을 보았을 때 큰 문제가 없음을 적어 주었다. A4 용지 7장에 상세하게 적어서 건넨 다음 부모님께 보여 주라고 했다. 또한 궁합을 본 두 군데 철학관과 두 군데 무속인에게도 보여 준 다음 "서울에서 본 결과인데 어떻게 생각하는가?"라고 물어보라고 안내해주었다.

만약 그래도 결과가 나쁘다면 직접 내가 설명을 해주겠다는 약조도 하였다. 남자는 설명이 적힌 종이를 핸드폰으로 찍어 엄마에게 보냈고, 엄마는 후에 두 군데서 해당 내용을 보여 주니 그들이 아무런 말을 못하기에 화를 내고 돌아왔다고 한다. 그 덕에 연인은 결혼할 수 있었다. 이 일화는 그 부부가 결혼 후 아이까지 낳고 신생아 작명을 받고자 들렀을 때 다시 알게 된 일화이다. 지금도 잘살고 있다고 한다.

궁합이란 참으로 재미있는 요소이다. 당신은 배우자와 충沖인가? 형刑인가? 혹은 파破인가? 명리학은 당신이 가진 합을 살짝 엿보게 해준다. 좋은 연인, 멋진 배우자, 화목한 가정은 하늘에서 어느 순간 쿵! 하고 떨어지지 않는다. 좋은 합과 상생, 보완관계에서 비롯된다.

5.
자녀의 사주 – 육아법과 교육법

옛날에는 한 가정에 자녀들이 평균 5~8명이 있었다. 그런데 그중 한 두 명은 부모 말도 잘 듣고 공부도 잘해서 사회적으로 성공했지만, 또 한두 명은 그럭저럭 평범한 사회생활을 한다. 그리고 나머지 한두 명은 아주 잘못 되어 부모 속만 썩이며 가족들의 고생문을 열어젖히곤 한다.

같은 부모 밑에서 태어나 자랐는데 왜 이렇게 큰 차이가 날까?

그 이유는 부모가 자식을 똑같은 방법으로 길렀기 때문이다. 자식은 태어날 때 각기 다른 오행과 다른 성향을 타고 태어났는데, 부모가 같은 방법으로 자식을 양육하며 교육한다. 당연히 성장 과정 동안 부모의 교육 방법을 받아들이는 자식은 성공하고, 받아들이지 못하고 방황하는 자식은 사회의 낙오자로 변한다.

신강 사주로 태어난 자식은 엄하게 규제하면서 키우고 신약사주로 태어난 자식은 용기와 칭찬으로 키워야 하는데 똑같은 방법으로 키운다면, 사자와 토끼를 같은 방식으로 키우는 것과 진배없는 일이다.

부모님이 관심을 가지는 공부도 마찬가지다. 사주에 인성이 월지에 있으면 기본적으로 공부를 잘한다. 한데 사주에 인성이 없거나 미약하면 공부에 관심을 가지기 어려우니, 억지로 공부를 시킬 이유 또한 없다. 학원 등에도 자녀가 가고 싶다면 보내주지만 가기 싫어하는데 굳이 보내서는 안 된다.

공부에 관하여 보다 깊게 들어가자면, 사주 중 인성印星은 학문과 명예와 엄마를 의미한다. 인성이란 사주팔자 중 일간이 목이라면 수가 인성이 된다. 또 일간이 금이라면 토가 인성이 된다. 인성이 공부와 엄마를 의미하기에 자녀의 공부는 아빠가 아닌 엄마가 관리하여야 한다.

아버지는 재성財星이라 하는데, 재성은 재물과 이성을 의미하며 인성을 깨뜨린다. 따라서 아버지가 공부에 관여하면 역효과가 나 공부에 전혀 도움이 되지 않는다. 학생에게 인성이 들어오면 공부를 잘하지만 대운이나 세운에 재성이 들어오면 공부를 안 하거나 집중력이 급격히 떨어진다.

그렇다면 어떻게 하면 집중력을 높일 수 있을까?

앞에서 서술했듯, 공부는 인성이다. 따라서 공부할 때 인성 방향으로 앉아 인성의 숫자, 인성 색깔의 옷을 입고 책상도 인성의 방향으로 놓으면 전보다 훨씬 더 집중력이 올라간다. 중요한 시험을 앞두고 인성운을 불러들이는 개운법을 사용하면 본인 실력만큼, 혹은 본인 실력보다 더 좋은 성적을 기대하는 것도 가능하다.

하늘이 내려준 배필은 존재하는가?

명리학에서 사람들이 가장 재미를 느끼는 '궁합'을 배우다 보면 여러 질문을 받게 된다. 그중에서도 가장 많이 하는 질문이라면 역시 '찰떡궁합'에 대한 것이다. 과연 하늘이 내려준 배필, 즉 천상의 인연이 존재하는가에 대한 물음이다. 소위 이를 '천운'이라 한다. 하늘이 내려준 운명의 짝이 존재하는지, 나아가 명리학으로 이것을 살필 수 있는지 물어본다면 이론상으로는 YES라고 말할 수 있다.

나의 사주팔자와 최상의 상생관계를 이루는 사주를 이론상으로는 얼마든지 만들 수 있다. 문제는, 그 사람이 정말로 '살아서 존재하느냐'이다. 아무리 완벽한 공식이 적힌 종이라도 그것이 실제로 살아 숨 쉬는 사람이 아니라면 소용없지 않은가? 하지만 이 말을 조금만 뒤집어 생각해보면 최악의 궁합 역시 이론상으로는 가능하다는 말이 된다. 하늘이 내려준 악연 역시 종이 위에서는 존재할 수 있다는 뜻이다.

"우리가 함께하면 남자가 죽는다고 합니다."

앞서 사례에서 소개한 이들이 철학관에 들어서자마자 한 말이다. 남자의 엄마가 이전에 다른 곳에서 궁합을 봤는데, 그곳에서 너무나도 나쁜 궁합이라는 말을 들었다고 했다.

궁합이 너무 나빠 다시 세 군데나 들렀는데도 온통 나쁘다는 말뿐이었다고 한다. 내가 보니 일지에 파破가 있지만 전반적으로 무난한 궁합이었다. 본디 파는 큰 역할을 하지 않으며 궁합을 보니 금방 화해하는 것으로 보였다. 결국 그 커플은 후에 결혼까지 하였고 출산에도 성공했다. 후에 내게 신생아 작명을 묻기 위해 다시 왔었다.

결국 하늘이 내려준 배필 혹은 하늘이 갈라놓은 악연이라는 궁합은 분명 없다고 말하기는 힘들다. 그러나 최상, 최악의 궁합은 이론으로 조합할 때야 가능하지, 실제로 그러한 짝을 만나기는 힘들다. 그러므로 만약 '천상의 짝이다, 천하의 적이다.'라는 단언을 듣는다면 오히려 경계해보라.

큰 수술을 앞두고 있을 때 병원 두세 곳을 들러 결정하듯이 궁합도 여러 번 볼 가치가 있다. 만약 지나치게 극단적인 결과를 듣게 된다면 몇 곳 더 들러 결과를 들어보고 궁합을 판단해보라. 오히려 그게 현명하다고 생각한다. 사람에 따라 중점을 두는 기준이 다르기 때문이다. 모난 소리에 너무 상처받지 말라. 반대로, 과한 칭찬에 너무 안심도 말라.

4장

이름이 인연을 부른다

1.
좋은 뜻이 좋은 기운을 불러온다

인위성과 자연성, 무엇이 운명을 결정하는가?

많은 사람들이 자신의 운명과 사주팔자를 궁금해하면서 또한 많이 묻는 것이 '그렇다면 자신의 운명에 가장 큰 영향을 미치는 요소는 무엇인가?'이다. 태어날 날짜나 시각, 장소 혹은 얼굴의 생김새 등, 워낙 다양한 요소들로 우리의 운명이 결정지어지기 때문에 도대체 어떤 요소가, 무엇이 나의 미래를 가장 크게 결정짓는 요인인지 의문을 가지는 이가 많다.

이는 비단 일반인들뿐만 아니라 사주를 연구하는 수많은 학자들 사이에서도 큰 논쟁거리로 오랫동안 논의됐다. 누군가는 태어난 날짜의 음양오행에 의거하여 모든 인생이 결정된다고 이야기하기도 하며, 다른 누군가는 얼굴의 관상이 그 사람의 미래를 잘 보여준다고 하기도 한다. 하지만 타고난 얼굴이나 시각, 장소나 날짜 등은 사회가 선택하지 않은, 자연스러운 요소이기 때문에 인간의 결정이 들어가지 않는다는 것이 특징이다.

이름은 곧 '운명의 함축'이다.

최근 들어서 많이 연구되고 크게 호응을 얻는 주장은 그 사람의 이름이 운명에 큰 부분을 차지하며, 매우 결정적인 요소라는 것이다. 이름이라는 것은 태어나서 처음으로 사회에 의해서 호명되는 것으로, 사회와 호응하며 살아야 하는 인간에게는 평생 따라다니는 중요한 요소이다. 또한 이름이 결정되면 개명을 하지 않은 이상 그 이름으로 평생을 불리게 되므로 그 어떤 요소와 비교해도 압도적으로 사회적으로 나의 운명과 인상, 그리고 미래를 결정짓는 중대한 요소라고 할 수 있다.

작명의 중요성은 이미 더할 나위 없이 오래전 과거부터 강조되어 왔으며, 비단 우리나라나 중국, 일본 같은 동아시아 문화권뿐만 아니라 전 세계적으로 널리 전수되어 왔다. 아이의 이름을 짓는 것이 단순히 호명呼名하기 위한 것만이 아니라 그 사람의 인생을 결정짓는다는 것을 많은 경험으로 알아 왔기 때문이다. 그렇기에 아이의 이름을 지을 때 좋은 의미를 부여하여 그 좋은 기운이 평생 삶에 깃들게 하는 것을 미덕으로 삼아 온 것이다.

독자들도 자신의 이름을 한번 종이에 적어서 곰곰이 살펴보기를 바란다. 과연 이 이름이 무엇인데 나를 평생 규정짓고 나에 대한 이미지를 생성하는가? 이름이 바뀌면 다른 사람들은 나를 어떻게 인식할 것인가? 그저 평소에는 아무렇지 않게, 대수롭지 않게 생각했던 이름이 갑자기 생경하게 느껴지며, 이 몇 글자 되지 않는 문자들이 나의 인생을 모두 정의하고 있다는 것에 신기함과 어쩌면 두려움을 느낄지도 모르는 일이다.

작명의 중요성을 아는 인디언들

　음독 문화가 아닌 의미 구조로 이름을 짓고 훈독을 사용하는 인종들에게서도 작명적 특징을 살펴볼 수 있다. 영화 '늑대와 함께 춤을'로 유명해진 아메리카 인디언 부족의 작명 방식에서도 이러한 특징이 보인다. 이름에 좋은 뜻을 부여하여 그 기운이 그 사람의 운명에 깃들게 하려는 시도이다. 영화의 제목이기도 한 '늑대와 함께 춤을'이나, 아메리카 원주민 부족 등장인물들이었던 '주먹 쥐고 일어서'나 '머릿속의 바람' 같은 이름들은 인디언들이 동물들과의 평화로운 삶이나 적 부족들과의 전쟁에서의 승리를 기원하는 삶, 자연과 조응하는 삶 등 좋은 기운을 북돋워 주려는 의미가 담겨있다. 한국에서 이런 이름들은 농담의 소재로 사용되기도 하였으나, 결국 좋은 뜻을 통해서 그러한 인생을 결정짓는 것이기에 우리의 삶과 그들의 삶이 별반 다르지 않음을 알 수 있기도 하다.

　이러한 좋은 의미를 이름에 부여하는 작명법이 크게 발달하고 수많은 이들에 의해 연구된 것이 동아시아 문화권이다. 특히 한자를 쓰는 한국, 일본, 중국의 경우 이름을 지을 때 들어가는 한자의 의미와 그 기운, 그리고 사람과의 궁합까지 모두 고려하여 결정하여야 하므로, 단순하게 개인의 이름에 들어갈 한자를 고르는 것이 아니라 전문적으로 이를 연구하는 높은 학식을 지닌 이에게 이름을 받는 것이 전통문화로 내려오고 있기도 하다.

또 좋은 의미라고 하더라도 수많은 한자들 사이에서 그 사람의 운명과 잘 합치하는 글자를 고르는 것 자체도 쉽지가 않은데, 좋은 뜻의 이름을 가져다 붙이더라도 그 이름과 다른 사주들의 궁합이 잘 맞지 않는 경우에는 오히려 화를 불러일으키는 일이 생기기도 하므로 매우 신중하고 잘 판단하여 이름을 지어야 한다.

작명에서 크게 신생아 작명과 개명으로 나눌 수 있다. 우선 신생아 작명은 앞서 말한 인생의 중요한 요소들이 결정되는 점 이외에도 더 꼼꼼히 따져보아야 할 점들이 많다.

■ 신생아 작명

우선 신생아 작명을 결정하고 난 뒤에 그 아이가 성인이 되어감에 따라서 스스로의 이름과 삶이 잘 합치되지 않거나 불행한 운명을 불러일으킨다고 생각하게 되면 스스로에 대한 정체성에 혼란이 생기게 된다. 이런 경우 개명을 하지만, 그동안의 어긋난 삶에 대한 불우한 기억과 개명에 대한 압박감으로 애초에 신생아 때 작명을 제대로 한 사람에 비해서 삶이 굴곡진 경우가 많다.

그러므로 신생아 작명을 할 때는 최대한 믿을 수 있고 이름이 널리 알려진 곳을 찾아가서 부탁하는 것이 좋고, 만약 믿음직스러운 곳을 찾지 못했다면, 반드시 아이의 운명에 적합한 이름을 찾을 때까지 함부로 이름을 결정하지 않은 것이 현명한 방법이다. 또한 단순히 작명을 좋은 뜻을 가진 한자를 나열한다고 생각하는 경우가 많지만, 사주팔자와 이에 대한 면밀한 분석이 필요하기 때문에 사주 역시 잘 보는 곳을 찾는 것이 바른 선택이다.

■ 개명

잘못 지은 이름을 바르게 짓는 개명 역시 이른 시기에 하는 것이 중요하다. 이름이라는 것이 남에게 불리는 것이기 때문에 그 사람의 인생에 큰 의미를 지니는 것이므로, 최대한 어린 나이에 이름을 바꾸는 것이 좋다. 그러므로 특히 이름이 많이 불리는 초등학교, 중학교, 고등학교와 같은 학창시절에 좋은 사주를 가지게 되는 이름으로 개명하면 그 효과는 더욱 커지게 된다.

개명 시기는 초등학교에서 중학교 진학 직전에, 마찬가지로 중학교에서 고등학교 진학 직전에, 고등학교에서 대학교, 대학교에서 사회 진출 직전에, 결혼 직전에 하는 것이 좋다. 이 시기에 개명을 하면 개명으로 인한 혼란의 시기를 최소화할 수 있고 새로운 시기에 개명함으로써 좋은 결과를 기대할 수 있기 때문이다.

이름을 짓는 데는 수많은 요소들이 그 운명을 정하고 있다. 이에 대한 자세한 설명을 이어서 하겠지만, 가장 기본이 되는 것은 역시 좋은 뜻을 가진 이름이 좋은 운명을 만든다는 것이다. 부모가 작명에 무지하여 좋은 의미를 지닌 글자를 모르고 그저 평범하게 이름을 지어서 좋지 못한 운명을 가진 채 살다가, 그 기운이 좋고 막힌 혈이 뚫리는 듯한 이름으로 바꾸어 인생이 달라진 수많은 사례들이 이를 입증한다.

좋은 뜻도 중요하지만 이름을 부를 때 막히지 않고 물이 흐르듯 발음이 흘러가는 것이 좋고 또한 한자음의 뜻도 중요하다. 음령오행(발음오행, 소리오행, 파동오행)은 오행이 서로 상생을 해야 좋은 이름이고 서로 상극을 하면 좋지 않은 이름이다. 그러나 자원오행(한자의 오행) 모든 한자에는 각 한자마다 오행을 가지고 있다. 따라서 자원오행은 서로 상생 상극을 따지는 것이 아니고 각각 한문의 한 자 한 자 독립적으로 오행의 성질만 감안하여 작명한다.

내담자 이야기 1

44세의 여성이 이름에 대한 트라우마로 심한 고통을 받고 있어서 개명을 신청하기 위해 나를 찾아온 적이 있다. 이름은 '정주리'를 쓰고 있었는데, 그 발음이나 모양이 예뻐 일반인들은 무슨 문제인지를 파악 못 하고 있었지만, 이 여성은 저녁에 일하는 직업여성이기에 이 이름이 자신의 운명을 구렁텅이로 몰고 갔다고 생각하고 있었다. 즉 정주리라는 이름이 모든 남자에게 정만 주고 살아간다는 의미로 해석되어 자신의 인생을 이렇게 만들었다는 것이었다.

실제로 사람의 운명이 재미있는 것이, 이렇게 이름이 불리게 되면 자신도 모르게 그러한 방향성에 세뇌되어 해당 방향으로 살게 되는 경우가 많다는 것이다. 나는 이 이름이 여성에게 미친 악영향이 크다고 보고 이 콤플렉스를 해결하기 위해 개명을 진행하였다.

그 바뀐 이름은 '정수아'인데, 정주리라는 이름을 오행으로 풀이하였을 경우에 정은 금金에 해당하며 리는 불火에 해당하는 글자이다. 즉, 금과 화가 만난 격이 되는데 이는 매우 좋지 못한 궁합으로, 성격적으로 급진적이고 화를 주체 못 하는 운명을 지니게 된다. 따라서 장기간 숙고하며 이성적으로 판단하는 사고를 못 하게 한다. 그래서 이를 보완할 수 있는 수아라는 이름은 수 자에 물 수水 자를 써서 운명을 짓누르고 있던 불의 기운을 누그러뜨리고 아 자에 언덕 아阿 자를 써서 최대한 금속의 기운을 무마하여 안정적이고 편안한 삶을 살 수 있도록 하였다.

이 개명의 효과를 본 것인지, 이름을 바꾼 여성은 몇 달이 지나 나에게 편지를 보냈는데, 그동안 벗어나지 못하던 나쁜 직업을 이제야 당당히 제 발로 걸어 나올 수 있게 되었으며, 자신의 능력을 살려 번듯한 회사에 취업하여 일을 하고 있어서 굉장히 만족스럽다는 것이었다. 단순히 이름만 바뀌었을 뿐인데 한 여성의 인생이 송두리째 바뀐 것을 보면서 나 스스로도 작명의 중요성을 다시 한번 절감하였다

세계를 호령하던 지도자 중에서도 좋은 의미를 지닌 글자를 넣은 것으로 이름을 개명하고 운세가 대통한 경우를 쉽사리 찾아볼 수 있다. 작고하였지만 대한민국의 역사에 위대한 발자취를 남겼던 김대중 전 대통령의 경우 이름에 있는 중仲 자를 중中 자로 개명한 바가 있다. 이름의 한자를 바꾸기 전에는 정치권에서 주목할 만한 젊은 피 정도로 분류되었으나, 세상의 중심이 되겠다는 의미를 지닌 중中 자로 한자를 바꾼 뒤로 정치권의 돌풍으로 자리 잡았고 결국에는 자신의 세력을 만들어 그 중심에 서서 대통령이 될 수 있었다.

등소평 역시 이름을 3번 바꾼 사례인데, 가운데 자인 소를 작을 소小 자로 바꾼 것이다. 등소평의 이름이 만약에 등대평으로 개명하였다면 중국을 천하통일을 하지 못하였을 것이다. 만약 대 자를 사용하면 대

자가 가장 큰 글자인데 더 이상 큰 것이 없기 때문에 거기에서 성장하지 못하고 머물고 마는 것이다. 결국 소 자를 사용하였기 때문에 소가 대로 성장 발전했다는 것을 알아야 한다. 그래서 이름에는 강하다는 뜻의 글자, 크다는 글자, 귀하다는 글자는 잘 사용하지 않는다.

예를 들어 재상재 자를 사용하면 태어날 때 이미 재상으로 태어났기 때문에 더 이상 발전하거나 성장할 수 없고 밑으로 하락한다는 뜻이다. 보름달이 되며 다음에는 작아져 결국은 초승달이 된다는 의미와 같은 것이다. 여자도 너무 여성스러운 이름이나 너무 예쁜 이름을 삼가는 것이 좋다. 너무 여성스러우면 자라면서 남성적 성향을 가지고 이미 예쁜 이름을 가졌기 때문에 더 이상 예뻐질 수 없다는 과유불급의 원칙을 생각해야 하며 가장 바람직한 이름은 남성 여성 공히 중성적인 것이다.

이처럼 이름에 어떤 의미를 부여하는가는 어렵고 섬세한 작업이 필요하지만, 이를 번거롭다고 제대로 짓지 않는다면 그 사람의 운명이 뒤바뀌는 경우가 허다하므로, 제대로 공부하고 짓는 것이 중요하다. 앞서 개괄적으로 살펴본 개명에 대한 요소들을 이제 정확한 분야별로 나누어 살펴볼 생각이다. 물론 개명이나 신생아 작명은 개인이 하는 것이 아니라 전문가에게 맡기는 것이 옳지만, 여기서는 독자들에게 이름에 대한 기본적인 개념을 이해하도록 할 것이다.

2.
자원오행 – 글자에 숨은 자연의 이치

개명에서 가장 기본적인 요소로서 항상 간과하면 안 되는 것이 바로 자원오행字源五行이다. 자원오행이란 이름을 이루는 한자의 부수 또는 글자가 내포하는 의미에 따라 오행을 구분한 것으로, 이처럼 글자가 이루어져 있는 것으로 오행을 분석하고 결정하기 위해서는 각 글자가 지닌 부수와 그 속성을 잘 파악하는 것이 선행되어야 한다.

예를 들면 뿌린 근根 자나 밝을 병炳 자 와 같은 한자들은 애초에 그 한자가 지닌 의미를 파악하기 전에 글자의 근간이 되는 획인 부수를 먼저 따져보아야 하는데, 뿌리 근根의 부수는 나무 목木자가 되어 해당 부수의 오행을 기반으로 분석해야 하며, 밝을 병炳의 부수는 불 화火 자가 된다는 것이다.

하지만 모든 한자들이 부수를 지니고 있는 것이 아니며, 부수 없이도 글자가 내포하는 의미를 바탕으로 해석해야 하는 문자도 있다. 그 예로 매울 신辛 자는 부수가 없지만 그 의미를 바탕으로 쇠 금金 자가 오행이 되며, 천간 임壬 자 역시 의미를 바탕으로 물 수水의 오행을 가지게 된다. 이처럼 부수나 의미를 바탕으로 문자를 해석하는 것이므로, 자원 오행을 잘 분석하고 적용하기 위해서는 한자에 대해서 능통하고 깊은 지식이 요구된다. 아래는 이름에 자주 쓰이는 한자들이 지닌 오행의 간단한 표이다.

<글자의 부수에 따른 오행>

목(木)	근(根) 이(李) 임(林) 박(朴) 류(柳) 진(榛) 등
화(火)	병(炳) 성(性) 준(俊) 환(煥) 열(烈) 영(營) 등
토(土)	규(奎) 미(美) 성(城) 준(埈) 균(均) 봉(峯) 등
금(金)	각(珏) 음(音) 류(劉) 은(銀) 경(瓊) 금(錦) 등
수(水)	강(江) 영(永) 태(泰) 수(洙) 구(求) 홍(泓) 등

<글자의 의미에 따른 오행>

목(木)	건(建) 서(抒) 인(寅) 등
화(火)	가(街) 심(心) 정(丁) 등
토(土)	경(京) 읍(邑) 진(辰) 등
금(金)	돈(敦) 상(尙) 신(辛) 등
수(水)	범(凡) 보(甫) 임(壬) 등

　이와 같은 한자들에 대한 분석을 기반으로 사주를 분석한 다음 개개인에게 필요한 기운을 자원오행으로 넣어주어야 한다. 이처럼 오행에 맞는 이름을 짓기 위해서는 가장 번거로운 작업인 사주분석 작업이 선행

되어야 하는데, 해당 인물의 사주에 필요한 기운, 즉 용신用神을 정확하게 파악하여야 옳은 기운을 지닌 한자를 넣는 것이 가능하다고 할 수 있다.

■ 공문에 기록되는 이름, 영향력을 행사하다

자원오행이 가장 크게 영향을 미치는 곳은 문서 등에 기록되는 경우인데, 그 글자가 지닌 오행의 영향력이 크게 발휘되어 족보나 땅문서, 공고문 같은 곳에 좋은 오행을 지닌 글자가 적히게 되면 실제 운명을 크게 좌지우지하는 경우도 생긴다.

■ 성격과 이름의 상관관계

자원오행은 글자와 글자의 상생 상극을 따지지 않고 각 한자의 오행이 사주가 필요한 오행인지 아닌지를 파악한다.

3.
발음오행 - '부름'에도 이치를 담다

음령오행(소리오행, 발음오행, 소리파동오행)은 이름의 상생을 해야 좋은 이름이고 상극을 하면 피해야 한다는 것이다.

발음오행은 자원오행과 달리 그 소리가 발음되는 요소를 바탕으로 글자와 달리 소리로 직접적인 표현이 되는 요소를 분석하는 것이다. 이름이라는 것은 기본적으로 자신이 어떻게 불리는 것인가에 가장 중요한 방점을 찍고 있는 동시에, 이름이 적히는 횟수와 불리는 횟수를 비교해 보았을 때, 비교도 안 될 정도로 불리는 횟수가 많음을 생각해보면, 발음오행 역시 매우 중요한 작명의 기본적인 요소라고 볼 수 있다.

■ 한글 발음의 구성

우선 발음오행의 상성과 그 궁합을 따져보기에 앞서서 한글 발음에 대한 구성을 면밀히 살펴볼 필요가 있다. 우리나라에서 이름을 부르는 기본적인 바탕은 한글의 발음에 기반하고 있는데, 한글은 초성初聲, 즉 첫소리, 그리고 중성中聲인 가운뎃소리, 그리고 종성終聲인 끝소리가 있다. 예를 들면 '박'의 경우에는 'ㅂ'이 초성이며, 모음인 'ㅏ'가 중성을 담당하고 있으며, 마지막 글자인 'ㄱ'이 종성이다.

이런 한글 발음을 바탕으로 발음 오행의 소리를 분별하는 기준을 음령오행音靈五行이라 칭하는데, 다수설인 초성初聲설과 소수설인 초성初聲과 중성中聲을 함께 사용하는 기법이 존재한다. 다수설인 초성설은 기본적으로 이름을 부르는 첫 글자, 즉 초성初聲은 발동發動의 특성으로 소리의 기氣가 움직이는 핵심이 된다는 점을 기본 강령으로 삼고 이름을 짓는데 사용되며, 발음에 있어 핵심적인 요소만을 사용하기 때문에 널리 쓰이고 있다. 즉 초성설에서는 예를 들어 '박'이라는 글자에서 'ㅂ'만을 적용하여 오행을 따져보는 것이다. 이 초성설에 의거한 각 발음의 오행은 아래와 같다.

목(木)오행: ㄱ, ㅋ / 어금니소리(아음/牙音)

화(火)오행: ㄴ, ㄷ, ㄹ, ㅌ / 입술소리(순음/脣音)

토(土)오행: ㅇ, ㅎ / 목구멍소리(후음/喉音)

금(金)오행: ㅅ, ㅈ, ㅊ / 잇소리(치음/齒音)

수(水)오행: ㅁ, ㅂ, ㅍ / 입술소리(순음/脣音)

■각 오행의 발음적 의미

목(木)오행인 ㄱ, ㅋ의 경우에는 목 부분에서 열리고 닫힐 때 나는 소리를 바탕으로 발음된다. 이 오행기운인 목木은 팽창의 기운을 가지고 있어서 솟아오르려는 움직임을 태동하고 있다. 즉 연구나 발전, 그리고 높은 명예로의 성취의 의미를 지니고 있는 것이다. 하지만 이러한 기운은 신체적으로 간이나 신경 등에 악영향을 끼치는 요소이기도 하다.

화火의 오행을 지닌 발음인 ㄴ, ㄷ, ㄹ, ㅌ은 혀의 움직임을 통해서 발음되는 글자들이다. 이 발음들은 명랑, 예의, 정열, 성급, 다변, 변덕 등의 기운을 가지고 있으며, 잘 발현될 시에는 만인을 포용하고 주변 사람들을 아우르며 어둠을 밝히는 긍정적인 기운을 지니게 된다. 하지만 심장 쪽이 좋지 않게 되고 혈액 건강에 문제가 발생할 수 있으므로 항상 유의하여야 한다.

토土오행을 의미하는 발음들인 ㅇ자와 ㅎ자는 모두 목구멍에서 아무것도 방해하지 않을 때 나는 소리로 모든 음성의 모체가 되는 중요한 발음이다. 이 오행은 강건하며 노력을 하기에 주변 사람들에게 신용과 믿음을 가지게 한다. 또한 색色의 기운이 있어 주변 사람들에게 재주꾼이라는 소리를 듣게 된다. 하지만 이 기운은 위장 쪽에 문제를 겪는 경우가 많으며 당뇨를 앓는 사례가 많아서 수시로 체크해 주어야 한다.

금金오행은 결단력이나 개혁적인 풍모를 지닌 사람의 운명을 가지게 되며 강건한 마음과 외면을 가진 경우가 많다. 이 오행에 해당하는 발음은 ㅅ, ㅈ, ㅊ이 해당되는데, 이것들의 공통적인 특징은 앞니 사이를 비집고 발음이 갈라지듯 나온다는 것에 있다. 이 특성들은 강한 카리스마로 주변 사람들을 압도하며 리더가 될 자질을 가지고 있는 반면 적이 많고 아랫사람들에게는 불만이 생길 수도 있는 양날의 검을 지닌 오행으로 항상 주변 사람들의 평판과 반응에 신경을 써주어야 하는 오행이다. 또한 치아나 뼈 계통에 문제가 생길 수 있기에 스스로의 기질을 잘 추스르고 항상 자제하는 마음을 가져야 한다.

마지막으로 수水의 기운을 지닌 발음은 ㅁ, ㅂ, ㅍ 이 있다. 이 발음들은 공통적으로 입술소리로 불리며 안정적이며 냉철한 느낌을 주게 된다. 이와 마찬가지로 오행의 특성 역시 지혜와 환경에 적응하는 능력, 그리고 깊은 마음과 냉정한 기운을 분출하기 때문에 주변 사람들에게 똑똑하다, 냉철하다는 이야기를 자주 듣게 된다. 하지만 이 역시 항상 좋은 점만이 있는 게 아니어서, 너무 맑은 물에는 고기가 살지 않는 것처럼 주변에 사람이 많이 머무르지 않으므로 외로울 수가 있으며, 신장이나 방광 쪽에 건강문제가 발생하는 경우가 허다하다고 한다.

■ 인생의 굴곡이 곧 발음의 굴곡

발음 오행은 단순히 그 발음이 듣기에 좋고 나쁘고를 기반으로 하는 비과학적인 낭설이 아니라 그 발음들이 지닌 기운과 사람의 타고난 사주가 얼마나 잘 보완이 되는지를 분석하는 것이다. 아무리 발음이 듣기에 좋고 예쁘다고 하더라도 이름을 지닌 사람의 사주와 상극相剋을 이루고 있다면 전혀 좋은 이름이라고 칭할 수 없으며, 오히려 나쁜 기운으로 인생에 큰 장애물을 겪는 경우도 많다.

예를 들면 오행의 상생을 도모하는 이름은 길한 발음이 되는데 목생

화木生火, 즉 나무의 기운은 불의 기운을 살리며, 화생토火生土 불의 기운은 땅의 기운을 살리게 된다. 또한 토생금土生金 땅의 기운은 금속의 기운을 보완하며, 금생수金生水 금속의 기운은 물이 지닌 액운厄運을 막아준다. 마지막으로 수생목水生木은 우리가 자연적으로도 알 수 있듯이 물의 기운을 지닌 발음은 나무의 사주를 지닌 사람에게 긍정적인 영향을 미치며 오행의 상생에 좋은 영향을 미치게 된다.

이와 반대로 상극을 지니는 요소들이 붙어있는 이름이라면 흉凶하다고 칭해지며 최대한 피하는 것이 좋고, 어린 나이에 이름을 개명해주는 것이 바람직하다. 이에 대한 예로는 목극토木剋土로 나무의 기운은 땅의 기운과 상극이며, 토극수土剋水로 땅의 오행과 물의 오행이 이름에 연달아 발음되어서는 곤란하다. 마찬가지로 수극화水剋火, 화극금火剋金 역시 동일한데 물과 불의 오행이 결합해서는 상극이며, 불과 금속의 오행 역시 좋지 못한 조합이다. 금극목金剋木으로 금속과 나무의 발음을 지닌 오행이 함께 붙어있는 것도 흉하다고 할 수 있다.

■ 실제 발음오행에 따른 길흉 사례

이재영이란 이름은 ㅇ자는 토土의 오행을 지니고 있으며 ㅈ자는 금金의 오행을 띄고 있다. 그리고 다시 나오는 ㅇ자는 토土의 기운으로, 토금토土金土를 이루고 있는데, 이는 위에서 살펴본 바와 같이 상생의 기운이므로 '발음오행상 길하다'고 칭할 수 있다. 실제 사람들이 부르기에도 매우 편하고 친근한 이미지를 띄고 있어 매우 잘 지은 이름으로 손꼽힐 만하다.

반대의 예로는 하명희라는 이름이다. ㅎ자는 토±의 오행을 지니고 있으며 ㅁ은 수水의 오행을 띤다. 그리고 다시 나오는 ㅎ 또한 토±의 기운이므로 토수토±水±로 발음 오행을 살펴보게 되는데, 이는 극極한 요소들이 한데 모인 것으로 매우 좋지 못한 운수라고 할 수 있다.

내담자 이야기 2

하명희라는 사람은 예전에 나에게 찾아와서 자신의 기구한 운명에 대해서 토로했던 내담자이다. 언뜻 보기에는 예쁜 이름이라고 생각되지만 결혼 후 남편을 사별하고 나이가 들어 다시 만나게 된 남자 역시 큰 교통사고를 당하게 되자 자신에게 무슨 저주가 씌웠길래 이토록 기구한 운명을 살게 되는지 살피러 방문하였다. 나는 이 내담자의 이름을 듣자마자 이름에 얽힌 발음오행이 사주와 상극임을 깨닫고 단박에 개명을 하라고 일러주었다.

즉 가운데 글자의 초성인 ㅁ에 있는 수水의 기운을 금金의 기운으로 바꾸어야 지금까지의 액운厄運이 달아날 것이라 판단했기 때문이다. 그렇기에 금金의 발음오행을 지닌 ㅈ자를 초성으로 하며 이름이 주변 사람들에게 호감을 줄 수 있는 '주' 자를 사용하여 하주희로 이름을 지어주었다. 처음에는 반신반의하던 내담자는 결국 그 이름을 선택하였는데, 몇 년이 지나 내가 그 사람에 대한 기억을 거의 잊고 있을 때 다시 나에게 기쁜 얼굴로 방문하였다.

그리고 말하길 사고가 났던 그 남자는 회복하였으며, 자신에게 전혀 없던 금전복이 굴러들어와 함께 시작한 사업이 대성大成하여 큰돈을 벌고 행복하게 살고 있다며 나에게 큰 사례를 하였다. 물론 수많은 요소들이 우리의 삶을 결정짓지만, 그 이름의 발음오행에 어긋나는 글자 하나만을 바꿈으로 인해서 인생이 크게 변화하는 시발始發점이 되었다는 것은 참으로 이름이 우리의 삶에 미치는 영향력이 얼마나 큰지를 알 수 있는 의미심장한 사건이었다.

물론 발음오행의 상생이 좋은 이름의 필수적인 조건인 양 말하는 것은 문제가 될 수 있다. 왜냐면 상생이라는 명분하에 물水이든 불火이든 아랑곳하지 않고 획일적으로 작명하는 경우도 생기기 때문이다. 하지만 이를 고려하고 세밀한 요소까지 고려하여 작명한다면 이보다 좋은 이름 짓기는 또 없을 것이다.

4.
수리격 – 숫자, 작명 그리고 운명의 관계

인류의 역사에 있어 가장 중요한 발명은 무엇일까?

아마도 숫자가 아닐까 생각한다. 숫자가 없었다면 현대의 문명이 이처럼 발달하지도 못하였을 것이다. 세상에 움직이는 모든 요소 아래에는 숫자가 존재한다.

당언히 작명을 하는 데도 숫자는 매우 중요한 요소로 자리 잡고 있다. 특히 이름을 짓는 성명姓名학에 있어 81가지 요소를 바탕으로 각각의 수가 지니는 독특한 성질과 영향력을 작명에 적용하는 것이 바로 수리격이다. 이름을 구성하는 방식이나 획수에 따라서 수리격은 다양한 방식으로 적용되고 있으며 각각의 수리격은 길함과 흉함을 나타내고 있다.

수리격을 결정하는 요소는 기본적으로 성명자의 획수를 바탕으로 하는데, 당연히 한국에서 자생한 것이 아니라 중국의 고대문명에서부터 뿌리를 두고 연구된 학문이므로 한자 이름의 획수를 바탕으로 한다. 그 성명자의 획수는 글을 쓸 때 쓰이는 획수가 아니라 부수의 획수를 고려한 획수이므로 단순히 글자를 쓸 때 몇 번 필기구를 움직였느냐로 판단하는 우愚를 범하지 않는 것이 중요하다.

우선 이름에서 성의 한자 획수와 나머지의 한자 획수를 구분하는데, 이는 성은 타고난 가족의 운명이기 때문에 이름과 분리하는 것이며, 이름을 이루는 한자 획수는 타고난 것이 아니라 태어난 후 만들어지고 불리는 것이므로 이를 따로 분석하는 것이다.

각 획수에 따라서 그 운세가 천차만별로 달라짐에 따라서 우선 여기서는 길吉한 획수와 흉凶한 획수를 기본적으로 나누고 획수 중에 의미 있고 많은 사람들이 가지는 것을 바탕으로 몇 가지 사례만 판단해보기로 한다.

<81 수리론에서 길한 숫자와 흉한 숫자>

양운수良運數	7, 8, 17, 25, 29, 33, 38, 45, 47, 48, 52, 57, 58, 61, 63, 65, 67, 68, 71, 73, 75, 77, 81
상운수上運數	1, 3, 5, 6, 11, 15, 18, 24, 32, 35, 37, 39
최상운수最上運數	13, 16, 21, 23, 31, 41
흉운수凶運數	2, 4, 12, 14, 27, 28, 30, 53, 59, 60, 62, 69, 72
최흉운수最凶運數	9, 10, 19, 20, 22, 26, 34, 36, 40, 42, 43, 44, 46, 50, 54, 56, 64, 66, 70, 74, 78, 80

이를 바탕으로 아래 네 가지 요소를 살펴 사주를 보게 된다.

원격: 전자와 후자의 획수의 합(초년)

형격: 성과 전자의 횟수의 합(청년)

이격: 성과 후자의 획수의 합(중년)

정격: 성과 전자 및 후자 전체의 합(노년)

이를 바탕으로 실제 가상의 이름 이상우李相優의 사례를 산정해보자.

성씨: 이(李), 오얏 리, 총 7획······원격: 9 + 17 = 26
전자: 상(相), 서로 상, 총 9획······형격: 7 + 9 = 16
후자: 우(優), 넉넉할 우, 총 17획······이격: 7 + 17 = 24
·························정격: 7 + 9 + 17 = 33

이 숫자에 맞는 수리격의 운세를 보면 '이상우'의 운세를 파악할 수 있다.

■ 26수-영웅격英雄格

영웅의 수로서 파죽지세의 위력으로 성공과 영달을 얻게 되지만 일순간 모든 것을 잃는 고난의 상이다. 분주하나 실속이 없고 파란만장한 일생을 겪으며, 온갖 시련을 돌파한 후에 성공, 장수한다.

■ 16수-덕망격德望格

온순하고 정직한 성품으로 윗사람의 신망을 얻어 재물과 지위를 얻게 된다. 흉운을 피하고 길운만을 조장하게 하는 수로 사회적으로는 부귀공명, 가정적으로는 부부의 화합을 누리는 대길의 운이다.

■ 24수-입신격立身格

이지와 온화함을 갖춘 사람으로 처음에는 열악하고 어려운 환경에서 시작할지라도 자수성가하여 대업을 성취할 수이다. 관직으로 나가게 되면 최고위직까지 오르게 되며, 특히 재복이 크게 따라 자신뿐만 아니라 자손에게까지 많은 재물을 상속한다.

■ 33수-승천격昇天格

재능이 출중하고 진취적인 기상으로 바다에 있던 용이 하늘로 오르는 형상처럼 대성을 이루게 된다.

이와 같이 획수로 알아본 가상의 인물 이상우李相優는 영웅격에서 파란만장한 시련을 겪을 가능성이 있지만 나머지 운수가 좋다는 점에서 수리격 면에서 훌륭한 작명으로 판단된다. 이처럼 글자 수를 바탕으로 이름을 짓는 수리격은 다른 요소들과 같이 이름을 짓는데 매우 중요한 요소로 취급된다.

5.

작명 시 고려해야 할 불용 한자

불용 한자는 두 가지 형태로 구분할 수가 있다.

하나는 뜻이 나쁘고 흉해서 이름에 사용할 수 없는 경우이며, 또 하나는 뜻은 좋으나 이름자로 사용하면 흉한 작용이 생긴다는 설의 한자들이다. 불용 한자라 하여 모두 사람 이름에 사용하지 못하는 것은 아니다. 사람에 해로운 독을 잘 쓰면 약이 되듯이 불용 한자도 때로는 약으로 사용할 수 있다. 이때 사수와 조화 여부를 잘 해석해야만 한다.

이때는 작명가나 성명학자의 자질과 실력에 따라 달라질 수가 있다.

한자의 뜻이 흉해 사용하지 못하는 경우가 있고, 뜻이 나쁘지 않음에도 불용 한자로 구별되어 사용하기 꺼리게 되는 경우가 있는데, 불용 한자란 대체로 칙자, 파자에서 많이 구별된 것으로 보며 그 구별된 근거가 상형문자로서의 해석을 부여한 것이니 성명학상으로 학자들이 구애받아야 하는 내용인가를 파악하는 것이 옳다. 일부에서는 불용 한자로 구별된 해석을 이용해 이름에 흉한 자가 있어 집안이나 배우자, 건강, 자녀 등에 불길한 작용이 나타난다 하여 개명을 부추기는 사례가 있다.

그러나 이름을 작명하는데 너무 많은 제약을 받으면 좋은 이름을 짓지 못하고 이름이 촌스럽고 시대에 어울리지 않는 현상이 나타날 수 있으니 유의해야겠다. 이름이 발음 또한 고려하여 사주와 조화를 따지고 이름의 가치를 부여해야 할 것이다. 불용 한자들은 예부터 내려오는 여러 가지 이유로 인하여 이름에 사용할 때 주의해서 채용해야 한다. 그러나, 사주와의 조화에서 꼭 필요한 경우에는, 사용하면 득이 될 수도 있다. 그리고 무조건 불용문자를 사용하면 불리하다는 견해는 버려야 한다.

■ 뜻이 흉하거나, 흉한 작용이 생길 수 있는 불용 한자 사례

- 자의字意가 너무 원대하고 거창한 문자는 피한다

빈약한 사주팔자에 화려한 이름을 사용하게 되면, 뱁새가 황새를 쫓는 격으로 오히려 손해만 볼 수가 있다.

> 복福: 타고난 운명에 복이 있을 때는 무방하나 그렇지 않을 때는 오히려 복을 해친다.
> 수壽: 의미와는 반대로 단명할 암시가 있다.
> 수秀: 원래는 빼어나다는 뜻이지만, 성명에서는 중간에 꺾이는 운이라 하여, 가급적 피하는 것이 좋다.

- 10수로 가득 차는 수의 글자는 피한다

> 十, 百, 千, 萬, 億, 兆…

- 짐승이나 식물을 뜻하는 글자는 피한다

犬, 鷄, 豚, 蛇 / 龍, 鶴, 龜 / 松, 梅, 蘭, 菊, 竹…

- 나쁜 의미를 연상시킬 수 있는 글자는 피한다

露 이슬, 霜 서리: 존재하는 시간이 매우 짧기 때문에 꺼린다.

庚 별 경: 머리는 좋으나 부모 덕이 없고 막힘이 많아 고독하고
재운불리하고 불구, 폐질.

光 빛 광: 머리는 좋으나 허약, 단명, 재운에 풍파.

鑛 쇳덩이 광: 막힘이 많고 고독, 고뇌, 고난을 암시.

龜 거북 구: 지나치게 강직하거나 온순한 성격, 박명하다.

九 아홉 구: 종말을 의미.

國 나라 국: 정신이나 육체 허약, 쇠약, 조난이나 요절.

菊 국화 국: 매우 약하다. 고독과 불운의 연속, 무덕, 박약.

貴 귀할 귀: 부모 덕이 없고 재운과 자손에 불운, 병고.

極 지극할 극: 부모 덕이 없고 가난.

錦 비단 금: 고독, 고난.

吉 길할 길: 하천, 불화, 조난, 천한 인품으로 유도.

南 남녘 남: 남자는 무난하나 여자는 부모 덕이 없다.

女 계집 녀: 하천, 불의 재난, 산재, 고난, 고독.

德 큰 덕: 말년 고독.

桃 복숭아 도: 끈기가 없고 허영, 고난, 이별, 슬픔, 병고.

挑 돋을 도: 인내력이 부족, 질병

乭 이름 돌: 하천, 형제 분산, 불우, 빈곤, 단명.

東 동녘 동: 단정하나 근심, 걱정, 자존, 수심.

冬 겨울 동: 강성, 흉사, 자손 근심.

童 아이 동: 막힘, 고독, 고뇌, 우매.

良 어질 량: 배짱은 크나 단절운.

了 마칠 료: 종말을 암시.

龍 용 룡: 귀천의 성패 많고 고독, 고난, 戊亥生은 특히 불길.

留 머무를 류: 불성, 불화, 부진의 불운.

馬 말 마: 경솔, 비천.

滿 찰 만: 초반 불운, 후반 빈곤.

末 끝 말: 종말, 신고, 고독, 무덕, 부부운 박약.

梅 매화 매: 의지는 강하나 허영, 향락, 과부, 이별, 슬픔, 고독, 병고.

命 목숨 명: 고독, 재액.

明 밝을 명: 성품이 온순하고 머리 좋으나 실패, 단명, 굴곡.

文 글월 문: 부모 부부운 박덕, 시상에 괴로움.

美 아름다울 미: 온유하나 허영, 사치, 조난, 비운.

敏 민첩할 민: 성질이 불같고 날카로워 불성, 불화, 정신박약, 단명운.

法 법 법: 고지식, 재해, 재난.

福 복 복: 성질이 거칠어져 고난, 재난, 고독, 빈천.

富 부자 부: 처음은 좋으나 쇠패, 단명 불운, 여자는 무난.

不 아니 불: 항상 불충분하고 되는 일이 없다.

分 나눌 분: 과부가 많다.

粉 가루 분: 과부가 많다

四 넉 사: 조난, 단명.

糸 실 사: 극히 적다. 고독, 박복.

山 뫼 산: 고지식, 강직, 불우, 비운.

殺 죽일 살: 허무한 종말.

上 위 상: 진실하고 고결한 성질이나 형극, 하극상.

霜 서리 상: 용두사미, 단절, 멸실.

石 돌 석: 옹고집, 꾀하는 일마다 실패, 박명.

雪 눈 설: 처음은 그럴듯하나 실패, 탄식, 고독.

星 별 성: 꿈은 크나 이루어지지 않아 불행, 단명, 헛수고, 허황.

笑 웃음 소: 뜻밖의 재앙으로 비참한 운명.

松 솔 송: 투지는 있으나 재운, 박약, 산재, 단명, 고독, 불길.

壽 목숨 수: 단명, 하천.

順 순할 순: 눈물, 탄식, 하천, 중년 불운, 불화, 불길.

勝 이길 승: 활달하나 고독, 재난, 고난.

新 새 신: 성질은 온순하나 고독, 고뇌, 병약, 단명.

伸 펼 신: 발전과 막힘이 잇따라 오고 불행, 고독.

神 귀신 신: 무섭고 위험.

實 열매 실: 정결한 성격, 단절, 고독, 조난, 불길.

愛 사랑 애: 비애, 부부 이별, 성질은 온순하나 가정불화, 정신박약.

榮 영화 영: 단정하나 재난, 재앙, 수심.

玉 구슬 옥: 쇠패, 산재, 고독, 신음.

完 완전할 완: 강직, 성패 반복, 고독, 고난.

隅 모퉁이 우: 부부 이별, 부모 무덕, 타향살이, 고독, 재난.

雲 구름 운: 우애 없고 산재, 호에는 무관.

元 으뜸 원: 형제 자손에 수심.

月 달 월: 감정 풍부, 낭만적, 의지박약, 불성, 고독, 호에는 무관.

神 귀신 신: 무섭고 위험.

實 열매 실: 정결한 성격, 단절, 고독, 조난, 불길.

愛 사랑 애: 비애, 부부 이별, 성질은 온순하나 가정불화, 정신박약.

榮 영화 영: 단정하나 재난, 재앙, 수심.

玉 구슬 옥: 쇠패, 산재, 고독, 신음.

完 완전할 완: 강직, 성패 반복, 고독, 고난.

隅 모퉁이 우: 부부 이별, 부모 무덕, 타향살이, 고독, 재난.

雲 구름 운: 우애 없고 산재, 호에는 무관.

元 으뜸 원: 형제 자손에 수심.

月 달 월: 감정 풍부, 낭만적, 의지박약, 불성, 고독, 호에는 무관.

銀 은 은: 강직하고 불운, 비운, 재앙

伊 저 이: 배짱은 크고 마음이 작아 소득이 없다.

仁 어질 인: 후덕한 성격이나 박복, 고난, 질병.

寅 범 인: 불손, 과격, 고독, 병고, 신유생은 불용.

日 날 일: 부모 덕 없고 깨끗한 성격이나 고독.

子 아들 자: 재액, 재앙, 불화, 정신박약, 축미생은 불용.

長 길 장: 허영, 욕심, 과욕, 불운, 허세, 불행.

柱 기둥 주: 머리는 좋으나 육친 무덕, 파산, 고독, 신음.

竹 대 죽: 불굴의 의지, 박복, 수심.

地 땅 지: 기초는 좋으나 재액, 조난, 단명.

眞 참 진: 성질은 온유하나 재난, 불운.

珍 보배 진: 고집 세고 무덕, 자손운 불길, 고독, 고난.

進 나아갈 진: 발전이 끊기고 고난, 고뇌, 신고.

千 일천 천: 치밀한 성격, 무덕, 타향살이, 불운.

川 내 천: 산재, 형제 불목, 고난, 고독.

天 하늘 천: 극도로 잘되거나 천하게 된다. 무덕, 빈한.

鐵 쇠 철: 영리하나 강기 아집으로 실패, 손재, 고독.

初 처음 초: 끈기가 없고 나태, 고난, 재난.

秋 가을 추: 정신박약, 불운, 단명, 고독.

春 봄 춘: 의지박약, 단절, 고독, 여자는 이성관계 복잡, 과부.

治 다스릴 치: 종결, 허무.

泰 클 태: 욕망 과다, 게으르고 흥망의 기복, 불운.

平 평평할 평: 평온한 성격이나 경솔, 단절, 쇠약.

豊 풍년 풍: 미약, 재운 자손 불길, 파산.

風 바람 풍: 어지럽고 불안, 초조.

夏 여름 하: 파란곡절, 불성.

鶴 두루미 학: 신수부침이 심하다. 불길, 박명, 비천.

韓 나라 한: 박복, 파란곡절, 단명.

海 바다 해: 파란곡절.

虎 범 호: 불손, 과격, 고독, 병고, 신유생은 불용.

好 좋을 호: 시종이 다르다. 무산, 고뇌.

紅 붉을 홍: 경솔, 경박, 고독, 불운.

花 꽃 화: 온유하나 줏대 없어 유흥, 사치, 패가망신, 화류계, 하천.

孝 효도할 효: 충직하나 무덕, 고생, 단절, 고난.

輝 빛날 휘: 강렬, 부침, 손실, 불우.

喜 기쁠 희: 형제 불화, 자손 수심, 단명.

姬 계집 희: 자립, 개척, 고생, 불운.

- 정신세계의 높은 경지를 의미하는 글자는 피한다

佛, 神, 尊, 仙…

- 뜻이 불길한 문자는 피한다

뇨(尿), 독(毒), 오(汚), 사(死), 병(病), 약(弱), 애(哀), 망(亡), 패(敗),
파(破), 간(奸)…

- 양쪽으로 갈라지는 파열 자는 부득이한 경우가 아니면, 피하는 것이 좋다

林, 順, 好, 祥, 仟, 鎔…

- 10간 12지지에 해당하는 글자는 피한다

천간지지의 글자는 귀신이 붙어 다니는 글자라 하여, 영동하는 위력이
대단하여 함부로 사용치 아니한다. 예외적인 경우에 한하여 사용한다.

甲乙丙丁戊己庚辛壬癸 / 子丑寅卯辰巳午未申酉戌亥

- 일주에 따라 피해야 하는 한자

일주의 지지와 충극沖剋을 일으키는 한자는 되도록 피하는 것이 좋
다. 물론 사주 구성을 자세히 살펴 고려해야 할 것이다.

일지가 子일생-오: 午, 昨, 吾 등

일지가 丑일생-미: 未, 美, 味 등

일지가 寅일생-신: 申, 信, 愼 등

일지가 卯일생-유: 酉, 由, 幼 등

일지가 辰일생-술: 術, 戌, 述 등

일지가 巳일생-해: 亥, 諧, 海 등

일지가 午일생-자: 子, 者, 字 등

일지가 未일생-축: 丑, 祝, 蓄 등

일지가 申일생-인: 寅, 仁, 引 등

일지가 酉일생-묘: 卯, 妙, 苗 등

일지가 戌일생-진: 辰, 眞, 鎭 등

일지가 亥일생-사: 巳, 士, 師 등

- 기타 사용을 꺼리는 한자

ㄱ	경(慶) 허례를 좋아하고 배우자 복이 박하다. 구(九) 수의 종말을 의미하므로 大材無用之格. 극(極) 부모 덕이 없고 가난. 금(錦) 고생과 고독을 암시. 길(吉) 천한 인품으로 유도될 수 있다.
ㄴ	남(男) 배우자 덕이 없으며 가정불화가 잦다. 녀(女) 천하고 고독하고 부모 형제의 덕과 배우자 복이 없다.

ㄷ	동(冬) 관재, 구설, 파직, 이성문제가 발생한다.
	돌(乭) 천한 느낌을 주며 단명의 암시가 있다.
	동(童) 도모하는 일이 잘 이루어지지 않는다.
	대(大) 동생이 쓰면 형을 극한다.
	도(桃) 배신을 당하고 배우자의 덕이 박하다.
ㄹ	료(了) (末) 자와 같이 사물의 종말을 뜻하는 글자.
ㅁ	마(馬) 짐승처럼 비천함을 내포.
	명(命) 재액이 따르며 고독.
	말(末) 신고, 고독, 무덕을 초래하기 쉽고 부부운이 박약.
	만(滿) 선부후빈격.
	매(梅) 과부 또는 화류계 여성이 되기 쉽다.
	민(敏) 성질이 날카로워 불화를 초래.
ㅂ	분(分, 粉, 芬) 과부가 될 흉한 암시가 있다.
ㅅ	산(山) 성격이 고지식하며 슬픔이 끊일 사이가 없다.
	석(石) 천격으로 중도좌절의 암시가 있다.
	사(四) 단명, 조난의 암시.
	사(絲) 자존심이 강하고 인정이 없으며 재물복이 박하다.
	상(上) 진실한 성격이나 윗사람을 극한다.
	설(雪) 속성, 속패의 암시.
	소(笑) 불의의 재난을 뜻한다.
	승(勝) 조그마한 어려움에도 좌절을 잘한다.
	실(實) 배우자를 극하는 암시가 있다.

여(女) 하천하고 고독의 암시가 있다.

옥(玉) 총명하고 인품이 수려한 사람도 많으며, 크게 성공하는 좋은 암시도 있으나, 수명이 짧을 수 있다.

애(愛) 비애에 빠지는 신세. 남편과 사랑도 지속되기 어렵다.

ㅇ

완(完) 맏이가 쓰는 것은 무방하나 차자가 쓰면 형을 극한다.

운(雲) 형제간의 우애가 없고 재물이 흩어진다고 한다.

원(元) 맏이가 쓰면 무방하나 차자가 쓰면 불길.

은(銀) 마음은 착하나 인덕이 없고 굴곡, 기복이 많다.

월(月) 고독함을 내포한다.

이(伊) 고독하고 천하다.

ㅈ

자(子) 운명에 子가 필요한 경우는 무방하나 午, 未年生은 흉하다.

지(地) 기초가 약하여 매사에 재액이 따른다.

장(長) 동생이 쓰면 형이 망하고 자신도 좋지 않다.

진(眞) 모든 일이 허로 돌아가는 암시.

ㅊ

철(鐵) 고독하고 가난하며 남의 업신여김을 받는 흉을 암시.

초(初) 불행을 자초.

ㅌ

태(泰) 장자는 무방하나 동생이 쓰면 형에게 좋지 않다.

ㅍ

풍(風) 재산을 날려버리는 흉한 암시가 있다.

풍(豊) 재산손실이 발생할 암시가 있다.

ㅎ

하(夏) 파란이 많아 노력에 비해 이루어지는 것이 적다.

해(海) 인생항로에 파란곡절이 많다.

홍(紅) 단명의 암시를 내포하고 있다.

효(孝) 조실부모하기 쉽다.

화(花) 화류계 이름으로 좋으나, 일반적으로 부부운이 좋지 않다.

희(喜) 비애, 고독, 파재의 흉 암시.

희(姬) 남자의 뒷바라지 하느라 고생만 하고 손해를 많이 본다.

휘(輝) 성품이 강하여 모든 일에 실수가 많다.

이외에도 놀림감이 될 수 있는 이름의 조합은 피하는 것이 좋다.

과거에는 자녀의 이름을 천하게 짓는 것이 오래 사는 길이라고 하여 개똥이, 먹쇠 등과 같은 이름으로 아명을 짓기도 하였다. 그러나 오히려 현대에 와서는 이름으로 인한 별명, 안 좋은 이미지 생성 등의 이유와 함께 가정생활, 구직활동, 연애활동 등에 자신의 이름 여파로 어려움을 겪을 수 있으니 유의하는 것이 좋다.

마지막으로, 첫째·둘째 자녀에게도 구분하여 한자를 사용하는 것을 권한다.

아기가 맏이라면 어른 장長, 먼저 선先, 클 태太, 동녘 동東등을 쓸 수가 있지만 이런 글자를 차남에게 쓰면 어울리지 않게 된다. 한자의 뜻이 아무리 좋아도 첫째 자녀와 둘째 자녀에 따라서 가려서 한자를 써야 한다는 이론이 된다. 만약에 동생이 큰 대大를 사용하게 되면 그 의미는 좋을

지는 몰라도 동생이 첫째를 앞질러서 첫째가 상대적으로 뒤처진다는 것이다. 따라서 자녀의 이름을 지을 때는 자녀 간의 서열에 따른 적합한 한자를 써야 한다.

■ 첫째 자녀에 적합한 한자

으뜸 원(元), 높을 고(高), 먼저 선(先), 클 태(太), 동녘 동(東), 한 일(一壹), 어른 장(長), 비로소 시(始), 맏 맹(孟), 맏 백(伯), 갑옷 갑(甲), 아들 자(子), 하늘 천(天), 어질 인(仁), 효도 효(孝)….

■ 둘째 자녀와 그 이하 자녀에 적합한 한자

작을 소(小), 적을 소(少), 아우 제(弟), 바꿀 역(易), 아래 하(下), 뒤 후(後), 가운데 중(中), 막내 계(季), 버금 중(仲), 버금 차(次), 두 재(再), 아재비 숙(叔)….

이름이 인연을 부른다?

성명학을 공부하다 보면 과연 이름이 정말로 인연과 인생에 큰 영향을 주는지 궁금해지기 마련이다. 명리학에서 큰 주축을 담당하고 있는 것은 사주팔자이기에 성명학이 가진 영향력에 대해 의문을 품기 쉽다. 정답부터 말하자면, 좋은 이름을 가지면 인연에도 긍정적인 영향을 줄 수 있다.

단지 입으로 발음하기 좋고 듣기에 아름다운 이름을 만들어야 하는 것은 아니다. 성명학은 훨씬 더 심층적이고 체계적인 구조를 갖고 있다. 먼저 이름의 획수를 따져보아야 한다. 또한 이름의 각 글자에도 오행이 있다. 오행의 배열이 좋은 이름을 가지고 계속 불리게 되면 자신에게도 이로운 영향이 오게 된다. 마치 오행의 성격이 잘 맞는 사람끼리의 궁합처럼 말이다. 이름의 획수와 오행 등을 사주팔자 용신과 맞추어보자.

한글 이름은 성명학의 논리를 벗어나는가? 그렇지 않다. 순우리말 이름도 엄연히 '활자'이기에 획을 가지고 있고 오행을 따져볼 수 있다. 이름인 이상, 성명학은 모두 적용이 가능한 셈이다. 그러므로 작명할 때 한글 이름이나 한자 이름 중 하나에 얽매여 있을 필요는 없다.

"개명을 하면 운명이 달라지는가?"

이것 역시 많은 사람들이 궁금해하는 부분이다. 정말로 이름을 바꾸면 운명이 바뀔까? 성명학의 논리에 따라, 이름이 우리의 삶에 어떠한 영향을 준다면 그 이름부터 바꾸었을 때 운명이 달라져야 한다는 말이 성립한다. 이 역시도 결론부터 말하자면 충분히 '그럴 수 있다.'

실제로 많은 사람들이 타고난 팔자에 긍정적인 영향을 더하기 위해서 개명을 신청한다. 태어난 생년월일과 시간은 바꿀 수 없으나 이름은 바꿀 수 있기 때문이다. 즉, 운명을 바꿀 수 있는 유일한 선택이 이름인 셈이다. 이름을 변경하게 되면 내가 가진 성명학의 흐름도 바뀌므로 운명이 조금씩은 달라지리라고 기대할 수 있다. 좋은 오행을 가진 이름으로 수년간 불리면 당연히 그 이름의 주인은 선한 영향을 받게 될 것이다.

또한 개명을 결심하기까지의 마음가짐과 삶의 변화만 따져보아도 그 사람이 충분히 더 좋은 인생을 위해 나아가고 있음을 짐작할 수 있다. 아무런 이유 없이 개명을 신청하는 사람은 없기 마련이다. 이러한 관점은 명리학을 바탕에 둔 접근은 아니지만, 좌우지간 개명을 한 사람의 운명이 어떤 방식으로든 충분히 달라질 여지가 있음을 알게 해준다. 다른 삶을 살고 싶고 더 나은 운명을 쟁취하고 싶은 욕심이 있을 때 개명을 마음먹으니 말이다.

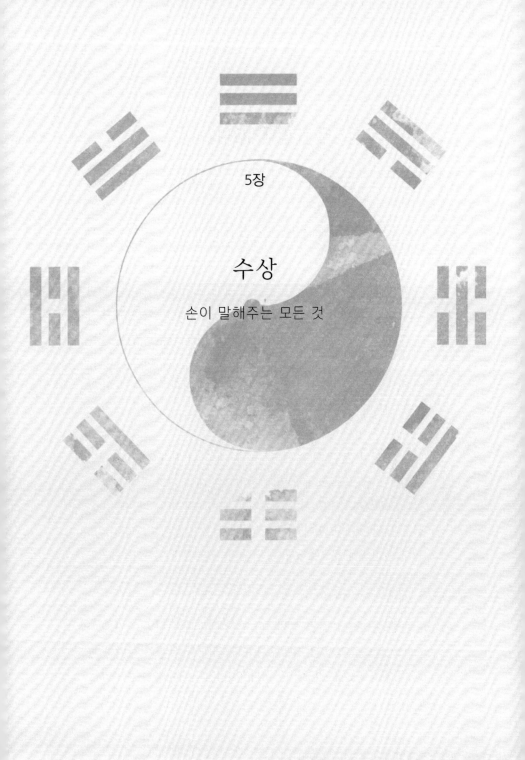

5장

수상

손이 말해주는 모든 것

태어날 때부터 쥐고 태어난다?

"네 미래는 손안에 다 있다."

사주 공부로 얻은 자신감을 바탕으로 다시 사업에 뛰어들었다. 해외 유명 브랜드를 론칭하여 국내 섬유 내수사업을 시작했다. 인생의 두 번째 성공 시절을 보내며 보람 있는 시간을 보냈다. 하지만 욕심이 과했던 나머지 경기 포천에서 무리하게 공장을 확장하다가 자금난을 겪게 됐다. 그 이후 국내 사업을 철수시키고 중국 광서우로 향했다. 수출 무역업을 진행하면서 나는 실패를 극복하기 위해 다시 역학을 배웠다. 결국 역학으로 또 돌아온 셈이다.

그때 만난 주변 한국 교민들에게 재미 삼아 돈을 받지 않고 사주와 손금을 봐줬다. 사람과 친해지는 데는 역학만큼 좋은 게 없다. 작은 분석에도 상대는 호감을 보였으며 나는 그들과 좋은 친분을 쌓을 수 있었다. 나는 조언을 해주며 실력을 향상시키고 상대는 인생에 필요한 조언을 얻을 수 있었기에 일석이조이기도 했다.

손금은 여러 요소들 중에서도 가장 쉽고 단순하며 흥미를 끌기에도 좋은 요소였다. 자신이 태어난 시각을 모르는 사람은 종종 있지만 손금을 안 가진 사람은 없다. 그 자리에서 손바닥을 보고, 척척 해석하고, 조언을 해주면 사람들은 매우 고마워했다. 손금만으로도 생명, 재물, 인연, 총명함 등을 다 알 수 있으므로 술자리에서 함께 담소를 나누기에 부족함이 없었다. 덕분에 나는 좋은 인연을 많이 만들 수 있었다.

"철학관을 열어보세요. 정말 실력이 좋으십니다."

그러다 보니 자연스럽게 개업을 권유받았다. 나의 분석에 만족하는 사람들이 많아질수록 그들은 정식으로 철학을 시작해보라며 제안해줬다. 여러 사업을 시도해본 나였기에 심사숙고하여 결정을 내렸다. 본격적으로 사주팔자 시장에 뛰어들기로 말이다.

2010년 영등포에서 처음 개업을 하고 아마추어로 활동했다. 곧바로 프로로 뛰어들지 않은 이유는 여러 시행착오를 겪으며 성장하고 싶었기 때문이다. 본격적인 시장에서 살아남기 위해서는 스스로 노하우와 배움이 더 필요하다고 생각했다. 그래서 곧바로 강남으로 가지 않고 영등포에서 개업을 진행했다. 두려움과 망설임이 있었지만 한편으론 자신감도 있었다. 나는 할 수 있으리라고 믿었다. 프로로 개업하기까지 꽤 여러 가지 사건이 있었다.

1.
천지인과 삼재원리

손바닥을 펼쳐보면 인생이 보인다.

수상手相이라는 말은 곧 '손금'을 의미한다. 마치 지문처럼 우리의 손바닥에는 많은 주름들이 있다. 이 주름들은 단순히 노화의 흔적이 아니다. 마치 지문처럼 개인에게 새겨진 인식표 역할을 한다. 쉬운 연상을 위해 나무를 떠올려 보라. 나무에는 저마다 다른 '나이테'가 있다. 나무의 개성을 나타내는 이 나이테는 단순히 둥근 선이 아니다. 어떤 방향으로 뻗어 나가는지, 굵기나 조밀함이 어떠한지 그 구조를 살펴보면 나무의 성장을 추적할 수 있으며 무엇이 필요한지도 짐작할 수 있다.

손금도 마찬가지다. 손바닥에 어떤 주름들이 새겨져 있는지 보면 사람의 인생을 볼 수 있다. 손금은 의외로 구체적인 영역이 나누어져 있으며 선 하나하나가 의미하는 것이 다르다. 디테일하게 해석할 수 있다면 한 사람의 과거와 미래까지도 추측할 수 있게 해준다. 그러므로 명리학을 잘 배우기 위해서는 손금을 아는 일도 중요하다. 한 사람이 갖고 있는 운의 흐름을 다각도로 알 수 있게 해주는 방법의 하나기 때문이다.

■ 삼재사상 - 세상은 3가지의 요소로 완성된다

손금에 대해서 알아보기 전에 그 속에 담긴 가치를 살펴볼 필요가 있다. 이를 위해서는 천지인 삼재원리를 알아야 한다. 천지인이란 하늘天, 땅地, 사람人을 말하는 것이다. 만물의 기원은 하늘과 땅 그리고 사람으로 이루어져 있으며 여기에서 우리가 바라보고 살아 숨 쉬는 모든 세상이 시작된다. 그렇기에 이 3가지 요소를 따서 '삼재三才사상'이라고 한다. 천지인이 곧 삼재사상이다.

천지인 삼재사상은 동아시아 문화권을 이루는 기둥이기도 하다. 예로부터 동아시아 선조들은 자연과 인간의 조화를 중시했다. 앞서 여러 번 언급한 오행의 성격만 살펴보아도 자연의 흐름을 명리학에서 얼마나 중요하게 다루었는지 알 수 있다. 그렇기에 천지인 요소는 삶의 흐름을 바라볼 때 결코 빠질 수 없는 기둥이 된다. 서구 문화권에서 우주 만물을 다스리는 신god이 다양한 모습으로 존재하듯, 우리 선조들은 천지인에서 그 존재를 찾았다.

이를 다른 말로는 '삼신상제'라고도 부른다. 신, 임금, 옥황상제 등을 떠올린다면 그 이미지를 쉽게 연상할 수 있다. 인간 세상뿐 아니라 우주 만물을 다스리는 신격화된 존재이다. 결론적으로, 천지인 삼재원리를 찾는 일이란 세상을 다스리는 방법을 엿보는 일이다. 지혜롭고 현명하게 삶을 살아갈 수 있을지를 살피는 것이다.

■ 손금의 3가지 요소, 천지인

하지만 의문이 생길 것이다. 천지인 삼재원리가 동양철학에서 중요한 기틀을 담당하고 있는 것은 알겠지만 과연 그것이 어떻게 손금에까지 적용되는가? 천지인의 기본 원리를 살펴본다면 얼마든지 적용이 가능하다.

- 하늘의 의미

천지인에서 천, 즉 하늘은 가장 상부에 존재한 것을 말한다. 내가 자유롭게 통제하고 관리하기보다는 나를 통제하고 관리하는 존재를 연상할 수 있다. 즉 내가 가진 힘 이상으로 영향력을 줄 수 있는 존재이다. 이는 곧 아버지를 말한다. 그런데 손금에서 '아버지'라 함은 단순히 아버지와의 가족관계를 말하는 것이 아니다. 윗사람에 대한 모든 것을 일컫는다. 선으로 따지자면 감정선이 이에 해당한다.

- 땅의 의미

땅은 우리가 발을 딛고 직접 서 있는 부분이다. 또한 하늘로부터 내려온 모든 생명이 잉태를 시작하는 곳이기도 하다. 하늘에서 태어나는 생명은 없기 때문이다. 그렇기에 땅이란 생명이 시작되고 정기를 받아가는 영역, 나를 도와주고 존재하게 해주는 사람을 말한다. '어머니'에 해당되는 영역이다. 그 외에도 나의 발아래의 것, 즉 아랫사람을 의미하기도 한다. 손금에서는 생명선이 이에 해당한다.

- 인의 의미

인은 바로 사람이다. 즉 나의 존재와 가장 직결된 사항을 말한다. 부모보다는 오히려 형제가 인과 가깝다. 또한 손금에서는 내가 본래부터 타고난 지혜와 명석함을 말한다. 바로 두뇌선이 인에 해당하는 손금이다.

실제로 천지인 삼재원리에 따른 손금은 그 위치 또한 천지인에 맞게 배치돼있다. 하늘에 해당하는 감정선이 가장 위쪽에 위치해있으며 그 아래는 사람에 해당하는 두뇌선, 가장 아래에는 땅에 해당하는 생명선이 있다. 우리는 이미 태어날 때부터 한 손바닥 안에 천지인 삼재원리를 모두 쥐고 태어나는 셈이다.

■ 손금을 보는 방법

본격적으로 손금을 알아보기 전에 손금을 보는 방법에 대해 간단히 살펴보겠다. 흔히들 손금을 볼 때, '보고자 하는 영역의 주름이 짙으면 좋다'고 생각하기 마련이다. 짙고 선명할수록 해당 영역에 더 긍정적

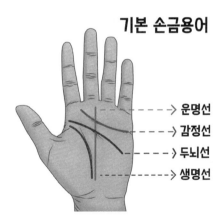

기본 손금용어

운명선
감정선
두뇌선
생명선

인 결과를 나타내고 있다고 믿는다. 하지만 이는 정확한 판단이 아니다. 손금을 볼 때 중요한 것은 얼마나 선이 굵직한지가 아니다. 이는 개별적이 요소일 뿐 무조건적인 좋음을 나타내지 않는다.

손금은 각 선들의 위치와 뻗어 나가는 방향, 선명함, 모양 등을 종합적으로 살펴야 한다. 특정 선의 경우 정해진 방향이 있기도 하며 때로는 여러 선으로 나타나기도 한다. 각 상황에 따라서 의미하는 바가 달라진다. 손금을 볼 때 각 선들을 같은 기준으로 해석해서는 안 되는 이유이다. 어설프게 보았다가는 실제 일생과 다른 양상으로 해석할 수 있어 위험하다.

그렇다면 어떤 선이 어떤 모양으로 있을 때 좋은지 본격적으로 알아보도록 하자. 손금에는 여러 영역이 있지만 우리는 크게 생명선과 두뇌선, 감정선과 운명선, 총 4가지를 다뤄보고자 한다. 이 4가지만 알아도 상대에 대한 많은 정보를 얻을 수 있다. 간혹 손금도 성별에 따라 관찰 손이 바뀌는지 궁금해하는 사람들이 있다. 과거에는 남자는 왼손을, 여자는 오른손을 보고 관찰했지만 현대에는 그렇지 않다. 현대 수상학에서는 성별과 무관하게 모두 오른손으로(오른손잡이 기준) 손금을 보고 있다. 그 이유는 손은 두뇌의 성장과 밀접한 관련이 있지만 성별에 따라 두뇌와 좌/우 손의 연결이 다르지는 않기 때문이다.

2.
생명선

■ 사람의 수명을 손으로 알 수 있을까?

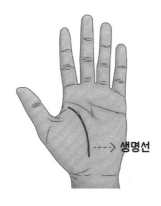

--→ 생명선

먼저 수명과 관련된 '생명선'에 대해 이야기해보자. 생명선은 손금 중에서 가장 길고 찾기 쉬운 선 중 하나이다. 생명선이 나타내는 것은 그이름 그대로 사람이 타고난 수명을 의미하기도 한다. 돌잡이 때 어린아이들이 실을 잡으면 부모들은 자녀의 장수를 기대하게 된다. 이처럼 동양철학에서 실과 같은 '선'이란 주로 생명의 의미를 지니고 있다. 그러므로 손금에서 생명선은 가장 기본적이고 직관적인 요소이기도 하다.

그러나 생명선이 꼭 장수의 여부만을 나타내는 것은 당연히 아니다. 얼마나 활력 있고 건강한 삶을 유지할지도 알 수 있다. 오래 사느냐 뿐 아니라 건강하게 사느냐를 생명선으로 판단할 수 있다. 그 이유는 생명선에는 단순히 철학적인 면뿐 아니라 꽤나 과학적인 부분이 반영되기 때문이다. 사람의 손과 발을 보면 몸 전체의 건강을 알 수 있다는 말이 있다. 우리의 온몸은 모두 연결돼있는데 그중에서 가장 외부와 접촉이 많은 손과 발의 모습을 잘 살피면 혈액순환을 비롯하여 여러 가지 건강 요소를 파악하게 된다. 이것은 손바닥의 뭉침이나 주름으로도 나타날 수 있다. 그렇기에 여러 손금 중 생명선은 과학적인 부분이 존재한다고도 말할 수 있다.

■ 모든 경사에서 일직선으로 굵게 흐르는 물줄기는 없다

많은 사람의 손바닥을 바라보아도 생각처럼 이상적인 생명선은 없다. 그것은 비단 생명선에만 해당되는 사실이 아니라 모든 손금이 마찬가지이다. 굵고 선명하며 시원시원한 직선으로 뻗어있는 손금은 사실상 존재하지 않는다. 굵기도 일정하지 않으며 휘어지는 각도나 시작과 끝점의 차이가 약간씩은 존재한다. 그러므로 선명한 한줄기의 선이 아니라고 걱정할 필요는 없다.

실제 자연에서만 보아도 위에서 아래로 흐르는 물줄기는 조금씩 굵기와 세기가 달라지기 마련이다. 완벽히 90도 혹은 180도의 직선으로 흐르는 물줄기도 없다. 우리의 생명선도 마찬가지다. 저마다 각양각색의 모습으로 건강과 장수를 말하고 있다. '생명'이라는 것은 곧 삶과 죽음이므로 예민하게 받아들일 수 있지만 너무 걱정할 필요가 없다는 말을 먼저 해주고 싶은 바이다. 본격적으로 생명선을 보는 법에 대해서 분류하고 알아보자.

■ 생명선의 모양과 위치와 포인트

생명선은 손바닥에서 가장 큰 원을 그리고 있는 선을 말한다. 손을 펼쳤을 때 엄지손가락의 근육을 따라 원을 그리듯이 둘러있는 선이다. 보통 엄지와 검지 사이에서 시작하여 '섬 모양'을 그리면서 엄지손가락과 손목의 사이로 수렴하는 선을 말한다. 가장 큰 원, 긴 선을 찾으면 되니 찾는 것에 그리 어려움은 없을 것이다. 생명선은 '섬 모양'을 잘 살펴보는 것이 키포인트다. 이 섬 모양이 어느 쪽에 위치해있는지, 얼마나 선명한지를 알아보면 된다.

이상적인 생명선은 섬 모양이 또렷하고 완만한 곡선을 이루며 중간에 끊어지거나 장해선 없이 길게 손목까지 이어지는 선을 말한다. 해당 생명선을 가졌다면 건강히 사건·사고 문제없이 오래 무병장수할 수 있을 것이다. 그러나 생명선이 상대의 생명을 단정 짓는 요소가 될 수는 없다. 그러므로 생명선이 흐릿하고 얇으며 짧다고 하여서 당장 죽음을 경고해서는 안 된다. 수명에 대한 판단보다 건강, 삶에서 나타날 수 있는 사건·사고에 대한 경고 정도로 해석하는 접근이 바람직하다.

이상적인 생명선은 섬 모양이 또렷하고 완만한 곡선을 이루며 중간에 끊어지거나 장해선 없이 길게 손목까지 이어지는 선을 말한다. 해당 생명선을 가졌다면 건강히 사건·사고 문제없이 오래 무병장수할 수 있을 것이다. 그러나 생명선이 상대의 생명을 단정 짓는 요소가 될 수는 없다. 그러므로 생명선이 흐릿하고 얇으며 짧다고 하여서 당장 죽음을 경고해서는 안 된다. 수명에 대한 판단보다 건강, 삶에서 나타날 수 있는 사건·사고에 대한 경고 정도로 해석하는 접근이 바람직하다.

■ 생명선 감정법

- 위치를 살펴보자

① 손바닥을 펴서 중지 손가락을 기준으로 손바닥을 2분할 해보자. 이때 생명선의 섬 모양이 새끼손가락으로 향하는 방향까지 돌출돼있는 경우가 있다. 즉 생명선이 손바닥을 2분할 하는 기준에서 더 멀리까지 뻗어있는 케이스다. 이를 '강한 생명선'이라고 한다. 생명선이 강하면 활동성이 높으며 좋은 체력을 가졌을 가능성이 크다.

② 반대로 섬 모양이 중앙 기준선까지 닿지 않고 다소 약하게 끝나는 생명선이라면 체력이 약할 가능성이 크다. 에너지가 많지 않고 활동성이 낮다. 음식물 소화에 어려움을 겪는다는 사실도 유추할 수 있다. 허약한 사람이 많다.

- 굵기를 살펴보자

① 굵직하고 선명한 생명선을 가졌다면 건강하고 신체 에너지력이 높은 사람이다. 꼭 장수하지 않더라도 살아있는 동안은 활동력을 유지하고 좋은 체력을 영위할 수 있다. 이 경우는 몸 안에 내재한 에너지양이 많기 때문에 실내업무, 두뇌업무, 차분한 업무를 할 경우 오히려 역효과를 볼 수도 있다. 몸을 쓰고 건강하게 에너지를 발산하는 일을 했을 때 시너지를 발휘한다.

② 얇고 흐릿한 선을 가졌다면 상대적으로 허약체질임을 유추할 수 있다. 그렇다고 무조건 건강하지 않다는 것은 아니다. 실내업무나 앉아서 일하는 것이 어울리며 에너지를 많이 쓰지 않는 일을 했을 때 더 오래 건강할 수 있다. 예능과 예술계통이 잘 어울리는 사람들이다.

- 길이를 살펴보자

① 긴 생명선은 당연히 긴 수명을 의미한다. 장수를 할 수 있게 해주는 생명선이란 시작점에서부터 손목까지 이어질 때까지 길게 이어진 선을 말한다. 또한 큰 병으로 고생하지 않고 살 수 있음을 의미한다. 그렇다고 해서 100% 건강을 의미하는 것은 아니다. 생명선의 길이는 얼마나 오래 사느냐를 말한다고 해석하는 게 옳다.

② 짧은 생명선은 반대로 길지 못한 수명을 의미한다. 많은 잔병치레와 큰 병을 의미하기도 하므로 어려서부터 건강에 유의하는 것이 좋겠다.

4. 연속성을 살펴보자

① 연속적인 생명선은 건강과 관련된 큰 사고 없이 비교적 무탈하게 살 수 있음을 의미한다.

② 반대로 비연속적인 생명선, 즉 중간이 끊겨있는 생명선은 특정한 사건·사고로 인하여 큰 건강위기를 겪는 점을 시사한다. 생명선이 끊겨있다면 무리한 다이어트나 약물 남용은 꼭 피하는 게 좋겠다. 건강에 해가 될 사건·사고를 최대한 피해야만 한다. 꼭 선이 끊겨있는 형태가 아니더라도 중간에 작은 원형 모양으로 한번 휘어졌다가 뻗어 나가는 생명선도 같은 의미를 나타낸다.

③ 생명선은 연속적인데 중간중간에 가로선이 나타나있는 경우도 있다. 이를 '장해선'이라고 한다. 쭉 뻗어 나가는 생명선에 누가 실수로 선을 그은 것 같은 모양이 있다면 해당 시기에 건강에 부정적인 사건이 발생할 수 있다는 의미이므로 주의해야 한다. 예컨대 생명선의 상부라면 초년에, 중반부라면 중년에, 하단부에 가로선(장애선)이 있다면 말년에 건강위기가 찾아온다고 볼 수 있다. 해당 시기에 주의를 기울일 필요가 있다.

5. 모양을 살펴보자

① 대체로 생명선은 언급한 '섬 모양'을 띄고 있으며 원형으로 나타난다. 그러나 간혹, 바깥으로 휘어져 마치 물결처럼 끝부분이 새끼손가락을 향한 생명선도 존재한다. 이러한 생명선을 갖고 있으면 살아있는 동안 외부 활동을 많이 하게 된다. 역마살이 있을 가능성이 크며 여행을 좋아한다.

3.
두뇌선

■ 손 하나로 그 사람의 지능과 미래를 알 수 있다?

두뇌선은 일반적으로 학부모들이 자녀의 미래를 엿보기 위해 가장 궁금해하는 손금 요소 중 하나이다. 하지만, 생명선이 '무병장수하는가'보다는 '어떤 모습의 생명력을 깃고 있는가'를 의미하듯이 두뇌선 역시 '어떤 두뇌 활동력을 갖고 있는가'를 의미한다. 즉 '얼마나 똑똑한가'에 대한 손금이 아니라는 의미이다. 물론 생명선처럼 두뇌선 손금도 선명하고 굵직하며, 옳은 방향으로 뻗어있으면 좋다. 그러나 흐릿한 두뇌선이라고 하여서 사람이 똑똑하지 못하다는 의미는 전혀 아니므로 미리 그 점을 염두에 둬야 한다.

두뇌선으로 사람의 두뇌 활동력이나 방향성을 알아본다는 게 모호하게 들릴 수도 있다. 그러나 생각 외로 두뇌선이 나타내는 사실들은 꽤나 과학적인 근거를 갖추고 있다. 실제로 사람의 뇌가 건강하지 못하면, '손'을 섬세하게 쓸 수 없게 된다. 디테일하게 컨트롤하지 못하는 손은 도태되고, 주름 역시 흐릿해진다. 오래 쓰고 잘 사용할수록 선명해지는 것이 바로 '주름'이라는 점은 굳이 말하지 않아도 알 수 있다. 그래서 두뇌가 건강하지 못하면 두뇌선도 잘 나타나지 않는다.

■ 두뇌선에 신뢰성을 더하는 여러 사실들

이러한 두뇌선에 신뢰성을 더하는 객관적인 사실들이 몇 개 있다. 두뇌선은 우리 몸 중에서 뇌혈관, 뇌신경계와 유관하다고 한다. 그래서 만약 두뇌선이 빈번히 끊겨있거나 굉장히 흐릿할 경우 뇌혈관과 뇌신경계에 문제가 발생했을 가능성이 크다. 또한 1973년 simian creases in man 외 여러 사람들이 연구한 자료에 의하면 다운증후군과 같은 유전 질환자들의 손금에서는 유사한 점이 나타난다고 한다. 그로 인해 몇몇 의학계에서는 뇌의 발달과 손금에 대한 연관성을 고민하기도 한다.

이 경우는, 명리학적인 관점에서 인생을 들여다보기 위해 손금을 활용한다기보다는 의학적으로 신체 장기의 발달 방향을 알아보기 위해 자주 사용하는 손과의 연관성을 추적하는 셈이다. 그러나 어떤 방식이든 결국 손에 새겨진 주름, 손금이 두뇌와 연관성이 있다는 사실은 간과할 수 없다. 그러므로 두뇌선을 잘 살펴보는 일은 분명 상대방의 두뇌와 지능에 대해 알아볼 기회가 된다.

■ 두뇌선의 모양과 위치와 포인트

두뇌선은 생명선과 매우 인접하게 위치해있다. 엄지손가락과 검지손가락 사이의 영역에 자리 잡고 있으며 생명선보다 조금 더 상부에 위치한다. 이 두뇌선은 생명선의 섬 모양처럼 특별한 모양을 그리며 나타나지는 않는다. 보통은 일직선으로 새겨져 있다. 다만 뻗어 나가는 방향에서 조금 차이가 발생한다. 두뇌선은 모양보다는 선이 향하는 '방향'과 얼마나 힘 있게 뻗어 나가는지를 따져보는 게 키포인트다.

■ 두뇌선 감정법

1. (선이 끝나는) 위치를 살펴보자

① 두뇌선이 끝나는 위치는 크게 2개로 분류할 수 있다. 하나는 '월구'이며 하나는 '화성구'이다. 이때 화성구란 손바닥을 상단/중단/하단으로 나눌 때 중단에 위치한 영역을 말한다. 만약 화성구 안에서 두뇌선이 끝난다면 좌뇌가 발달한 타입이다. 객관성이 높고 관찰력이 좋으며 논리적인 추론에 강하다. 실용성과 합리성이 요구되는 업무를 할 때 수월히 할 수 있다.

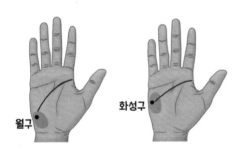

② 반면 '월구'는 손목에 가장 가까이 있는 살두덩이 중 엄지손가락 쪽 살두덩이가 아닌, 그 옆에 위치한, 즉 손날 쪽에 위치한 살두덩이를 말한다. 두뇌선이 손바닥에 중단에서 끝나지 않고 아래쪽으로 향하고 있다면 월구의 영역에 다다르게 된다. 월구 두뇌선은 우뇌가 발달한 타입이다. 감수성이 풍부하고 예술적인 기량이 돋보인다. 창의력과 개성 있는 아이디어가 필요한 업무를 할 때 수월히 할 수 있다.

2. 굵기를 살펴보자

① 굵고 선명한 두뇌선은 총명하고 또렷한 두뇌활동을 의미한다. 두뇌에 의해 손을 잘 활용할 수 있으며 결과적으로 섬세한 작업이 가능한 사람을 말한다. 두뇌의 활동력이 높음을 의미한다.

② 반면 두뇌선이 얇거나 흐릿하면 상대적으로 두뇌의 활동력이 약하다고 볼 수 있다. 이것이 곧 지적능력의 저하를 말하는 것은 아니지만 디테일하고 예민한 아이디어력이 필요한 일보다는 단순한 업무가 더 어울리게 된다.

3. 길이를 살펴보자

① 두뇌선의 경우는 일반적으로 길이가 다들 비슷한 편이지만 유독 짧은 사람이 있다. 이때는 다른 선들과의 충돌을 비교해보아야 한다. 충돌로 인하여 선이 짧은 경우는 해당 선에 의해 사주의 흐름이 방해를 받는다는 걸 의미한다. 예를 들어 운명선과 충돌하여 두뇌선이 끊기게 된다면 타고난 사업을 추진할 때, 두뇌에 의한 판단착오, 시뮬레이션 실패 등으로 인하여 나쁜 결과를 초래한다는 등의 방향으로 해석이 가능하다. 이러한 요소 없이 그냥 두뇌선이 짧다면 두뇌활동력이 약한 것으로 해석이 가능하다.

4. 선이 뻗어있는 모양을 살펴보자

① 두뇌선이 일자로 쭉 뻗어있는 경우는 감정선과 굉장히 가까이 위치한다. 곡선의 모양만 봐도 직선에 모양과 더 가깝다. 두뇌선과 감정선이 가까울수록 해당 타입으로 더 해석하기 쉽다. 어떤 일을 해도 수월히 진행할 수 있는 사람이다. 사업가적 수완이 높다. 두뇌가 명석하다. 본인이 리더의 자리에 올라 사람들을 통솔하면 더 능률을 높일 수 있다. 실용성이 높은 사람이다.

② 두뇌선이 일자로 뻗어 나가지만 감정선과 살짝 떨어지게 되는 경우는 판단력이 높다. 과학적 사고방식에 어려움을 느끼지 않으며 두뇌회전이 좋다. 이성적인 사람이며 계산적인 업무를 할 때도 능하다. 이론에 강한 반면 손재주에도 좋다. 엔지니어나 연구직, 기술직 등 특정한 분야에 심도 있는 지식을 요구하거나 손으로 무언가를 해결해야 하는 사람들에게 어울린다. 반면 수학적인 사고 발달로 인해서 회계직도 능할 수 있다.

③ 두뇌선이 감정선과 생명선의 중간쯤에 위치하여 아래로 떨어지는 포물선을 그리는 경우는 균형이 잘 잡힌 두뇌다. 이성과 감성의 조화 덕분에 다재다능한 리더의 자질이 있다. 의사소통력이 좋아 대인관계에도 어려움을 느끼지 않는다. 대부분의 일에 능숙함을 보이지만, 역으로 말한다면 특정

한 분야를 깊게 파고들고 매우 고차원의 전문성이 요구되는 일에는 약하다고 해석할 수 있다. 대면 만남이 낮은 업무가 더 잘 어울린다. 소통에 능하기에 화술이나 언변을 잘 갖출 수 있다.

 ④ 두뇌선이 생명선처럼 매우 아래로 향하는 타입은 센스와 미적 감각이 우수하며 예술성이 잘 발달한 타입이다. 사물에 대한 통찰력이 있으면서도 개성적인 해석이 가능하다. 뷰티산업이나 미술 관련 업계에 종사한다면 자신의 기량을 잘 발휘할 수 있다. 사무직으로 근무할 경우 아이디어 기획 회의에서 강점을 보일 수 있겠다. 단순 반복업무나 연구직에 종사할 경우 갖고 있는 역량을 잘 발휘하지 못하게 된다.

여기까지 두뇌선을 살펴보았다.

사람마다 종사하는 영역이 다르고 미래에 대한 방향성이 다르므로 이상적인 두뇌선을 언급하는 것은 매우 어렵다. 선의 방향이나 위치에 따라 해석이 달라지므로, 먼저 상대가 어떤 삶을 살고 싶어 하는지를 아는 게 중요하다. 다만 어떤 모양, 위치, 방향이든지 두뇌선은 선명한 것이 상대적으로 더 좋다고 해석한다. 흐리지 않고 연속적으로 쭉 이어져 있으며 장해선의 방해를 받지 않는 두뇌선이라면 어떤 삶의 방향이든 나름대로 총명함을 보일 수 있겠다.

4.
감정선

■ 심리테스트가 재미있는 이유

10대 청소년들이 심리테스를 유독 좋아하는 이유가 뭘까? '심리'라는 건 개인을 판단할 수 있는 가장 내밀하면서도 확실한 요소이기 때문이다. 직장 동료가 어떤 업무에 능한지, 어떤 프로젝트에서 성과를 냈는지 아는 일은 쉽지만, 그 사람이 회사 밖에서 보여 주는 '진짜 모습'이 무엇인지 파악하는 일은 어렵다. 그 이유는 그 사람이 갖고 있는 심리 상태, 즉 감정 상태를 알기가 어렵기 때문이다.

심리란 단순히 감정의 상태만을 나타내지 않는다. 특정한 심리 상태까지 도달하기 위해서 개인은 수없이 많은 사회화와 학습, 성찰의 시간을 거치게 된다. 여러 가지 경험이 복잡하게 얽히면서 한 개인의 심리를 만드는 것이다. 그러므로 누군가의 심리를 살피고 감정을 엿볼 수 있는 행위는 매우 흥미로운 일이다. 곧 마음을 읽는 행위로 해석할 수 있기 때문이다.

■ 손금으로도 마음을 읽을 수 있다

손금에서는 '감정선'이 개인의 심리를 엿볼 수 있게 해주는 역할을 한다. 이름처럼 사람이 가진 감정의 상태를 나타내는 선이다. 감정선은 심장 기능과 심혈관 계통과 연결돼있다. 감정을 조절할 때 우리의 심박수가 달라지는 현상을 연상해 본다면 매우 자연스러운 연결이다. 그러나 앞서 살펴본 생명선이나 두뇌선보다 좀 더 디테일한 접근이 필요하다. 개인의 감정은 몇 가지의 유형으로 간단히 나누기가 어렵기 때문이다.

그래서 감정선은 주로 개인의 심리를 분석하기보다는 애정과 궁합에 대한 요소를 해석하기 위한 전초 해석으로 사용한다. 두 사람의 손금을 간단히 살펴보면 대략 잘 맞는 성격인지 아닌지는 비교적 빠르게 판단이 가능하기 때문이다. 그러므로 감정선에 대한 해석을 할 때는 상대의 '성격이 이렇다'라고 단정 짓기보다는 '어떠한 사람과 더 합이 좋을 것이다'라는 식으로 우회적으로 해석하는 게 조금 더 용이하다고 볼 수 있다.

감정, 심리의 영역은 다분히 추상적인 영역이므로 옳고 그름이 없다. 또한 베스트와 워스트도 없다. 개인의 심리 그 자체가 곧 개성이므로 무조건 이타적이고 참을성 많은 성격이라고 다 좋은 것은 아니다. 이러한 점을 염려하여 상대를 배려한다면 감정선 손금을 해석하기가 더 용이하리라 생각된다. 물론 이러한 특성이 있음에도 불구하고 감정선은 많은 사람들이 궁금해하는 흥미로운 손금 요소이다.

감정선을 볼 때는 두 손을 함께 사용하라!

감정선은 생명선, 두뇌선과 반대로 새끼손가락 밑에서부터 시작한다. 검지손가락에 닿기 전에 주로 선이 끝나게 된다. 두뇌선보다 더 상단부에 위치한 손금이다. 감정선은 재미있는 해석이 가능하다. 다른 손금과 마찬가지로 길이, 위치, 모양을 두루 살피는 점은 동일하다. 하지만 생명선과 두뇌선이 한 손바닥으로 관찰이 가능한 영역이었다면 감정선은 두 손바닥을 함께 관찰하여서 더 폭넓은 해석이 가능하다. 한 손바닥만으로도 해석이 가능하지만 상대방이 좀 더 심도 있는 해석을 원할 경우 두 손바닥을 나란히 붙여서 그 위치를 비교하여서 해석할 수 있다. 이는 차근차근 알아보도록 하자.

■ 감정선 감정법

1. 길이를 살펴보자

① 긴 감정선은 기복이 심한 성향을 나타낸다. 모든 일에 적극적이고 외향적인 면모를 가졌다. 정이 많고 이를 잘 표현하기에 주변의 사람들에게 호감을 많이 사게 된다. 그러나 그만큼 분노나 싫음을 표현할 때 감정 조절에 취약하다. 즉 자신이 갖고 있는 내면을 그대로 표현하기에 항상 자중하는 자세가 필요하다. 감수성이 풍부하다.

② 짧은 감정선은 유약한 성향을 나타낸다. 하지만 동시에, 이성적이고 감성 조절을 매우 잘하기에 슬기로운 대처를 잘한다고 볼 수도 있다. 경우에 따라서는 유약하기보다는 오히려 너무 이성적이고 냉철한 경우가 있어 상대에게 호감을 사기 어려운 경우도 많다. 두려움이 많으며 적극적으로 모험을 하려 하지 않는다.

2. 연속성을 살펴보자

① 선명하게 감정선이 연결된 사람은 자신의 감정을 잘 숨기지 않으며 적극적으로 드러낸다. 그러나 이로 인해 자신만 생각하는 이기적인 성향이 강하다. 상대를 배려하는 자세와 조심스러움이 요구된다. 언행에 주의해야 한다.

② 감정선이 끊어져 있으면 감정의 폭이 단조로운 성향을 나타낸다. 무미건조한 특색으로 인하여 호불호에 대한 표현이 모호하며 상대에게 자신의 감정을 정확히 묘사하는데 어려움을 느낀다. 말투 또한 건조하며 원칙주의자로 오해받기도 한다. 마음의 문을 열 필요가 있다.

3. 방향을 살펴보자

① 손바닥의 중앙 부분, 즉 중지를 향해 뻗어나가는 감정선은 리더십이 강하다. 판단력과 결단력이 좋으며 단단한 심리를 갖고 있어 우유부단한 결정을 하지 않는다. 타인

을 잘 배려해주기도 하여 여러 종류의 대인관계에 능하다고 볼 수 있다. 조화가 잘 잡힌 심리 상태이다.

② 엄지로 향하고 있는 감정선은 배려와 친절한 성향이 매우 높다. 이타적이며 희생정신이 있다. 그래서 많은 사람들에게 신뢰를 받으며 안정적인 대인관계를 유지할 수 있다. 반면 자신은 희생으로 인해 스트레스가 심하기도 하다.

③ 아래로 향하고 있는 감정선은 본능의 영향을 많이 받는다. 자신감도 있고 고집도 센 편이라 강단이 있고 자신의 심리를 잘 표현한다. 하지만 호전적이지는 않기 때문에 싸움을 많이 만들기보다는 매사에 진솔한 사람이라고 해석할 수 있겠다.

4. 두 손의 손날을 맞대어 보자

① 왼손의 감정선이 더 높다면 열정적인 감정을 가진 사람이다. 사랑과 일, 대인관계에 대해 갖고 있는 정신적인 에너지가 풍부하기에 매사

에 열심히 한다. 자신감도 넘치며 솔직하다. 때로는 불같은 모습이 보일 때도 있지만 이러한 열정에 반하는 사람도 매우 많다. 주로 연하의 사람들에게 동경심을 유발하는 성격이다. 또한 자기관리도 소홀히 하지 않는다.

② 오른손의 감정선이 더 높다면 침착하고 속 깊은 감정을 가진 사람이다. 감수성이 풍부하여 대상에 예민하면서도 섬세한 심리를 갖고 있다. 연애를 할 때는 로맨틱한 성향이 두드러지게 나타난다. 나이에 비해 철이 빨리 드는 경우가 많다. 그렇기에 연상의 타입과 합이 더 잘 맞다. 감정의 깊이가 남다르기 때문에 타인을 잘 헤아릴 줄 알고 현명한 선택을 잘한다.

③ 양쪽 감정선의 위치가 똑같다면 강한 정신력을 나타낸다. 매우 고차원적이고 복잡한 심리 상태를 가졌기에 자칫 잘못하면 예민한 사람으로 보이기도 한다. 하지만 똑똑한 사람이라 이를 쉽게 드러내지 않으며 인내와 희생의 정신도 갖고 있다. 자신이 누군가에게 의지하기보다는, 이러한 사람들의 통찰력과 심리에 반해 의지하려는 사람들이 더 많다. 지혜롭고 현명한 선택을 내려줄 수 있으며 타인의 심리를 해석하는 데도 능하다.

이처럼 감정선은 하나의 손바닥과 두 개의 손바닥을 모두 사용해서 여러 면을 살펴볼 수 있다. 어떤 심리 상태를 가졌냐에 따라 성격적인 측면과 살아온 환경에 대한 해석도 가능하기에 단독으로 해석하기보다는 다른 손금과 연계하여 해석한다면 더 신빙성을 높일 수 있을 것이다.

사람의 내밀한 심리를 엿보는 일은 결코 쉽지 않기에 감정선 하나로 '그렇다, 아니다'를 판단하는 일은 위험하지만, 분명 흥미 있는 과정이다. 간단한 심리테스를 해주는 느낌으로 상대방에게 제안해본다면 부담 없이 받아들일 수 있겠다. 좀 더 인생 전반에 걸친 해석을 하고자 한다면 이다음에 살펴볼 운명선을 꼭 고려해보는 자세를 갖자.

5.

운명선

■ 손금으로 미래를 볼 수 있는가?

손금으로 삶을 엿보는데 가장 중요한 역할을 하는 것이 이번에 다뤄볼 '운명선' 이다. 운명선은 그 사람이 타고난 삶의 방향을 말해준다. 선천적인 요소와 후천 적인 요소를 모두 무시할 수 없다. 그래 서 삶에 대한 의지와 노력을 나타내는 인

> 운명선

생선이라고도 한다. 부단히 살아온 사람의 손바닥을 펼쳤을 때 더욱 선명한 운명선을 볼 수 있는 이유이기도 하다.

하지만 신기하게도 이 운명선은 사람의 인생을 엿볼 수 있는 중요한 손금이지만 아예 없는 사람도 존재한다. 실제로 운명선을 갖고 태어나 는 사람은 전체의 15~20%밖에 되지 않는다고 한다. 그렇다면 운명선이 없다면 미래를 점칠 수 없는가? 그렇지는 않다. 운명선이 없다면 없는 대로 해석이 가능하며, 이때는 두뇌/감정에 대한 요소가 인생에 더 큰 영향을 준다고 볼 수 있다. 그러므로 운명선을 가지지 않은 사람에게 손

금 풀이를 해줄 때는 이전에 파악한 다른 손금을 더 디테일하게 풀어주면 된다.

■ 미래란 어디에 있는가?

하지만 운명선이 결국 의미하는 것은 '직업, 사업'운이라고 볼 수 있다. 어떠한 일을 했을 때 성과를 잘 내고 인정받을 수 있느냐를 말해주는 선이라고 보면 된다. 사업을 준비하는 사람들이 운명선에 좀 더 예민한 이유이기도 하다. 만약 일반 직장인이라면 한 자리에서 꾸준히 인정받으며 일하게 되는지를 엿볼 수 있다.

또한 다른 손금들과 사뭇 다른 차이가 있다. 생명선/두뇌선/감정선이 모두 가로로 뻗어 나가는 모양이라면 운명선은 세로로 뻗어 나가는 선이다. 그렇기에 필연적으로 다른 선들과 겹쳐지는 부분이 생긴다. 이러한 포인트로 인해 해석의 난이도가 높아지기도 한다. 다른 선과의 접점을 고려하여 심도 있는 풀이를 해야 하기 때문이다. 하지만 개괄적인 내용부터 먼저 살펴보고 난다면 그리 부담스럽진 않을 테니 흥미를 잃지 않는 것이 좋겠다. '운명'을 볼 수 있는 손금이라니, 단어만으로도 두근거리지 않는가?

■ 운명선의 모양과 위치? 포인트?

운명선은 중지손가락 쪽에서 손목을 향해 뻗어 내려가는 세로선이다. 그러므로 자연스럽게 손바닥의 중앙에 위치한다. 하지만 모양을 잘 알아볼 수 없을 만큼 흐릿한 경우에는 손을 동그랗게 오므려 선을 살펴볼 수 있다. 대부분의 경우에는 평범한 일직선을 그린다. 곡선으로 나타나는 경우는 매우 드물다. 그러므로 모양보다는 길이와 뻗어 나가는 방향, 다른 선과의 교차점을 메인으로 삼아서 해석하는 게 좋다.

■ 운명선 감정법

1. 굵기를 살펴보자.

① 진하고 선명한 운명선은 하나의 길을 우직하게 걸었을 때 성공할 수 있다는 의미를 갖고 있다. 여러 가지의 경험을 하며 다사다난하게 살기보다는 정착한 자리 혹은 나아가는 방향의 변화가 적다. 삶에 대한 확신이 있으며 신뢰성이 있고, 진지한 자세를 갖출 수 있다. 넓고 큰 곳에서 성과를 얻을 수 있다.

② 운명선이 흐릿한 경우는 특정한 길에 대한 신념이 적다는 의미이다. 그러므로 어떤 분야에 오래 종사한다고 해서 꼭 성공한다고 확신할 수는 없다. 오히려 이런 사람들은 운명에 변동성이 있어 사업을 시작하더라도 업종을 자주 변경할 수도 있다. 그러나 잦은 변화가 무조건

독이라고 해석할 수는 없다. 적당한 성공 혹은 정점을 찍고 재빠르게 길을 바꾸는 전략도 나쁘지 않다.

2. 연속성을 살펴보자.

① 힘 있게 한 갈래로 쭉 이어지는 운명선은 타고난 운이 좋은 편이라고 해석하기도 한다. 하나의 일을 시작하면 오래 그 일을 지킬 수 있고 자신의 자리나 성과를 쉽게 빼앗기지 않는다. 마음먹은 일이 잘 풀리고 긍정적인 흐름을 가질 수 있다.

② 운명선이 잦게 끊겨있다면 어떤 요소로 인해 끊기는지 파악해야 한다. 먼저 개괄적으로, 끊어진 운명선은 삶에 대한 변화와 고난이 잦음을 의미한다. 군데군데 단절된 부분이 많을수록 더욱 풍파가 많은 운명을 의미한다. 다사다난하기에 재미있는 인생이라고도 해석할 수 있다. 자신이 갖고 있는 장단점을 잘 분석해서 현명하게 살아가야 한다.

3. 개수를 살펴보자.

① 운명선을 여러 개 갖고 있는 사람도 있다. 이런 경우는 여러 개의 직업이나 재능을 가졌음을 의미한다. 혹은 인생에 중요한 역할을 해주는 운명의 상대가 있음을 말하기도 한다. 개수가 나뉘는 시점이 손바

닥의 상/중/하단부에서 어디인지에 따라 운명
의 상대 혹은 숨겨진 재능이 나타나는 시점을
추측할 수 있다.

4. 갈래의 위치를 살펴보자.

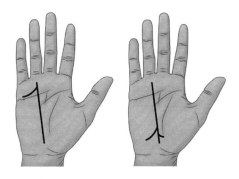

① 운명선은 하나이지만 상단부나 하단부에 물줄기처럼 갈래가 나타나
   는 경우도 있다. 만약 윗가지가 있는 경우라면 인생에서 긍정적인 일
   들이 많이 생긴다는 점을 의미한다. 마치 운명선이 꽃처럼 피어난 모
   양이기 때문이다. 남들과 다른 인생의 전성기가 존재할 수 있으며 삶
   의 환경이 대체로 좋다.

② 하단부에 마치 뿌리처럼 갈래가 아래 가지가 있는 경우에도 좋은 해
   석을 하게 된다. 나의 삶을 지지하는 양분이나 힘이 자연스럽게 더해
   진다. 취업, 승진, 결혼 등에서 좋은 선택을 하게 된다.

5. 방향을 살펴보자.

① 만약 운명선이 손날의 방향으로 치우쳐 뻗어간다면 예술적인 직업에 더 잘 맞다. 창의적이고 예능적인 분야, 개성적인 기획 등에 강점을 갖고 있다.

② 중앙을 뻗어 나가는 운명선이라면 그 자체로 크게 특별한 의미는 없다.

③ 생명선 쪽으로 뻗어 나가는 운명선이라면 자신의 가족에 영향을 많이 받는 삶을 살아가게 된다. 가족의 운도 중요하게 영향을 미친다.

6. 두뇌선과의 연관을 살펴보자.

① 운명선이 뻗어 나가다 두뇌선에 막혀 끊어지는 경우가 있다. 그렇다면 직업과 사업 등에서 자신의 판단 미스가 많이 나타나 그릇된 선택을 할 가능성이 크다. 스스로의 판단보다 현명한 사람들의 자문을 구하라.

② 두뇌선에 의해 끊어지지는 않았지만 근처에서 흐릿한 모습을 보인다면 중년의 나이에 자신의 판단으로 인하여 큰 시련을 겪게 될 수 있다.

③ 두뇌선을 막힘없이 잘 지나가고 있다면 좋은 운명선이다.

7. 생명선과의 연관을 살펴보자.

① 생명선에서부터 운명선이 시작되는 경우가 있다. 마치 생명선의 한 갈래처럼 생면선과 붙어 있을 경우 이를 '자수성가선'이라고 한다. 직업, 사업적으로 큰 성공을 거두는 경우가 많고 비상한 두뇌와 판단력을 가지게 된다. 공부를 할 경우 시험 운이 잘 따른다. 생명선 쪽에서 시작돼 힘 있게 뻗어 나가는 세로선, 3대선 중 감정선의 위까지 뻗어있다면 매우 좋다.

　이처럼 운명선은 언급하였듯 다른 선과의 연관성이 높은 손금이다. 그러므로 운명선을 먼저 해석하기 보다는 다른 손금을 먼저 해석해보고 자연스럽게 운명선까지 다다른다면 좋을 것이다. 운명선은 주로 직업과 사업에 대한 해석을 하게 되므로 연배가 있는 사람들이 더 궁금해 하는 선이기도 하다.

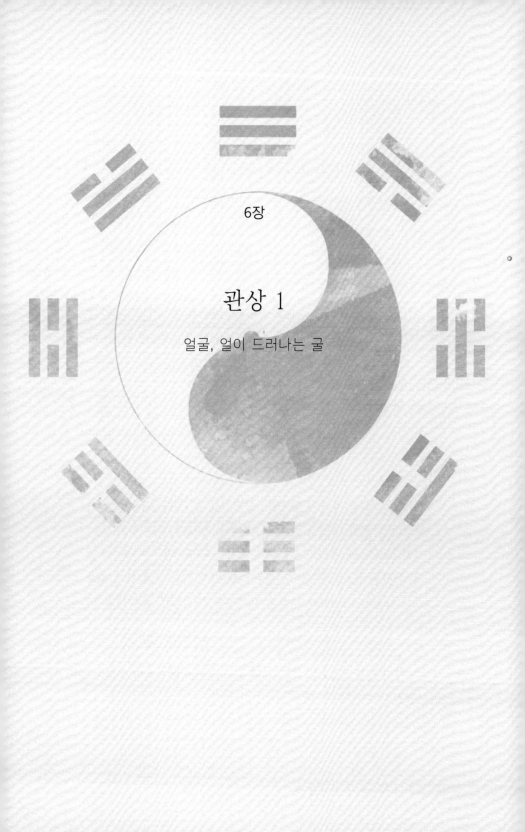

6장

관상 1

얼굴, 얼이 드러나는 굴

삶의 궤적이 담긴 얼굴

"이제야 진정한 저 자신을 마주하게 된 것 같아요."

영등포에서 철학관을 개업한 이후로 많은 사람들이 나를 찾았다. 저마다 다양한 고민을 갖고 방문했는데 한 가지 공통점이 있었다. 그것은 바로 '사람들은 의외로 자신을 잘 모른다'는 사실이었다. 자신과 가장 친밀하고 오래 교류한 것은 다른 사람이 아닌 자기 자신이지만 뜻밖에도 우리는 자신의 모습을 잘 알지 못하고 산다. 그래서 꼭 해결하고 싶은 고민이 있어 나를 찾아오는 사람들에게 나는 먼저 그들의 진짜 면모를 알려주곤 했다. 자신이 어떤 사람인지를 알게 된다면, 더 쉽게 미래에 대비할 수 있기 때문이다.

그렇다면 스스로가 만든 삶의 궤적은 어떻게 추적할 수 있는가? 간단하다. 자신의 얼굴만 보아도 알 수 있다. 거울을 들어 동그란 살굿빛 도화지 위에 이목구비가 어떻게 자리 잡고 있는지만 보아도 자신이 그려온 삶의 그림을 꼼꼼하게 알아볼 수 있다. 이것을 명리학에서는 '관상'이라고 한다. 누구나 외모에 대한 관심은 있기 마련이라 관상은 대부분의 사람들이 흥미롭게 생각하는 요소 중 하나이다.

"어쩐지 지금 하는 일이 잘 안 됐어요. 그런 이유가 있었군요."

관상을 통해서 승진이나 사업에 대한 조언을 해준 경험이 많은데, 그때마다 답답한 점이 해소됐다며 크게 기뻐한 사람들의 얼굴이 아직도 생생하다. 이렇듯 관상이라는 요소로 사주철학에 대한 흥미를 높였다. 또한 그 사람이 밟아왔을 궤적을 추적하는 일들은 나의 신용을 높여주었다. 상당 부분이 맞았기 때문이다. 나 역시도 항상 사주철학을 궁금해하는 사람들의 진입 장벽을 낮춰주기 위해 부단히 노력했다. 진정으로 도움이 필요한 사람이나 사교를 위해 종종 무료로 대민상담을 하기도 했다.

덕분에 영등포에서 시작한 철학관은 인기를 끌었다. 2012년에는 역삼역 6번 출구 바로 앞에 위치한 송촌빌딩에서 새로운 터를 오픈하였다. 그때부터 '자보미래예측학회'와 산하 기관인 '참사주철학관'을 설립하고 본격적으로 활동하였다. 더 많은 사람들을 마주하고 역량을 키워가게 됐다. 2012년 이후부터는 나의 기량은 어느 정도 완성단계에 진입했기 때문에 상담을 해주고 필요한 조언을 들려주는 데 어려움이 없었다. 명리학을 위해 매진해온 지난날들이 실력으로써 진짜 결실을 보게 된 셈이다.

이때 관상은 나에게도 큰 도움이 됐다. 사람과 얼굴을 마주하고 인사를 하는 순간, 가장 먼저 보게 되는 요소가 바로 '얼굴'이기에 자연스럽게 나는 관상에 관심을 더 가지고 배웠다. 그래서 누군가와 눈을 맞추면 마치 머릿속에 커다란 지도가 펼쳐지듯이 상대방의 궤적을 떠올리게 됐다. 얼굴에는 많은 것들이 담겨있기 때문이다. 손금을 통해 개괄적인 사주를 알아볼 수 있듯, 관상도 꼭 배움 직한 요소이다. 물론 내 얼굴에도 내가 여태껏 펼쳐온 삶의 궤적이 담겨 있다. 영등포에서 시작하여 강남 역삼역으로 옮겨온 영광스러운 이력이 말이다.

1.

목형木形

목(木)형

관상의 오형五形 중 목형木形은 얼굴이 가름하고 길며 전반적으로 사람을 볼 때 말라 보인다는 인상을 주는 관상이다. 주로 역삼각형 얼굴을 하고 있을 때가 많으며, 현대사회에서는 날카롭지만 샤프하다는 인상을 주므로 미남, 미녀형으로 불리기도 한다. 대체로 얼굴에 살이 많지 않기 때문에 얼굴이 작음에도 길쭉한 느낌을 주며, 피부가 깨끗하고 수려하다. 체내에 수분이 많이 없는 타입이므로 다른 사람에 비해서 많은 양을 먹더라도 살이 쉽게 찌지 않아서 최근에는 여성들에게 선호 받는 관상이기도 하다. 또한 마른 체형이지만 골격이 단단하며, 사람이 위세가 있고 늠름하게 느껴져 카리스마를 바탕으로 주변 사람들이 따르게 되기도 한다. 더불어 입술은 맑은 홍색으로 가는 주름이 있으며 머리카락과 수염은 모두 수려하다.

과거 관상에 관한 저서인 〈풍감〉에는 "맑은 기가 눈과 눈썹에 흐른다"라고 표기되기도 했는데, 이 목형木形 관상에 있어 정격政格, 즉 관상이 잘 발현된 자의 외모는 외모가 청수淸秀하며 약간 수척하지만 단정한 형상으로 그 정신이 고고하게 느껴진다. 하지만 목형이라 하더라도 그 기운이 잘 흐르지 못하여 관상이 잘 나타나지 않는 부정격不政格 역시 존재하는데, 이는 그 수척한 기운이 너무 강하여 사람이 극도로 약해 보이며, 자세가 바르지 않아 어딘가 기울어 있는 인상을 주며, 허리를 곧게 펴지 못하여 구부정한 느낌을 준다. 또한 그 정신이 맑지 못하여 주위 사람들에게 아둔하며 고집이 너무 강하다는 평가로 인해 주위에 사람이 많이 없다.

이러한 목형木形 관상을 가진 사람의 음성은 약간 건조한 느낌을 주기도 하지만 기본적으로 맑기 때문에 한곳에 모이지 않고 사방으로 멀리 퍼지게 된다. 소리가 조금 강한 듯 높으면서 청초하고 고상하다. 이러한 목소리의 특성으로 목형 관상을 가진 자는 모임 내에서 발언권이 강하며, 주위 사람들에게 신뢰감을 느끼게 하므로 주로 모임의 장이나 다양한 단체의 간부를 맡고 있는 경우가 많다.

목형木形 관상을 띠는 사람이 걷는 모습을 보면 대체로 유연하고 부드러운 느낌을 준다. 사람이 움직이고 멈추는 것이 온유하며 오랫동안 걸어도 꼿꼿한 자세를 유지하기 때문에 주위 사람들에게 멋있다는 인상을 준다. 즉 전체적인 움직임의 모습이 마치 목형木形이라는 형상의 뜻처럼 나무의 특성인 쭉 뻗어 나가는 형상을 떠올리게 한다. 딱히 군더더기 없이 수려하게 긴 느낌을 주며 전반적으로 진취적인 이미지를 풍기게 된다.

목형木形 관상의 기본 성질은 인자한 편이다. 하지만 목형의 사람이 무엇을 하겠다는 원顯을 세우고 어떤 목적을 달성하겠다고 목표를 세우면, 어린 새싹이 흙을 뚫고 대지로 뻗어 나가는 것처럼 자신이 하고자 하는 것을 방해하거나 막는 것이 생기면 그 힘에 강하게 저항하는 모습을 보여준다. 즉 어떤 일을 행하기 위해서 필수적으로 생길 수밖에 없는 난관을 쉽게 포기하지 않고 헤쳐 나가는 힘이 강하다는 것이다. 하지만 그 힘이 조금 과해지면 대체로 총명하고 머리가 좋은 목형의 사람은 자신의 방향성이 잘못된 것인 줄 알면서도, 자신의 뜻이 바르다고 우기는 모습을 보이게 된다. 즉 부러지면 부러졌지 굽히지 않는 조선 시대의 선비의 모습을 느끼게 하며, 실제로 뒤에서 살펴보겠지만 이름난 선비 중에는 목형의 형상을 지닌 경우가 매우 많다.

이처럼 목표를 향해 나가는 힘이 극도로 강한 관상이다 보니 그 추진력과 힘에 비해서 주위 사람들을 아우르는 포용력이 부족하다는 평가를 많이 받기도 한다. 즉 일을 주도적이고 공격적으로 행하지만, 그에 수반되는 주위 사람들에 대한 희생을 신경 쓰지 못하는 경우도 생긴다는 것이다. 예를 들어 목형木形 관상을 지닌 자가 어떠한 건물 시공의 장(長)을 맡게 되었다면, 무슨 일이 있더라도 그 건물이 예정한 완공 일자를 지킬 것이다. 그 뜻한 바를 이루기 위해서 목형상의 사람은 열과 성을 다하고, 총명한 머리를 통해 그 방법을 쟁취해 나갈 것이기 때문이다. 하지만 이 과정에서 함께 일하거나, 하부에서 실제 업무를 담당하는 사람들은 그 과도한 업무와 더불어 지나치게 강압적인 추진력에 학을 떼고 그 자리를 떠나거나 따르는 마음을 쉽게 잃는 경우도 많다.

그렇기에 목형木形 관상을 지닌 사람에게 가장 어울리는 분야는 혼자 세운 뜻을 혼자서 달성하는 공부이다. 만약 공부에 뜻을 두고 그 목표를 열심히 추구하여 공부한 분야에 통달하게 되면 그 누구보다 뛰어난 학식으로 그 방면에 전문가가 되어 주위 사람들이 따르게 된다. 처음부터 돈 버는 것을 목적으로 하기보다 이 경우에는 사람들이 많기 때문에 돈도 자연스럽게 따라오므로 일석이조의 효과를 누릴 수 있게 된다.

그렇기에 목형인 사람은 주위 사람들이나 사회의 시선에 얽매이지 않고 자신이 적성에 맞는 일을 찾아내면 해당 분야의 마니아가 되어 성공에 이르게 된다. 주변에서 뭐라고 하든지 자기가 하고자 하는 것을 멈추지 않는 그 특유의 성질 때문이다. 목형의 사람에게 주위의 말에 따르게 하거나 흘러가는 대로 살게 강제한다면 그 타고난 고집과 성질 탓에 사회와 불화不和하게 되어 문제가 발생하며, 그 총명하고 좋은 머리를 제대로 발휘하지 못하여 스스로 불행의 늪에 빠질 수 있고, 최악의 경우에는 사회에서 낙오하기도 한다. 또한 자신이 이루고자 했던 뜻을 사회가 몰라봤다고 여기고 사람을 만날 때마다 빈정거리는 성격이 될 가능성도 농후하다. 그러므로 목형의 관상을 가진 자는 자신의 뜻을 잘 살릴 수 있는 곳에 가서 능력을 발휘하는 것이 가장 좋은 방법이다.

2.

화형火形

화(火)형

관상의 오형五形 중 하나인 화형火形의 특징은 전반적으로 얼굴이 긴 편이며, 머리와 이마가 뾰족하다. 화형火形이라는 한자의 뜻처럼 불꽃이 위로 타오르듯 위가 좁으며 아래가 넓은 모양을 띠고 있는 데다가 불의 기운을 띠고 있으므로 대체로 얼굴이 붉은 편이다. 또한 입이 작고 골똘하며 입술이 나와 있고 이가 보인다. 귀는 높게 위치하며 뒤집혀 있는 경우도 있으며 머리카락과 수염이 완전히 까맣다기보다는 약간 붉은 색을 띠고 있으며 몸에 전반적으로 수염은 적은 편이다. 또한 눈빛이 예리하고 날카로워서 주위 사람들에게 성난 것 아니냐는 이야기를 듣기도 한다.

화형火形의 피부는 붉은 기가 많으며 어깨는 오히려 좁지만 그 아래를 담당하고 있는 배와 허리가 어깨보다는 넓은 모양으로, 과거에 장사壯士로 불리는 몸매를 가진 경우가 많다. 또한 골격은 위쪽은 좁고 아랫부분은 넓어 골격과 근육이 고르지 못하여 좀 뚱뚱하다는 인상을 주기도 한다. 그리고 목소리가 매우 세차며, 또한 음성이 불이 타는 듯하게 건조하며 격렬하다. 그렇기에 주위 사람들에게 압도감을 주며, 확실한 신뢰감과 강하다는 인상을 심어 준다. 만약 기가 약한 사람이 주위에 있으면 화형火形의 이런 목소리에 질색하고 도망가거나 함께 있는 자리를 피하는 경우도 허다하다.

화형火形의 걸음걸이는 재빠르고 마치 뛰는 듯한 느낌을 준다. 마치 약간 톡톡 튀며 걷는 것 같은 모양을 띠는데, 이는 화형의 관상을 지닌 사람들이 대부분 성미가 급하고 바라는 바가 있으면 빠르게 이루어지기를 바라기 때문에, 자리를 옮기거나 무슨 일이 있어 이동할 때 전반적으로 덩치가 크고 살집이 있는 몸매임에도 뛰는 인상을 주게 되는 것이다.

모든 관상들이 자신의 얼굴형이 속한 오행五行을 따라간다고는 하지만 화형火形은 그중 가장 적나라하게 불의 기운을 띤다고 할 수 있다. 즉 화형火形의 모습을 보면 타오르는 불꽃 그 자체를 떠올리게 되는 것이다. 이에 대한 대표적인 예로 화형 관상을 지닌 사람은 불꽃처럼 계속해서 움직이며, 잠시도 가만히 있지 못하는 모습을 보여 준다는 점이다. 즉 끊임없이 일을 만들고 이를 해결해나가며, 여유를 부리거나 자신의 현재 상태에 만족하는 모습을 절대 보여 주지 않는다는 것이다. 현상 유지가 아닌 새로운 분야에 뛰어들어 적극적으로 개척해 나가는 모습을 보여 주기 때문에 그 진취성과 도전정신이 매우 높게 평가되지만 안정성은 조금 떨어지는 편이다.

불은 조그만 불씨도 한 도시를 완전히 태워버릴 가능성을 지니고 있다. 즉, 조용히 타오르는 촛불도 강렬한 산화작용이 있어야 가능한 것처럼 화형火形은 겉보기에는 날카로운 눈빛과 더불어 침착한 얼굴이면서도 그 끝에는 강력하게 발산하는 에너지를 가지고 있다. 이 때문에 주위 사람들이 함부로 그 사람을 대하지 못하고 어떤 자리에 가서든지 큰 말을 하거나 행동을 하지 않더라도 주목을 받고 좋은 대접을 받게 된다. 또한 어떤 일을 추구하기 위해서 오래 앉아있는 경우에도 지칠 줄 모르고 불타오르는 모습을 보여 주기도 한다.

또한 화형火形은 불의 밝은 성질을 가지기 때문에 사람 간의 예절을 매우 중시한다. 평소에 주위 사람들에게 깍듯하며 항상 예의 바르게 행동하지만, 만약 상대방이 자신이나 주위 사람들에게 무례한 모습을 보인다면 이에 대해서 맹렬하게 반응해 화를 내고 꾸지람을 하기도 한다. 하지만 화를 내고 자신의 의사를 밝힌 뒤에는 뒤끝이 길지 않다. 즉, 화를 내고도 금방 풀리는 성격이기 때문에 화통하고 쿨하다는 느낌을 주기도 한다. 그러므로 화형의 사람이 화를 낼 때는, 주로 예의를 지키지 못하는 자신에게 문제가 있는 경우가 많으므로 우선 잠시 져 주며 화를 내는 이유를 수긍한 뒤에, 나중에 쉽게 화가 풀리는 화형에게 다가가 그 사건에 대해 이야기를 나누는 것이 현명한 방법이라고 할 수 있다. 이와 같은 이유로 화형火形 사람을 대할 때는 항상 깍듯하게 예의를 지켜주며, 사회적으로 합의된 행동을 하는 것이 필요하다.

화형火形 관상을 지닌 자들은 대체로 낙천적인 성격을 가졌으며 자신의 감정에 솔직한 편이기 때문에 잘 웃기도 하며 화도 잘 내는 편이다. 또한 감정이 쉽게 변하는 등의 변덕스러운 모습으로 비치기도 하므로 주변 사람들의 신임을 얻지 못하는 경우가 있기도 하다. 하지만 불꽃처럼 순수하며 영혼이 맑기 때문에 음침한 마음을 가지고 주위 사람들을 속이거나 사기를 치는 등의 나쁜 행위를 하지 않고 착한 심성을 지닌 경우가 대부분이다. 이처럼 자신의 재능이나 감정 등의 모든 요소들을 숨기지 않고 주위에 모두 공개하기 때문에 위, 아래 그리고 주위 사람들에게 질투를 받는 경우도 많으며, 자신만의 사리사욕을 탐하지 않는 정의로운 성격을 지니고 있기에 이득이 적은 편이다.

이처럼 화끈하고 불타오르는 성격을 보여 주는 화형火形이지만 더 크고 뜨겁게 불타오를수록 그 재는 더욱 차갑게 식듯이, 주위 사람들은 이 관상을 지닌 사람에게 강하고 감정적이라고 평가하지만 그 속내는 여린 경우가 많다. 즉 주위 사람이 없이 혼자 있는 경우에는 감성적으로 예민하여 우는 경우도 많으며, 이와 같은 자신의 마음을 헤아려주지 못하는 주변 사람들에게 섭섭함을 가지기도 하므로 유의하여야 한다.

화형火形은 이처럼 차분하게 자신의 길을 가는 것보다는 동적이고 움직이는 것을 좋아하는 성질을 지니고 있으므로 혼자서 공부를 하거나 연구를 하는 직업과는 어울리지 않는 편이다. 과거에는 무관으로 성공을 하는 경우가 많았으며, 현대사회에서는 운동선수나 연예인, 예술인 쪽으로 많은 사람들이 진출하고 있고, 어떤 모임에서 분위기 메이커 혹은 대표를 맡는 경우도 자신의 특성을 잘 살린 경우라고 할 수 있다.

3.
토형土形

토(土)형

　토형土形의 관상은 얼굴이 네모진 듯하면서도 크게 각진 곳 없이 가장자리가 둥글다. 주로 원만하다는 인상을 심어 주기에 좋으며, 우리가 사회적으로 '착해 보인다'라는 느낌을 주는 대표적인 관상이기도 하다. 머리와 얼굴은 두터운 편이어서 크며, 토형土形이라는 한자처럼 안색은 흙과 같은 옅은 황색이다. 하지만 우리가 말하는 좋지 못한 안색인 흙빛인 경우는 그 토형의 관상이 부정격不政格, 즉 잘 발현되지 못하였을 경우이며, 토형의 얼굴이 잘 발현된 정격政格의 경우에는 얼굴의 색깔이 적당히 흙의 색을 띤 은은한 황색이어서 고귀한 느낌을 준다. 또한 코가 크고 풍요로워서 소위 말하는 복 코를 가진 사람이 많다. 그리고 입이 크고 입술이 두툼하며 턱도 두툼한 형상이다. 얼굴에 살이 많은 편이고 목이 짧아 사람이 허虛하지 않고 실實하다는 느낌을 준다.

　토형土形의 몸은 중후한 편이 많으며 피부가 두껍고 살집 역시 두툼한 편이다. 그렇기에 전체적으로 사람이 묵직하고 안정된 느낌을 준다. 그리고 허리는 거북이 등과 같이 약간 둥글게 보이지만 앞에서 본다면 똑바른 편이며 견실하고 두텁다. 또 손과 발이 모두 두툼하기 때문에 어릴 적부터 힘을 잘 쓰는 운동 등에서 두각을 나타내는 경우가 많다. 또한 토형土形은 골격까지 묵직하며 살이 뼈를 두텁게 감싸고 있는 형상이기 때문에 다른 관상에 비해서 어디에 부딪히거나 넘어진다고 하더라도 뼈에 심한 손상을 입지 않는 경우도 많아서 부모들에게 안도감을 주기도 한다. 또한 걸음걸이는 묵직하면서도 몸이 가뿐한 느낌을 주며, 걸음이 느린 편이라 주위 사람들과 함께 걸을 때면 혼자서 뒤처질 때가 많다. 이에 반해 앉은 자세는 매우 중후하고 안정된 느낌을 주기 때문에 누군가 앉아있는 모습을 본다면 근엄하다고 느낄 가능성이 크다.

토형土形의 음성은 약간 낮은 소리를 낸다. 그 음성이 깊으면서도 두텁고 묵직하게 가라앉기 때문에 깊은 굴속에서 울리는 소리나 산골짜기가 울리는 샷 같은 울림이 있으며, 저음역대의 목소리 덕분에 상대방에게 신뢰감을 심어 줄 수 있고, 남성의 경우에는 이성에게 호감을 사기에 충분하다. 또한 낮은 음성과 어울리듯이 말수가 많지 않은 편에 속한다. 평소에 자신이 느끼는 감정 같은 것을 잘 이야기하지 않고 혼자 생각하고 있다가 친밀한 관계가 되거나 분위기가 무르익으면 말을 꺼내놓기 때문에 주변 사람들에게 신의가 있다고 평가받으며, 토형에게 자신의 비밀을 털어놓는 사람이 많다.

앞서 언급한 관상에 대한 저서인 〈풍감〉은 토형土形에 대해 이렇게 언급하였다. "토형의 경우 매사에 단정하고 몸이 두터우며, 심중하기 때문에 태산같이 안정되어 있다. 마음속의 계획은 헤아리기 어려우며, 신의는 능히 사람을 움직인다." 매우 정확한 분석으로 과거에 작성된 문헌이지만 요즘 시대에 적용하더라도 전혀 손색이 없다.

대지는 세상의 모든 사물을 포용하고 있다. 인류와 모든 생명체가 그 위에 살고 있다. 세상의 모든 탄생설화를 봐도 땅과 흙, 즉 대지에 뿌리를 두고 인류가 탄생했음을 이야기한다. 심지어 서양에서도 대지의 여신 가이아Gaia로부터 모든 생명체가 탄생했음을 이야기하니 말이다. 이처럼 토형土形의 모습은 그 한자가 의미하는 뜻처럼 넓은 대지와 우뚝 선 웅장한 산이 생각날 정도로 듬직하며 사람이 절대 가볍지 않고 믿음직스러워서 주위의 신망을 얻거나 윗사람과 아랫사람들에게 추앙받는다.

토형은 무슨 일에도 잘 동하지 않는 묵직함을 느끼게 해준다. 땅 위에 수많은 움직임이 있어도 대지는 잘 움직이지 않는다. 지구는 엄청난 속도로 움직이나 땅 위의 모든 것은 대지가 운행하는 것을 느낄 수 없듯이 토형인 사람은 멈추어 있을 때는 무척 안정된 느낌을 준다.

이러한 토형土形이 신체적으로 혹은 심정적으로 움직이게 되면 묵직한 가운데 가뿐한 느낌을 주며 주변 사람들이 주목하게 된다. 또한 덩치가 있고 행동에 무게감이 있기 때문에 겉보기에는 느린 듯하지만 은근히 빨라서 주변 사람들에게서 의외라는 평가를 많이 받는다. 이와 더불어 토형 관상의 사람은 마음속으로 무슨 생각을 하는지 겉으로 잘 드러나지 않는다. 표정의 변화가 적은 편이며, 자신이 생각하는 바를 주위 사람들에게 말하지 않는 편이기 때문에 성미가 급한 사람이나 상대방의 마음을 읽고 싶어 하는 사람은 토형과 이야기하다 보면 매우 답답해하는 경우도 발생한다. 또한 토형은 신용을 매우 중요시한다. 그렇기에 누군가와 약속을 하게 되면 이는 반드시 지켜야 하는 줄 알고 절대로 약속을 어기거나 까먹지 않는다. 일단 약속을 하면 자신이 손해를 보는 한

이 있더라도 꼭 약속을 지키는 편이다. 그래서인지 사람과 사람 간의 신뢰와 오랫동안의 행동과 경험을 바탕으로 쌓인 신용 등이 중요하게 여겨지는 사업가로서 큰 성공을 이루는 경우가 많은 편이다.

이처럼 신용이 중요한 토형의 사람은 오랫동안 알고 지냈거나, 서로 신용이 쌓인 사람의 웬만한 실수는 대수롭지 않게 용납하는 넓은 포용력을 가지고 있는 경우가 대부분이다. 그렇기에 인자하다는 평을 많이 받는 편이며, 선생님이나 직장의 선배로서 그 능력이 발휘될 때에는 아랫사람들이 존경하고 따르게 된다. 그러나 이처럼 상대방을 포용력 있게 감싸 안았음에도 불구하고 상대방이 믿음을 저버리고 배신하는 것을 참지 못한다. 토형 관상을 지닌 사람의 마음은 그것을 얻는 데에는 오랜 시간이 걸리지만, 만약 중요한 한 번의 사건으로 그 신용을 잃게 된다면, 토형은 평생 그 사람에 대한 믿음을 저버릴 것이다. 하지만 너무 중대하지 않은 행동이나 가볍게 여길 수 있는 몇 차례의 실수는 별로 대수롭지 않게 지나가기 때문에 주위에 항상 사람이 많고 인기가 좋은 편이라고 할 수 있다. 하지만 계속해서 신용을 지키지 않거나 배신을 한다면 한순간에 그 사람을 마음속에서 잘라내고 믿음을 주지 않는다. 겉으로는 별 변화가 없어 보여도 마음속으로는 이미 자신의 영역 밖으로 사람을 내쫓은 격이 된다. 토형은 항상 겉으로 드러나는 것과 다른 생각을 하기 때문에 표정이나 말만 보고서 행동하는 것은 매우 섣부르다. 그러므로 토형의 사람을 대할 때는 절대 상대방이 요구하는 선을 넘지 않고 신용과 믿음을 잘 지켜야 한다.

4.

금형金形

금(金)형

금형金形의 얼굴은 금金이라는 한자의 금속성과 날카로움이 의미하는 바처럼 갸름한 듯 길면서 네모 반듯한 것이 특징이다. 얼굴과 이마라인, 턱이 모두 네모 반듯하고 단정한 모양을 띠고 있다. 코와 입, 귀 역시 단정하게 네모진 형태다. 얼굴은 하얀색이며 눈썹이 수려하게 나 있고 눈이 맑고 청아하다. 또한 이가 고르게 나 있고 튼튼하다. 전반적으로 매우 균형이 잡혀있다고 평가받기 때문에 미남, 미녀로 불리는 경우가 많다. 또한 이목구비가 선명하고 서구적인 얼굴형으로 불리기 때문에 연예인들의 다수가 이 관상을 가지고 있다.

금형金形은 몸도 전체의 형상이 네모나다는 인상을 준다. 어깨가 각이 진 편이고, 허리, 등, 손발이 모두 둥글다기보다는 각이 지고 바른 형상이다. 또한 살이 단단하고 거칠기도 하며 피부는 흰색을 띤다. 허리와 배까지도 반듯한 원통형이기 때문에 전반적으로 매우 표준형의 몸매를 가지고 있어 보기 좋다는 인상을 준다. 또한 손이 짧고 작다는 특징도 있다.

골격 역시 전체적으로 각이 진 형상이다. 골격은 실하지만 살이 많지 않다. 모습이 맑고 다리가 길지 않으며 키가 크지 않아서 전체적으로 단단하고 아담한 느낌을 준다. 걸음걸이는 군인처럼 절도가 있다. 마치 잘 만들어진 로봇을 보는 느낌을 주기도 하며, 잘 모르는 사람에게는 '왜 저렇게 긴장하고 있을까?' 하는 의심을 사기도 하지만, 전반적인 생김새가 그런 것이기 때문에 전혀 그 사람의 마음가짐과는 상관이 없다.

금형金形의 음성에는 금속성의 울림이 있다. 금속의 소리, 즉 금음金音은 멀리 가지만, 일그러지지 않으며 윤택하면서 메마르지 않은 편이다. 마치 작은 종이나 옥으로 만든 경의 소리가 흘러가듯 금형의 목소리는 높지만 맑고 청아하게 흘러가는 경향이 있다. 하지만 흩어지지 않으며 높으면서도 격렬하지 않기 때문에 상대방에게 의사가 잘 전달되며, 명료하게 기억되는 특징이 있다. 주로 높은 위치에서 아랫사람에게 하달하는 내용이 잘 이해되기 때문에 상사로서는 좋은 목소리를 지녔다고 할 수 있다.

금형金型은 마치 전반적으로 각진 금속을 연상하게 한다. 금형은 네모 반듯하며 금속의 예리함을 가장 잘 나타내준다고 할 수 있다. 또한 금속의 기운이 가장 잘 발현되는 이가 발달하였으므로 턱 부분이 꽉 차며 각진 모습을 하고 있는 것이 특징이다. 금속으로 만들어진 물건은 단단하지만 모양을 바꿀 수 있다. 그러므로 매우 다양한 분야에서 금속을 재료로 많이 사용한다. 쇠나 금金을 불에 달구면 부드럽게 되고, 이를 다양한 틀에 따라 맞추어서 굳히게 되면 수만 가지 형태와 용도의 물건을 만들어낼 수 있는 것이다. 즉, 차갑고 단단한 금속의 내면에는 필요한 용도에 맞추어 어떤 모습으로든 변할 수 있는 부드러움이 숨겨져 있는 것이다.

이와 같은 금속의 특성과 비슷하게 금형金形의 사람은 겉으로는 강하고 고집이 센 것처럼 인식된다. 외모에서부터 각이 져 있고 날카로운 인상을 주기 때문에 주위 사람들에게 고집불통이고 맺고 끊음이 확실하여 야박하다는 느낌을 주기도 한다. 하지만 그러한 마음속에는 그 누구보다도 따뜻함이 숨어 있다. 전형적인 외강내유外剛內柔 유형인 것이다. 의외로 주위에 도움이 필요한 사람을 잘 도와주며 돈 씀씀이도 쩨쩨하지 않고 시원시원한 편이다. 하지만 도움을 청한다고 무조건 도와주는 것은 아니며, 돈을 지출하는 것이 어디에 쓰일 것인지를 철저히 확인하고 용도가 정확하고 써야 할 곳에 쓴다는 확신이 들어야 돈을 지출하는 편이다. 그리고 일단 한번 마음을 정하여 도와준 것에 대해서는 추후에 받고 못 받는 것은 별로 신경 쓰지 않는 편이기 때문에 쿨하다는 인상을 준다.

이와 같은 사례처럼 금형金形의 관상은 예리하고 옳고 그름이 명확한 타입이라고 할 수 있다. 매사에 논리 정연해 너무 이론적이라는 소리를 들을 수도 있으며, 자신만의 확고한 신념이 있고 냉철한 판단력이 있어서 대세에 흔들리지 않고 자신이 맞다고 생각하는 길을 가는 경우가 많다. 그렇기에 독단적으로 일을 추진하거나 주변을 살피지 못하면 구설수나 갈등이 생길 수도 있으므로 항상 주변을 살피고 자신만의 세계에 빠지지 않도록 주의하여야 하는 상이라 할 수 있다.

금형金形의 기본적인 키워드는 의리와 개혁이라고 할 수 있다. 금형인 사람에게는 의리를 지키는 것이 중요하다. 한번 맺은 신의를 끝까지 지키는 충의忠毅가 있는 편이며, 자신에게 의리를 어긋나는 행동을 하는 사람에게는 가차 없이 마음에서 정리해버린다. 또한 금형의 사람은 단단한 금속의 기운을 이어받았기 때문에 강직하고 불의를 보면 참지를 못하므로 어긋난 일에 대한 개혁改革을 잘한다. 즉 무엇이든, 자신이 어떤 분야에 있든 그곳에 잘못된 점을 찾아내고 이를 바르게 고치는데 재능이 있다. 잘못된 것을 고치려고 할 때 생기는 주변 사람들의 회유나 반작용에 대해서도 매우 철저하게 대처하는 편이며, 뇌물이나 그 밖의 유혹에도 잘 넘어가지 않기 때문에 조직에서 큰 신뢰를 얻게 된다. 결단력이 강하고 단체를 특유의 카리스마를 바탕으로 이끌어가는 통솔력이 좋아서 조직에서 따르는 사람보다는 이끄는 위치에 있는 것이 바람직하다.

또한 금형金形은 단정한 외모와 같이 성품도 단정하며, 이런 스스로의 모습을 좋아하기 때문에 이를 잘 지켜나갈 수 있는 직업 분야에서 일하면 큰 성공을 거둘 수 있다. 금형 관상은 명예를 소중히 여기는 청렴한 무관이 많으며, 현대사회에서는 일반 회사에서는 기술부서나 감사부서에서 금형을 많이 발견할 수 있고, 군대에서 간부로 승승장구하는 사람을 보면 많은 수가 각진 남성적인 얼굴과 크지 않고 마른 몸매에 날카로운 눈빛을 지닌 금형임을 알 수 있다.

금형金形의 상을 지닌 사람들은 자신의 냉철하고 이성적인 성격을 조금은 누그러뜨리며 사는 것이 중요하며, 자신의 신념에 어긋나더라도 상대방의 입장에서 항상 생각하는 마음을 가지고 사는 것이 현명한 처세라고 할 수 있다. 그렇지 않으면 너무 철두철미한 구석이 오히려 자신의 목을 조르는 일이 벌어질 수 있기 때문이다.

5.

수형水形

수(水)형

오행형의 관상 중 가장 마지막으로 알아볼 상은 수형水形이다. 말 그대로 물의 기운이 크게 느껴지는 관상인데, 대체로 수형의 머리와 얼굴은 살이 쪄서 동그랗다. 눈, 코, 귀, 입 모두가 동그래서 매우 온화하며 귀여운 인상을 주게 된다. 또한 눈썹이 매우 무성한 편이며 얼굴은 물水의 기운을 받아 약간 검은 편이다. 앞서 말했듯 수형은 살이 찌기 쉬운 체질이며, 몸도 항아리와 같이 동그란 형상이기 때문에 항상 체중이 너무 많이 불어나지 않도록 유의하여야 한다. 비단 얼굴뿐만 아니라 손도 동그랗고 살이 통통하기 때문에 약간 외모에 대한 콤플렉스를 가지고 있는 경우도 있다. 그리고 다른 오행형의 관상의 경우 눈이 가늘고 긴 것이 현명함, 지혜의 상징이지만 수형水形 관상만 이와 달리 둥글고 큰 눈을 가졌음에도 지적으로 높은 위치에 있는 경우가 많다.

수형水形은 일반적으로 키가 크지 않은데, 전반적으로 살이 많고 둥글둥글한 형상 때문에 실제보다도 키가 더 작아 보이는 경우가 많다. 게다가 허리가 구부정하게 둥글며, 땅을 보고 걷는 경우가 많기 때문에 항상 걷거나 이동할 때 자세에 신경을 쓰는 것이 중요하다.

수형水形의 음성은 그 외모와 비슷하게 둥글며 맑고 급하면서도 여운이 있다. 소리가 작으면 산골짜기에서 샘물이 여울져 흐르는 것 같이 부드러우며, 크면 바다의 파도가 넓고 은은히 흐르는 것 같아서 듣는 사람에게 친절하고 편안하다고 느끼게 하며, 말을 전달받는 사람에게는 경계심을 풀게 만드는 긍정적인 효과가 있다.

물은 투명하지만 깊은 물 속은 그 누구도 알 수 없는 암흑세계다. 이와 같은 물의 특성을 본받아 오행 중 수형水形은 가장 속을 알기 어렵다. 수형은 머리가 좋고 판단이 빠른 편인데, 모든 관상 중에서 지능지수가 가장 높으며 임기응변에도 능하다. 또한 물이 흐르듯이 활동적인 데다가 지능을 바탕으로 유머 감각이 뛰어나기 때문에 인기가 많고 흠모하는 이성이 많은 것이 특징이라고 할 수 있다. 우울감에 빠지기보다는 명랑한 편이고 자신의 감정이나 경험에 대해서 솔직하게 이야기하는 것을 좋아한다. 그래서 항상 기발하고 흥미로운 이야기와 아이디어를 내면서도 뭔가 숨기고 있는 듯한 느낌을 주기 때문에 속내를 알 수 없다고 평가받는 경우가 많다. 이를 답답하게 여기는 사람들이 속마음을 물어봐도 그 똑똑한 언변으로 상황을 모면하기 때문에 상대방은 무슨 생각을 하는지 도저히 알 수 없다고 느낄 때가 많다.

어디서나 유연하게 스며드는 물처럼 수형水形 관상을 지닌 사람들은 어디서나 잘 융화되는 성격이다. 소위 말하는 '좋은 성격'의 대표적인 예로 어떤 집단에서든지 누구와도 편안하게 잘 지낼 수 있으며, 굳이 누군가와 대립각을 세우면서 싸우지 않는 것이 특징이다. 그렇기에 모임에 수형의 관상을 지닌 이가 있으면 그 성질이 잘 유지되고 오랫동안 사람들의 관계가 원만하게 유지될 수 있지만, 단점으로는 만약 모임에서 문제가 발생하거나 갈등이 생겼을 때 우유부단하고 좋게좋게 넘어가느라 실질적인 문제 해결에 큰 도움을 주지 못한다는 것이 있으므로 유의하여야 한다.

또한 물은 움직일 때는 유연하지만 멈춰있을 때는 누군가 건드리지 않으면 한없이 고요하다. 이처럼 수형水形 관상은 밖에서는 자신의 현명한 머리와 좋은 사교 감각, 유머 등을 바탕으로 부지런히 움직이지만, 일을 끝내고 집에 들어가서는 조용하고 게으르게 보일 정도로 움직이는 것을 싫어한다. 주말에는 밖에 나가는 것을 질색하여 집에만 있기도 일쑤인데, 이러한 성격은 살이 잘 찌는 체질인 만큼 과체중이 될 위험이 크므로 항상 체중 관리에 유의하고 비만 및 고지혈증과 같은 질병을 신경 써야만 한다.

그리고 수형水形은 오행형 중에서 기본적으로 복이 가장 많은 형으로 칭해진다. 물론 수형이라고 해서 모두 복이 있는 삶을 사는 것은 아니지만, 대체로 다른 관상에 비해 인상이 편하고 둥글둥글하여 주위 사람들에게 호감을 주므로 많은 기회가 따른다고 할 수 있다. 또한 일을 진행하면서도 주위 사람들을 잘 아우르며 모으는 역할을 하기 때문에 인기가 많고 도와주려는 사람이 많으므로 자연스레 복이 따라올 수밖에 없는 것이다.

수형水形은 기본적으로 머리가 매우 좋은 편이기 때문에 어떤 행동을 할 때 판단이 빠른 편이기도 하다. 만약 어떤 일에 부딪혔을 때는 빠르게 판단하고 바로 행동으로 옮기기 쉬운데 이러한 과정에서 자신이 간과하던 것을 때문에 실수를 하는 경우도 발생하고 이에 따라 주변 사람들에게 신뢰를 잃기도 한다. 따라서 수형의 관상을 하고 있다면 자신을 과신하지 말고 행동하기 전에 다시 한 번 심사숙고하여 잘못된 판단으로 인한 실수를 하지 않도록 유의해야 한다. 만약 주변에 금형金形과 같이 이성적이고 냉철한 판단을 하는 사람이 있다면 도움을 받는 것도 관상의 좋은 궁합의 한 예라고 할 수 있다.

만약 수형水形을 상대할 일이 생긴다면 항상 상대가 기억력이 좋다는 점을 유의해야 한다. 말을 할 때 일관성 있게 해야 한다. 만약 난처한 상황을 일시적으로 대충 넘기려 한다면 수형은 그 오류를 쉽게 찾아내기 때문에 전혀 통하지 않는다. 그리고 좋은 머리와 높은 기억력에도 불구하고 동그란 얼굴과 눈과 잘 어울리듯 겁이 많으므로 대화를 할 때 부드럽게 상대할 필요가 있다. 만약 위압적인 행동으로 수형水形에게 불안과 위협을 느끼게 한다면 무의식적인 자기방어로 들어가 버려서 그렇지 않아도 속내를 알 수 없는 수형이 완전히 감정적으로 문을 닫게 만들기 때문이다.

이처럼 머리가 좋고 사회의 흐름을 유연하게 파악하여 대처하는 수형水形 관상은 대체로 사회적으로 원만하게 잘 사는 경우가 많으며, 금전적으로도 물이 흐르듯 그 흐름을 파악하는데 능해서 풍족한 편이다. 부富와 귀貴를 동시에 가지는 경우가 많으므로 주위 사람들의 부러움을 사는데 목형木形과 같이 깐깐한 타입의 학자가 아닌 온화하고 학생들을 부드럽게 이끌어주는 교수나, 경제관념이 뛰어나 은행가 쪽 직업에서 많이 볼 수 있다.

수형水形 사람들은 타고난 지적 매력으로 주변 사람들에게 상냥하고 친절해서 쉽게 호감을 얻고 친해지지만, 뒷심이 약하고 감정적인 결정을 하기 때문에 수시로 결정을 번복하는 등 변덕스럽다는 게 단점이다. 또한 통통하게 살이 찐 체형을 유지하지 못하고 너무 심하게 살이 찐다든지, 극도로 살이 빠지게 되면 그 타고난 복福이 모두 사라지기 때문에 유의하여야 한다.

성형으로 인생도 달라질까?

"코를 더 세우면 인기가 많아지겠죠?"

관상을 궁금해하는 사람들이 매우 자주 묻는 것이 바로 '성형'
이다. 얼굴 중 마음에 들지 않는 부분을 바꾸면 관상도 달라진
다는 게 자연스러운 연상이기 때문이다. 인기 있는 연예인과 닮
게끔 얼굴을 바꾸면 그 연예인과 비슷한 삶을 살 수 있다고 생
각하기도 한다. 그렇다면 정말 성형으로 인생도 달라질까? 여기
에 대한 대답은 조심스러울 수밖에 없다. 'YES or NO', 둘 중
어느 것이라고 확실하게 말하기가 참 어렵기 때문이다.

일란성 쌍둥이라면 가까운 사람도 구분하지 못할 만큼 매우
닮은 얼굴을 갖고 있다. 하지만 자라는 환경이 달라지면 그 둘의
운명도 마법처럼 달라진다. 실제로 일란성 쌍둥이의 삶을 추적
하여 관상과 삶의 무관함을 증명하려는 연구는 꽤 있었다. 이런
결과를 본다면 관상은 무용하다 느낄 수 있다. 하지만 대부분의
사람은 쌍둥이가 아니기에 반대로, 외모에 큰 흠결을 주는 특정
부위를 성형하자 신기하게도 인생이 뒤바뀐 사례가 더욱 많다.
고민을 느끼고 있던 이목구비를 좋은 방향으로 바꾸자 과거와
는 전혀 다른 운의 흐름이 시작된 셈이다. 이런 결과를 본다면,
관상은 매우 유효한 것이 되고 삶의 변동에 큰 영향을 주는 요
소가 된다.

결과적으로 보았을 때, 얼굴에는 그 사람이 날 때부터 가진 흔적이 남아있다. 천성과 큰 성격, 삶의 큰 줄기 말이다. 성형을 한다고 해서 관상이 100% 바뀌는 것은 아니다. 타고난 얼굴의 모양과 이목구비 간의 연관성 때문에 한 요소를 바꾼다고 관상이 통째로 바뀌지는 않는다. 하지만 작은 단점이 아니라 큰 단점을 개선하면 굵은 줄기가 바뀌기도 한다.

"얼굴의 어떤 요소가 큰 흐름을 막고 있는지 살펴보세요."

예를 들자면, 관상에 있어서 흐름을 막고 있는 요소가 '비뚤어진 코'인데 턱에 실증을 느껴 턱을 성형했다고 가정해보자. 결국 관상에 부정적인 영향을 미치는 코는 변함이 없으므로 관상이 크게 바뀌지 않는다. 성형을 했음에도 삶이 크게 바뀌지 않는 케이스가 되는 셈이다. 그렇기에 '모든 성형이 관상을 바꾸는가?'에 대한 대답은 무조건 YES가 되지는 못한다. 바뀌더라도 당사자가 느끼기에 유효하지 못할 수도 있다.

그러므로 만약 성형을 고민한다면, 철학관을 방문하여 상담을 먼저 해보는 걸 추천한다. 이목구비 중에 무엇을 건드려야 하는지 몇 가지 요소를 추려낸 다음 그중에서 자신의 취향과 현실적인 조건을 고려하여 성형하는 게 좀 더 현명한 접근방법이라고 말해주고 싶다. 물론 인위적인 개입으로 얼굴을 바꾸는 것은 타고난 모양보다 운명에 미치는 영향력이 저다는 사실도 일 아주면 좋겠다. 가장 좋은 것은 성형을 통해서 인위적으로 바꾸기보다는 후천적인 노력, 즉 삶에 대한 태도를 바꾸고 환경을 개선시켜서 자연스럽게 관상이 바뀌도록 하는 일이다. 어떤 표정을 짓고 사느냐, 어떤 일을 하고 사느냐에 따라서도 얼굴이 바뀌는 사실은 누구나 알 것이다. 성형보다 이 점이 중요하다.

7장

관상 2

얼굴 및 신체와 말씨도 포함하는 관상

감정을 잘하려면 어떤 소양이 필요한가?

명리학을 공부하다 보니 하나 깨닫는 것이 있었다.

사주는 물론이거니와, 작명, 손금, 관상까지 일맥상통하는 이야기라고도 할 수 있는데, 바로 '사고의 유연성'이다. 경직된 사고를 가졌거나 시야가 좁은 사람은 사주풀이에 지장이 많다. 물론 명리학에도 꼭 암기가 필요한 부분들은 있다. 그러나 그러한 내용은 어렵지 않다. 누구에게 가져다주어도 잘한다. 진정한 역술인이 되고자 한다면 그보다 필요한 소양이 바로 '통찰력'이다. 오행을 근거로 유연한 추리력이 필요하며, 세상살이 경험을 바탕으로 한 통찰력, 응용력, 유연한 사고력이 필수적이다. 이러한 부분이 갖추어지지 않는다면 사실 역술을 공부하는 이들 스스로도 명리학을 어떻게 활용해야 할지 갈피를 못 잡고 헤매게 된다.

"귀에 걸면 귀걸이, 코에 걸면 코걸이 아니냐?"

내가 역술을 배운다는 것을 듣고, 역술을 배운 적 없는 한 친구가 술자리에서 건넨 말이다. 어째서 그런 생각이 들었느냐고 물으니, 사주, 관상, 손금을 볼 때마다 본인의 성격이나 살아온 세월에 대해 역술가마다 달리 이야기하더라는 것이었다. 나도 호기심이 생겨 어디에서 본 것이냐 물어보았다. 알고 보니 전문적으로 배운 사람들에게서 본 것이 아니라 역술에 관심이 있다는 사람들이 인터넷에 떠도는 몇 가지 내용만 읽고서 봐준 모양이었다.

"어? 코가 큰 편이네? 그럼 너는 부자가 될 상이다."
"모년 모월 모일 모시에 태어났다고?
말띠 여자는 팔자가 억세다더라."

이런 식이었다. 이는 정말 잘못된 사례다. 명리학은 사람의 생년월일과 남녀구분, 음력양력 구분을 통해 오행과 기의 흐름, 십신을 파악해야 한다. 이로써 길흉과 그 사람의 성향, 앞으로의 나아갈 길과 건강, 재물운, 자식운, 결혼운, 직장운 등을 파악한다. 관상이나 손금 또한 다르지 않다 엄연히 명확한 기준이 있고 이를 바탕으로 내담자의 현재 상황 및 향후 일어날 가능성이 있는 일을 파악하여 전달하는 것이 역술가의 역할이다. 그리하여 내담자의 인생의 나침반이 되어 주어야 하는데, 이와 같이 편파적으로 한 부분만 보고 단정하는 것은 정말 잘못된 감정이다.

사주 판단에는 단식 판단(한가지 방식으로 모든 것을 판단하는 법)과 복식 판단(여러 가지 방식으로 혼합하여 판단하는 법)이 있는데 단식으로 판단하는 방법은 논리적이지 않은 채 큰 오류를 범하는 경우를 많이 본다. 친구에게도 차근히 설명을 해 주니 오해를 풀고 오히려 지금은 집안 대소사까지 나에게 상담을 하러 찾아온다. 만약 이 책을 보며, 역술가의 길을 꿈꾸는 이가 있다면 이 부분만큼은 꼭 염두에 두고 공부해나가기를 바란다.

1.

관상은 반드시 얼굴에만 국한되는 것이 아니다

많은 이들이 관상에 대해 오해하는 것 중 하나는 관상이 얼굴 생김새에만 집중한다는 것이다. 눈이 어떤 모양인지, 코가 어떤 모양인지와 같은 지엽적인 부위에 대한 관찰을 바탕으로 그 사람의 운명을 알기를 바라지만, 사실 관상은 부위 하나하나의 생김새보다는 그 사람을 둘러싼 전반적인 생김새와 움직임, 그리고 기운을 보고 사주를 파악하는 것에 가깝다.

얼굴에서도 그 사람의 길흉吉凶은 한 부위의 모양으로 판가름나는 것이 아니라 전반적인 모양과 조화로 오행五行을 나누어 판단하며, 더 중요한 것은 그 사람의 전체적인 모습이라고 할 수 있다.

그러면 어떻게 한 사람의 전반적인 관상을 파악하고 이를 바탕으로 사주와 운명을 알아보는지 구체적인 방법들과 요소들을 알아보자.

2.
무엇을 관찰해야 할까?

우선 사람의 관상을 파악할 때는 그 사람의 포괄적인 요소를 모두 관찰하는 것을 기본으로 한다. 얼굴은 물론이고 머리와 몸, 목과 배와 등과 허리 그리고 팔과 다리, 그리고 손과 발 등 모든 신체를 구성하고 있는 부분들을 유심히 보고 파악하여야 한다.

또 단지 타고난 생김새뿐 아니라 서고 누울 때나 앉은 자세에서도 그 사람의 기운이 중요하게 드러나며, 걸음걸이나 움직일 때의 속도, 그리고 사람을 대할 때나 말할 때의 태도도 살펴본다. 또한 사람의 피부와 그곳에 난 체모體毛의 색상도 당연히 관찰하여야 하는 대상이며, 주름이나 점 등의 상태도 살펴본다. 비단 신체에 귀속된 부위만을 보는 것이 아니고 말할 때의 음성이나 체취도 빼놓지 말아야 할 중요한 요소이며, 눈빛과 기세 등도 잊지 말아야 한다.

이와 같이 '사람의 관상을 본다'고 함은 단순히 눈, 코, 입이 어떻게 생겼는지를 파악하는 좁은 의미가 아니라 그 사람에 대한 종합적인 데이터를 철두철미하게 관찰하고 판단하는 것이라고 할 수 있다.

3.
관상을 파악하는 다양한 방법

사람의 전반적인 생김새와 기운을 살피는 것이 관상이라면 어떤 요소들을 가지고 판단하여야 하는지가 중요한 문제로 남는다. 많은 얼치기 관상학자들이 만들어낸 잘못된 정보들이 인터넷과 언론 등에 퍼져 대중들에게 혼란을 주고 있기에, 관상을 보는 것이 어렵고 부정확하다고 하는 사람들이 많다. 하지만 이러한 판단은 관상에 있어 무엇이 좋고 나쁜 것인지, 무엇이 중요한 운명을 결정짓는 요소인지 모르기 때문에 나오는 생각이라고 할 수 있다. 그렇다면 좋고 나쁜 요소는 무엇이며 어떤 기준들에 따라 관상을 파악하여야 하는지를 살펴보도록 하자.

■ 얼굴을 포함한 관상 파악법

1. 길고 짧음

사람의 얼굴이나 몸에서 그 인상을 결정짓는 중대한 요소 중 하나는 바로 길이다. 얼굴의 길고 짧은 요소에 따라 그 사람이 주는 느낌이 천차만별로 달라지며, 신체의 길이는 더할 나위 없이 중요하다고 할 수 있다.

2. 얼굴의 길이를 살피는 법

얼굴을 삼등분하여 나누는 삼정三停의 길이가 균등한지를 보는 것이 우선이다. 삼정에서 정은 '머무를 정停' 자로, 그 사람의 나잇대별로 길흉吉凶이 머무르는 자리라는 뜻이다. 즉 삼정을 관찰해 인생의 초년, 중년 그리고 말년의 운의 흐름을 알아보는 것이다. 만약 삼등분의 가장 윗부분인 이마부터 눈까지 상정上停이 좋다면 그것은 그 사람의 초년운이 좋다고 판단된다. 그리고 각각 눈부터 코 아래 인중까지를 의미하는 중정中停과 인중부터 턱 끝까지를 의미하는 하정下停을 보고 중년의 운세와, 말년의 사주팔자를 파악할 수 있다. 만약 이 삼정의 길이가 잘 어울리지 않거나 어긋나 있다면, 각 세대별로 운세가 뒤틀리거나 흉凶한 기운이 있을 수 있으므로, 얼굴에서의 길이가 잘 나누어져 있는 것이 중요하다고 할 수 있다.

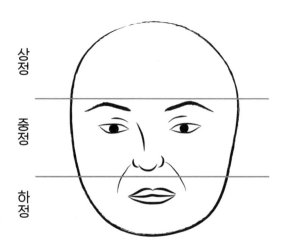

상정

중정

하정

각 부위는 상대적으로 파악하자

얼굴 안에서 눈이나 눈썹, 귀, 코, 입도 길이를 관찰하여야 한다. 누군가는 특정 부위에 따라서 어떤 부분이 길어야 한다, 어디는 짧아야 한다, 이런 식으로 단순한 판단 기준을 내리기도 하지만, 이는 전반적인 조화를 모르고서 하는 이야기이다. 그렇다면 눈이나 코, 입 등의 길이는 얼마나 길고 짧아야 하는 것일까? 여기에 대한 나의 의견은 '일정한 길이로 규정할 수 없다'이다. 사람마다 얼굴이나 신체 각 부분의 크기와 길이, 생김새가 모두 다르다. 그렇기에 절대적인 하나의 기준을 바탕으로 신체 부위의 길고 짧음을 바탕으로 관상을 본다고 하는 것은 엉터리일 확률이 높다. 그러므로 얼굴의 상을 볼 때는 그 사람이 가진 얼굴의 길이와 폭에 따라 가지고 있는 눈, 코, 귀, 입의 길이가 서로 균형과 조화를 이루고 있는지를 파악하는 것이 중요하다. 즉, 길이로 관상을 파악하는 데 중요한 요소는 바로 '상대성'이라고 할 수 있는 것이다

3. 두터움과 얇음

일반적으로 피부와 살은 두꺼우면서도 부드러운 상태로 탄력이 있는 것을 좋다고 판단한다. 피부가 지나치게 얇거나 극도로 말라 탄력이 없다면 그 사람은 좋지 못한 기운을 가진 경우가 많다. 그리고 뼈대와 전체적인 몸집 역시 굵고 가늚에 따라 살이 적당하게 균형을 이루어야 한다. 콧등도 두툼하면 재복財福이 있고 가족이 번성하고 오래 사는 반면, 살이 없고 좁으며 날카로운 콧등은 흉凶한 것으로 여겨지며 좋지 않은 관상이다. 귀 역시 살이 두툼한 것이 주변에 사람이 많이 머

무르게 되고 인복人福이 있는 사주를 지니게 된다.

또한 최근에는 사람의 비율이 좋아 보이기 위해서 머리 크기가 작은 것이 좋다고 유행하고 있지만, 사주팔자로 보았을 때는 머리에도 적당히 살이 있어 두터운 것이 명석한 두뇌를 지닐 뿐만 아니라, 주위 사람들로부터 신망을 얻고 높은 자리에 갈 수 있는 것으로 판단되기 때문에 너무 머리 크기가 작은 것은 좋지 못하다.

항상 오행을 참고할 것

단일한 한 가지의 절대적인 기준으로 모든 것을 판단할 수는 없고, 오행형을 함께 참고하여 각각의 오행형에 따라서 살이 찐 것과 마른 것이 각각 좋고 나쁘다고 판단하는 것이 좀 더 정확한 결과를 담보할 수 있다. 우선 수형水形이나 토형土形은 살이 많은 것이 나쁘지 않다. 그러므로 조금 뚱뚱한 체형을 지녔어도 사람이 호감을 주며, 복을 들어오게 하는 편이다. 이에 반해 목형木形이나 화형火形은 마른 것이 나쁘지 않다. 목형과 화형이 너무 체중이 많이 나가고 두터운 몸을 가지게 되면 오히려 건강에 위협이 가고 좋지 못한 사주로 접어드는 경우가 흔하다.

4. 넓고 좁음

넓이가 넓어야 할 곳은 넓어야 하고, 좁아야 할 곳은 좁아야 한다. 이 요소 역시 단순히 어느 부위가 넓거나 좁으면 좋다, 나쁘다라고 단순히 비교할 수 없다.

· 이마

이마가 삼정이 균등하면서 폭도 적당히 넓어 보인다면, 삼정의 윗부분인 상정上停 덕에 초년운이 좋을 뿐 아니라, 주변 이성에게 인기가 많으며, 그러면서도 색色에 탐닉하지 않고 똑바른 삶을 살게 된다. 이는 삼정의 다른 부분에서도 마찬가지인데, 특히 중년의 운세를 좌지우지하는 눈부터 코까지를 의미하는 중정中停이 적당히 넓은 사람은 자식복이 있으며, 중년의 삶에서 재복과 처복이 있다.

· 턱

'턱이 넓다, 턱이 좁다'라고 많이들 이야기하는 하정下停 역시 넓고 좁음이 매우 중요한 부분이다. 최근 인기가 있는 얼굴형은 대부분 턱이 좁고 날카로운 인상을 선호하지만, 관상학에서는 턱이 넓은 사람들이 주변 사람들을 잘 품을 수 있을 뿐 아니라 말년에도 그 권위를 잃지 않고 주변 사람들로부터 신망을 계속해서 유지할 수 있으며, 재물이 다른 곳으로 함부로 새지 않는 등 다양한 장점이 있는 것으로 보므로 노년운에서는 넓은 턱을 가진 사람이 좋다고 할 수 있다.

· 눈썹

눈썹과 눈썹 사이를 일컫는 인당印堂의 넓이도 매우 중요한 부분이다. 인당이 좁은 사람은 옹졸하며 자신의 감정을 잘 숨기지 못하고 주변 사람들에게 다 드러내기 때문에 주변에 사람이 없어 항상 외롭고, 큰일을 도모하지 못한다. 이에 반해 눈썹과 눈썹 사이가 먼 사람은 대부분 인자하며, 주위의 실수에 대해 너그럽게 대처하기 때문에 높은 자리에 올라갈 확률이 높다. 그러나 인당이 너무 넓은 것은 사람이 우유부단하며, 중요한 타이밍에서 결정을 내리지 못하는 데다가, 재물이 빠져나가는 관상이기 때문에 적당히 균형을 맞추며 넓은 것이 좋다고 할 수 있다.

· 입술

두꺼운 입술   얇은 입술

입술도 적당히 넓어서 길어야 한다. 넓은 입술은 정이 많고 충직하고 애정이 풍부하며, 여기에 입술 색이 선명하면 생활력까지 강해 금전적으로도 넉넉한 사주를 지니고 있다. 또한 입술이 넓으면 맛있는 음식에 대한 식욕이 크기 때문에 건강하지만 음식이나 술을 너무 과도하게 섭취하는 바람에 살이 찌는 것을 경계하여야 한다. 또한 넓은 입술은 강한 인내심을 드러내지만 이에 대한 반대급부로 너무 느긋하다, 생각이 많다, 뜸 들인다 등의 지적을 받을 수도 있으므로 경계하여야 한다. 또한 다른 사람에 대한 정이나 이해심이 깊기에, 이런 부분을 오히려 사람들이 이용할 수 있으니 항상 주의하여야 한다.

이와 반대로 좁은 입술의 경우 예민하고 초조해지기 쉬워 스트레스를 받기 쉽고 애정이 부족하며 상대에게 무관심 면이 많고, 냉정할 수 있다. 또한 정이 없기 때문에, 다른 사람에 대한 이해심이 부족하다는 평가를 받기도 한다. 하지만 이러한 단점만 있는 것이 아니라 자신의 감정을 잘 나타내지 않는 점이 있으므로 차분하고 냉정한 판단을 내릴 때 유리하며, 높은 경쟁심을 바탕으로 자신에게 어려움이 닥쳤을 때 끈기를 가지고 극복해 나가는 능력이 있기도 하다. 그리고 지식이 많다 보니 가끔은 고정관념이 뚜렷해서 너무 이론적으로만 이야기를 하는 경우가 많으며, 간혹 잘난척한다는 평가를 듣기도 하지만 임기응변이 능하고 입담이 좋아 사람들에게 인기가 많기도 하다.

· 귀와 코, 배꼽

귀도 길이가 길뿐 아니라 폭도 적당히 넓어야 한다. 콧등도 넓어 보이는 것이 당연히 좋다. 귓구멍도 넓은 것이 좋다. 콧구멍은 너무 넓으면 재물이 깨지는 것이요, 반대로 너무 좁으면 너무 인색해진다. 배꼽 역시 넓은 것을 좋다 여긴다.

5. 평평함과 들어가고 나옴

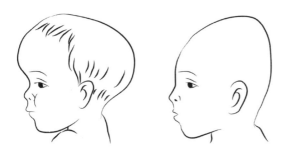

이마의 형태 중에서 가장 좋다고 하는 모양은 입벽立壁이다. 글자 그대로 벽이 단단히 서 있는 것 같은 형태가 좋은 것이다. 즉 풀이하면 이마가 판판한 것이 좋으며 중간에 우묵하게 들어가 있거나, 어떤 부분이 툭 튀어나온 모양은 나쁘다고 판단하는 것이다. 이마가 붕긋하게 나오는 것 역시 좋은 관상이다. 그러나 만약 여성의 이마가 너무 둥글게 나오는 것은 음양의 이치에 반대되는 것으로 여겨지며, 너무 기운이 강해서 인생에 있어 화를 겪는 경우가 많으므로 유의하여야 한다. 이마가 반듯하게 서지 않고 뒤로 기운 것 같은 모양 역시 좋지 못한 것이다.

또한 눈은 너무 튀어나온 것과 너무 깊이 움푹 들어간 것 모두 나쁘다. 약간 불룩한 것이 좋으며, 눈두덩에 살이 많은 것은 부처의 상으로 인자하며 주위 사람들에 대한 애정을 베풀게 된다. 이처럼 오관이나 신체의 각 부위의 평평하고 들어가고 나감은 적절히 부위의 조화가 잘 어울리는지를 살펴보고 좋고 나쁨을 판단하면 된다.

6. 높고 낮음

오악에 속하는 이마, 코, 양쪽, 광대뼈, 턱 부분은 높이 나와야 좋은 관상으로 본다. 하지만 무조건 높기만 해서 좋다는 것은 아니고 주위의 얼굴 부위와 비교하여 상대적으로 높아야 한다. 그리고 얼굴에서는 코가 가장 높게 솟아야 한다. 코의 높이는 그 사람의 자존감의 높이를 보여 주며,

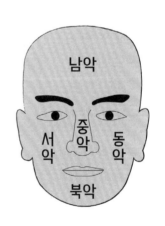

코가 낮은 사람은 자의식이 없고, 매사에 적극적이지 못하기에 사람들이 거의 따르지 않는다. 그리고 코 주변의 양쪽 광대뼈와 턱 역시 적

당히 높아야 한다. 만약 주변이 별로 나오지 않고 코만 높은 것은 좋은 상이 아니다. 반대로 코가 낮은데 주변이 너무 강한 것도 좋지 못하다. 전자는 주변의 도움이 적고 본인의 의지가 강하다. 후자는 주변의 간섭이 심하고 주체성이 결여된다. 귀도 앞에서 보아서 눈이나 눈썹의 위치만큼 적당히 높아 균형을 맞추는 모습을 지니는 것이 좋다.

7. 곡선과 직선

부드러운 선을 좋게 보고 각이 지고 예리한 것은 좋지 못한 관상으로 보는 것이 일반적이다. 갸름하면서도 외곽선이 부드러운 것이 좋다.

· 눈

특히 눈이 부드러운 곡선을 지니면서 길게 빠진 눈은 관상학에서 최고로 치는 모양이며, 주위 사람들의 인망人望이 극도로 높게 되며, 높은 자리에 오르게 되는 상이다. 하지만 직선을 이루는 눈은 좋지 못하며, 외곽선이 너무 급격한 곡선이나 삼각형으로 예각이 지는 것 역시 좋지 못한 상이다.

· 코

코는 앞에서 보아서 콧등의 선이 직선이라야 한다. 옆에서 보았을 때도 콧등의 선은 직선을 이루는 것이 좋다. 소위 매부리코라고 말하듯이 콧등이 곡선을 띠고 있거나 휘어 있으면, 운세에 큰 변화가 있으며, 화를 겪게 되는 경우도 많다.

· 눈썹

　눈썹 역시 전체적으로 부드러운 곡선이 좋다. 활처럼 부드럽게 휘어
진 눈썹은 주위 사람들에게 호감을 쉽게 살 수 있으며, 어떤 모임에
가서든지 부드러운 성격으로 화목하게 지낼 수 있다. 하지만 직선적인
눈썹은 주위 사람들과 갈등을 쉽게 빚을 뿐 아니라 자신의 의견이 관
철되지 않았을 때 화를 내는 경우가 많기 때문에 좋지 않다.

8. 종과 횡

　관상에서 얼굴 중 가로로 길어서 좋은 것은 눈과 눈썹 그리고 입이
다. 그 외에는 가로로 퍼지는 형상은 일반적으로 좋지 않게 본다. 만
약 광대뼈가 너무 옆으로 퍼지는 횡골橫骨의 경우에는 수다스럽고 욕심
이 과하다고 판단되이 좋지 않다. 즉 큰 공을 세워 더 높은 자리를 차
지하려는 호승심이 강하다고 본다.

9. 상하

　눈과 눈썹 그리고 입은 전체적으로 수평을 이루는 것이 좋다. 어느
한 부분이 삐뚤어지거나 수평이 맞지 않는다면 얼굴의 전반적인 조화
가 무너지게 되고 좋지 못한 사주를 지니게 된다. 또한 눈과 눈썹이
위로 치켜 올라가거나 아래로 향하는 것은 좋지 않다. 그리고 눈과 입
꼬리는 둘 다 약간 위로 향한 듯한 것이 좋다. 너무 눈과 입이 아래로
처지게 되면 사람이 우울함에 빠지기 쉽고 주위 사람들의 험담을 하
는 경우가 많아서 신망을 쉽게 잃는다. 귀는 전체적으로 앞에서 보아
눈이나 눈썹보다 위쪽에 자리 잡는 것이 가장 좋다. 귓불은 앞쪽으로

약간 들려 올라간 듯한 것이 좋은데, 그 각도가 정확히 얼굴과 45도를 유지하며 하늘을 보게 되면 관운官運이 있다.

10. 기골奇骨

기골奇骨의 유무는 중요한 변수이다. 남들에 비해서 특이한 뼈의 모양을 지니는 기골이 있을 경우 좋은 상을 지닌 사람에게 더욱 강한 운이 있다고 보며, 좋은 관상을 유명한 인물에게는 절대다수가 이러한 기골을 하고 있기도 하다. 그리고 만약 그 사람의 상이 조금 좋지 못하더라도 기골奇骨이 있다면 최소한 일시적으로라도 크게 발전할 수 있다고 판단할 정도이니 관상에서 얼마나 중요한 부분인지 알 수 있다.

복서골과 금성골

복서골은 정수리의 뼈가 남들보다 조금 높게 솟은 것으로, 모자를 쓴다거나 할 때 불편할 수 있지만, 천운天運을 타고 난 것으로 보며 후대에도 길이 남을 사람이 된다고 본다. 그리고 이마의 눈썹 위에서 머리까지의 뼈를 의미하는 금성골이 발달 된 사람의 경우 과거부터 "지위가 삼정승三政丞이다."라고 칭해질 정도로 추앙받았으며, 최근에도 높은 지위에 있는 정치인이나 경제인, 법조인들 중에서 금성골을 가지고 있는 사람을 심심찮게 찾아 볼 수 있다.

11. 균형과 조화

얼굴과 신체가 전체적으로 균형이 맞는 것이 좋다. 얼굴에서 어느 한 곳만 너무 크거나 작은 것, 어느 한쪽이 높거나 낮은 것, 넓거나 좁거나 한 것은 모두 균형이 깨진 것으로 좋지 않다. 관상을 본다는 것은 단순히 한 부분만 보고 좋다 나쁘다를 판단하는 것이 아니다. 전체적으로 그 사람이 가진 기운을 먼저 보고, 각 부위가 상대적으로 어떻다는 것을 판단하는 것이 옳다. 균형과 조화가 이루어진 것만큼 복록福祿이 갖추어진 것이다.

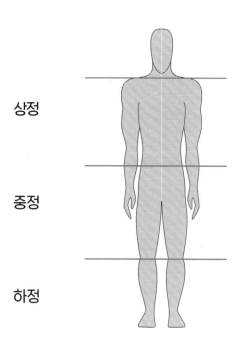

첫째로 길이의 균형,

둘째로 면적의 균형,

셋째로 음양의 균형,

넷째로는 몸과 얼굴의 균형이다.

삼정의 균등성, 삼첨격三添格의 균일함, 육부, 들어간 곳과 나온 곳(음양) 등 얼굴 외에도 남녀의 차이, 뼈와 살의 균형, 오행 등을 고려하여야 하겠다. 남자가 양, 여자가 음이듯이 살은 양이고 뼈는 음이다. 머리와 몸으로 따지면 머리 부분이 양, 몸통이 음이다. 이러한 균형이 맞고 조화가 있을 때 좋은 관강이라고 부를 수 있다.

■ 얼굴 외 관상 파악법

1. 바르고 삐뚤어짐

당연한 말처럼 느껴질 수도 있지만 기본적으로 얼굴이나 몸의 형태가 전체적으로 바른 것이 좋다. 눈과 눈썹, 입은 가로로 수평을 이루는 동시에 어느 한 곳 삐뚤어진 부분이 없어야 하며, 코나 귀 역시 휘지 않고 수직으로 내려와야 좋다. 사람의 전체적인 자세 역시 한쪽으로 치우치는

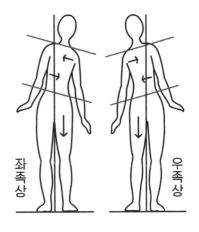

좌족상

우족상

것은 나쁘게 여긴다. 또 형태가 곧바른 것이 좋고 휘어지거나 틀어진 것은 좋지 못한 형상이다. 좌우의 균형이 깨진 것도 당연히 좋지 않다. 다른 부위에 비해서 자세의 경우에는 어릴 때 교정을 통해서 고치기가 쉬우므로 좋은 사주를 위해서는 아이가 어릴 때부터 자세를 잘못 취하고 있지는 않은지 항상 점검하며 바른 자세로 교정하는 것이 중요하다. 하지만 어릴 때 자세가 좋던 사람도 나이가 듦에 따라 자세가 흐트러져 삐뚤거나 구부정한 자세를 취하게 되는 경우가 많은데, 이러한 사람의 경우 좋지 못한 관상을 가지게 된다.

2. 흉터, 점, 흑지

기본적으로 얼굴에 흉터나 흑지(黑痣: 검은 사마귀), 반점, 검은깨, 기미 등이 있는 경우에는 좋지 않은 것으로 본다. 얼굴은 깨끗하고 흉터나 잡티가 없는 것을 좋은 관상으로 보기 때문이다. 하지만 사람들에 눈에 띄지 않는, 옷에 충분히 가리어지는 몸에 있는 점은 대체로 좋다고 여겨진다. 점이 위치하는 각 부위에 따라 그 길흉의 해석을 할 수 있으며, 특히 새로 태어난 아이의 경우에는 유년운기를 살필 때 얼굴이 아직 성장하기 전이므로 몸에 있는 점으로 판단하는 경우가 대부분이다. 이러한 몸의 점을 보고 길흉吉凶을 판단하는 것은 기본적으로 점의 형상이나 색상 등에 따라 좋고 나쁨을 판단하는 것이 일반적이다.

3. 음성

흔히들 관상을 볼 때는 시각적인 부분에만 집중하기 마련이지만, 청각의 영역인 목소리 역시 그 사람의 사주팔자에 수많은 데이터가 들어 있으므로 절대 간과해서는 안 되며, 잘 들어봐야 한다. 사람의 음성은 몸 안에 들어 있는 내기內氣의 발출로 보기 때문에 사람이 가진 몸의 기를 직접적으로 판단할 수 있는 중요한 기준이 되는 것이다. 기본적으로 음성은 배로부터 나오는 듯하게 들려야 한다. 목소리가 깊지 못하고 목에서 나오는 것 같은 얕거나 긁는 듯한 목소리는 좋지 못한 것이다. 음성이 맑고 중후한 것은 좋다. 너무 고음이거나 너무 저음인 것은 좋지 못하다. 또한 목소리의 여운이 긴 것이 좋고, 여운이 짧은 것은 나쁘다.

4. 체취

앞서 목소리에 대한 관상 파악에서 시각視覺의 영역이 아닌 청각聽覺의 영역도 살펴보아야 한다고 말했다. 이뿐만 아니라 후각嗅覺의 영역에서 체취 역시 사람의 관상을 보는 데 중요한 요소 중 하나이다.

"귀한 사람은 향기가 나는 풀을 몸에 지니지 않아도 자연히 향기가 난다." - 〈마의상법〉 상육相肉 편

이렇듯 체취의 관점에서 좋은 것은 그 사람 몸에서 자체적으로 향긋

한 향기가 나며, 주위 사람들을 이끌게 된다. 나쁜 체취는 아무리 잘 씻더라도 퍼지기 때문에 주위 사람들이 접근을 꺼리게 되며 사람들의 신망을 얻지 못한다.

5. 거칠고 매끄러움

머리털이나 눈썹 그리고 피부는 모두 매끄럽고 윤이나 보여야 좋다. 피부와 털이 거칠고 먼지가 낀 듯 뿌옇고 탁한 것은 좋지 않은 복을 가진 관상으로 여기는 것이다. 하지만 항상 얼굴과 몸의 모양만을 관찰하는 것은 전반적인 기운과 사주를 간과하는 것이다. 비단 두 부분뿐 아니라 모든 부위가 투명한 듯 맑고 윤이 나는가를 항상 잊지 말고 살펴야 한다.

6. 단단함과 부드러움

뼈는 둥글고 단단하며 무거워야 하며, 각지고 약한 것과 가벼운 것은 좋지 않다. 그리고 살을 만져보아 부드러우면서도 탄력이 있어야 한다. 살이 너무 단단하면 사람이 너무 깐깐하고 융통성이 없어 주위에 사람이 없게 된다. 또 반대로 너무 무른 살을 지닌 경우에는 줏대가 없고 자의식이 없어 주위 사람들로부터 무시를 당하는 경우가 많으므로 적당히 단단한 것이 가장 좋다. 가장 좋지 않은 것은 살이 팽팽하게 조이고 피부가 거친 것이므로 유의하여야 한다. 만약 피부가 북鼓의 가죽과 같이 팽팽하다면 성격이 너무 올곧은 데다가 주위 사람들과 화합하기가 힘들어서 성격적으로 명命이 길기 어려울 것이다. 살이 부드럽고 아울러 따뜻하다면 평생토록 재앙이 적은 것이다. 살이 늘어지면 안 된다. 만약 나이가 들어 살이 처지는 것이 아닌, 어린 나이에도 살이 늘어진 사람의 경우 성격이 유약하고 막힘이 많아 많은 화를 겪게 된다.

7. 조응朝應

조응이라 함은 한자 뜻 그대로 서로 응하는 것이다. 예를 들어 얼굴에 있는 오악에서 좌우 광대뼈가 코를 향해 모이는 듯한 형상은 좋은 것이며, 서로 등을 돌리듯이 밖으로 향하는 것은 좋지 않은 모습이다. 또한 이마와 턱의 형태에서도 이마가 평평하거나 붕긋하게 나온 것, 턱이 약간 앞으로 나오는 형상, 귀의 위치가 높은 것도 조응이 좋은 것으로 본다. 귀의 귓불이 앞을 향해 약간 들린 듯한 것도 조응의 좋은 모습으로 큰 병 없이 장수할 수 있으며, 돈이 저절로 들어오는 관상이라 할 수 있다.

8. 묵직함과 가벼움

앉은 자세가 묵직한 것은 좋다. 앉은 자세가 묵직하지 못하고 가볍게 동요하는 것은 좋지 않다. 걸음걸이도 묵직하면서 날렵한 면이 있어야 한다. 걸음이 급하고 가볍게 튀는 모습이 있으면 사람이 신중하지 못하고, 주위 사람들로부터 신뢰를 얻지 못하기 때문에 좋지 않다. 또한 전체적인 분위기가 묵직한 것이 좋다. 반대로 전체적인 느낌이 가볍고 안정됨이 부족한 것은 좋지 않다.

또한 이러한 움직임은 사람의 오행형에 따라 판단을 달리할 수 있다. 예를 들어 화형의 걸음은 가볍게 튀는 듯한 느낌이 든다. 그렇기에 화형이 이런 걸음걸이를 한다면 화형의 격에 맞는 것으로 나쁜 것이 아니다. 또한 수형의 걸음 역시 종종거리며 빠른 듯한 걸음을 걸어야 수형에 합치되는 것이다. 그렇기에 단순히 걸음의 모습만 보고 오행형을 무시한 채 좋다, 나쁘다를 판단하는 것은 경솔한 것이다.

9. 완급

사람의 동작도 잘 관찰해야 한다. 걸음걸이나 식사하는 모든 동작들이 너무 급한 것은 좋지 못하다. 느긋하고 여유 있는 것이 좋다. 또 말이나 의사 표현 등도 급한 것은 좋지 않다. 앉아있거나 누워 있을 때도 느긋하고 오랫동안 안정된 자세를 유지하는 것을 좋은 상으로 여긴다.

10. 전체적인 기세와 위엄

관상의 관인팔법은 사람의 기세를 관찰하는 여덟 가지 방법이다. 이는 전체적인 느낌까지도 관찰해야 한다는 것을 논하고 있다. 위맹지상威猛之相, 후중지상厚重之相, 청수지상淸秀之相은 좋으나 고한지상孤寒之相, 고괴지상古怪之相, 박약지상薄弱之相, 완악지상頑惡之相, 속탁지상俗濁之相은 좋지 않게 여긴다.

기세와 위엄에 따른 길상과 흉상

· 위맹지상威猛之相: 위엄이 당당하며 그 신색의 엄숙함이 두려운 상이다. 널리 군중을 모으고 집중시키는 영웅 호걸형으로 리더격의 타입이다.

· 후중지상厚重之相: 태산같이 무게가 있고 후덕해 보이는 상이다. 부富함을 타고난 상이다. 재산가의 타입이다.

· 청수지상淸秀之相: 정신이 탁월하게 뛰어나 맑고 깨끗하다. 속세에 물들지 않은 듯 귀貴함을 타고난 상이다. 후厚함이 없으면 다소 경박해 보일 우려가 있다. 학자 선비의 타입이다.

· 고괴지상古怪之相: 네모난 형태로 바위같이 위맹威猛은 보이나 빛이 맑지 못해 지혜가 부족하고 속되며 다소 무식한 천賤상이다. 즉 덩칫값도 못하는 무지렁이 타입이다.

· 고한지상孤寒之相: 목 뒤가 길고 어깨가 오그라들듯 하고 다리가 삐뚤어진 듯하며, 앉을 때 몸이 한편으로 기울어져 쓸쓸해 보이는 상이다. 고독한 과부 또는 외롭게 집도 절도 없는 나그네 타입이다.

· 박약지상薄弱之相: 빈약하고 천박하게 보이며 야무지지 못해 가볍고 겁먹은 듯한 기색으로 빈천貧賤이 따라붙은 상이다. 즉 볼품없는 타입이다.

· 완악지상頑惡之相: 음모를 품고 있는 듯 보이며, 목소리도 바르지 못하며 성격도 난폭하여 눈알이 바르지 못하고 범죄형으로 남의 배려도 없는 상이다. 사기꾼 또는 범죄자 타입이다. 이 형은

얼굴 자체만으로는 나타나지 않으니 심상心相과 행동거지에 주
의를 기울여야 알아볼 수가 있다.

· 속탁지상俗濁之相: 빛이 혼탁하고 맑지 못해 마치 쓰레기 속에 섞
여 있는 것같이 천하고 저속하다. 눈빛이 흐려 부족한 듯 두리
번거리며 세상을 못마땅해한다. 의식衣食의 여유가 없는 상이
다. 게으른 거지 타입이다.

11. 기색

기색은 그때그때의 상황 판단에 아주 중요히다. 기색은 일굴에 나타
나는 기와 색의 변화를 관찰하는 것으로 피부의 색과는 다른 것이다.
기색에 따라 어떤 좋고 나쁜 일의 발생을 점칠 수 있다. 하지만 계절
별로 기색의 변화가 있음도 유념해야 한다. 그리고 기체氣滯, 즉 사람의
기색이 막히게 되면 길면 10여 년까지도 어려움을 겪기도 한다. 우선
기색을 정확히 판단하기 위해서는 전체적인 골상과 유년운기流年運氣를
복합적으로 살펴야 한다.

기색을 관찰하는 환경도 중요하다. 현대는 인공조명 아래에서 살아
가기 때문에 정확한 기색을 파악하기가 어렵다. 〈수경집〉水鏡集 1권의
기색 편을 살펴보면 기색을 촛불 아래서 관찰하라고 하였다. 현대에
사용하는 조명기구의 색온도와 스펙트럼을 고려하면 가장 좋은 조명
기구는 백열등이다. 또 관찰하는 시간도 중요하게 여긴다. 가장 정확
하게 판단하자면 아침에 잠에서 깨어나 과도한 동작이나 움직임이 없

는 상태가 가장 좋다. 그리고 식사하기 전에 또 용변도 보지 않은 상태에서 관찰하는 것이 제일 정확하다.

12. 언행 태도

관상에서는 음성 자체도 중요하지만, 언어의 사용 습관이나 어조 등도 구별을 한다. 걷고 서고 앉고 눕는 동작과 사람을 대할 때의 태도도 중요한 판단 기준이다. 서양에서 근래에 키네식스Kinesics란 학문이 개발되고 있다. 이는 바디랭귀지Body Language라고 불리기도 하며, 사람의 움직임과 태도를 근거로 하여 그 사람의 매너, 인성, 그리고 사회성까지를 판단하는 것이다. 동양철학의 관상에는 벌써 오래전에 이런 부분이 포함되어 있다. 예를 들자면, 기울게 곁눈으로 보면 투기를 잘하는 것으로 질투가 많고 주변 사람이 잘되는 꼴을 못 본다. 또한 시선이 위로 향하는 사람은 귀하고 높은 벼슬을 할 수 있다. 이에 반해 항상 밑을 보는 사람은 남모르는 독함이 있다. 또한 높은 곳을 보는 사람은 마음에 물결이 부딪치는 것처럼 격돌하는 것이며, 낮은 곳을 보는 사람은 성격이 모질다. 시선을 기울게 보는 사람은 남의 마음을 언제고 속일 수 있다고 판단되며, 보는 것이 정할 수 없이 어지럽게 보는 것은 음란하며 머릿속이 정돈되지 않은 사람이다. 시선이 노려보는 것 같고 용맹스럽게 보는 사람은 사나운 것이며, 멀리 내다보는 사람은 목적한 뜻이 많은 사람이다. 이런 식으로 언행과 태도도 판단의 기준이 된다.

13. 안신眼神

안신眼神은 눈빛을 이야기하는 것이다. 눈빛은 그 사람의 운이 좋고 나쁨을 판단하는데 아주 중요한 단서가 된다. 제일 좋은 눈빛은 신장神臟이다. 아울러 눈빛의 좋고 나쁨을 볼 때 강약만이 아니라 눈빛에 측은지심이 있는가를 반드시 살펴야 한다.

14. 심상

관상학에서는 외양보다 더 중요한 것은 내면의 마음가짐이다. 〈상리형진〉相理衡眞의 심상 편에서는 "마음은 외모의 뿌리이다. 마음을 자세히 살펴보면 선악이 스스로 나타날 것이다. 말과 행위는 마음이 겉으로 드러나는 것이다. 그러므로 행동을 관찰하면 재앙이 있을지, 복이 있을지 알 수 있다"라고 하였다. 즉 기본적으로 심상 자체를 직접 보고 논하는 것이 아니라, 사람의 형태를 보고 심상을 간접적으로 파악할 수 있는 것이다. 또 사람의 태도에 대해서도 많이 논하고 있다. 마음속에 아무리 좋은 생각이 있다고 한들, 실제로 마음을 그렇게 쓰지 않는다면 무슨 소용이 있겠는가? 마음속의 생각이 성실하고 또 그 마음이 행동으로까지 나타날 때 진정한 복록이 있는 것이다. 그래서 골상骨相보다 심상心相이 중요하고 심상心相보다 심술心術이 중요하다고 하는 것이다.

15. 맑고 탁함

청탁淸濁 역시 무척 중요하다. 피부와 털이 맑은 것은 좋고 탁한 것은 좋지 않다. 음성이 맑은 것은 좋고 탁한 것은 나쁘다. 눈썹 털이 너무 굵으면서 많아서 숯 검댕이 같아 보이는 것도 탁한 것으로 본다. 전체적으로 청淸한 기를 많이 받은 사람이 복록福祿과 수명壽命이 많고 탁濁한 기운이 많으면 복록과 수명이 적은 것이다.

4.
적용방법과 범위에 대하여

일반적으로 관상 서적을 보면 눈이 어떻게 생기면 복이 있고 없다 등의 내용이 많은 것을 볼 수 있다. 이렇게 관상을 논하는 것이 혹자들에게는 재미있고 흥미롭게 느껴지기도 하겠지만, 이는 어떤 부위의 형상을 보고 다른 부위와의 상관관계를 따지지 않고 단순히 협소하게 논하는 것으로 오류가 많고 제대로 보는 것이라고 할 수 없다.

관상을 논할 때는 한 부위만 살피는 것이 아니라 먼저 전체적인 기량과 운을 보고 균형과 조화를 분석하는 복식 판단을 한 후에, 나머지 부위들을 하나하나씩 자세히 뜯어보는 단식 판단을 하는 것이 바른 순서이다.

그렇기에 만약 자신의 어떤 부위의 관상이 좋지 않다고 해서 크게 실망할 필요도 없으며, 좋다고 해서 너무 우쭐댈 필요도 없다.

관상이 중요할까, 사주가 중요할까?

사실 답은 명쾌하다. 관상보다는 사주가 좋아야 한다.

그렇다고 관상이 중요하지 않다는 이야기는 아니다. 사람과 사람이 처음 만났을 때 첫인상이 이후 서로의 관계에 얼마나 큰 영향을 끼치는가? 첫인상으로 사람을 판단하는 것은 어쩔 수 없는 사람의 본성이기도 하다. 인상이 좋은 이가 다른 사람에게 호감을 준다. 나쁜 인상을 주는 이는 인간관계에 있어 많은 불이익을 받게 된다. 하지만 요즘은 성형술이 발달하여 수술로 인상을 바꿀 수 있는 세상이 되었다. 즉 관상은 의지만 있고 수술비만 있다면 바꿀 수 있는 세상이 된 것이다.

게다가 관상은 수시로 변할 수 있다.

수술과 같은 적극적인 변화가 아니더라도 몇 달 고민 없이 편하게 지내다 보면 살이 찌고 살이 찌면 주름이 없어지고 안색이 밝아진다. 신수가 좋아지는 것이다. 사람이 고생을 하면 살이 빠지고 피골이 상접한 모습으로 변한다. 피로가 쌓이면서 걸음걸이나 기세도 달라진다. 만사가 귀찮으니 온몸에서 짜증이 묻어난다. 이러한 아우라가 느껴지면 아무도 접근하려 하지 않는다. 이렇듯 상황에 따라 주변에 사람이 모이지 않는 고독한 인상으로 바뀌게 되기도 하는 것이다.

그러나 사람에게 한 번 정해진 사주팔자는 죽을 때까지 변치 않는다.

옛말에 '귀신은 속여도 팔자는 속일 수 없다'는 말이 있듯이 사람은 누구나 자신이 타고난 사주팔자대로 산다. 관상은 사주 팔자 진단에 있어 보조적인 역할을 한다. 사주 상으로 명확지 않을 때 그 보조 수단으로 관상을 참고한다. 하지만 사주팔자도 바꾸는 길이 있다. 상서相書에 이런 말이 있다. 만상불여심상萬相 不如心相, 즉 상相에는 관상觀相, 수상手相, 족상足相, 동상動相 등 여러 가지가 있지만 모든 상중에 심상心相, 즉 마음가짐이 제일 우선이 라는 뜻이다.

관상이든 사주팔자든 모든 것을 떠나서 마음가짐을 올바르게 하면 운명이 따라간다.

그 대표적인 예가 성직자, 구도자求道者들이다. 진실한 신앙을 가지고 구도자의 길에 들어선 목사님, 신부님, 스님들은 자신의 본래의 심성을 바꾼 분들이다. 본래 타고난 세속적인 욕심과 욕 망, 본래 타고난 성질을 다 내려놓아 자신의 관상이나 자신의 사주팔자에 구애받지 않는다. 존경받는 분들의 관상이나 사주 팔자를 분석해보면 맞지 않는 이유가 이런 곳에 있다.

관상은 시시때때로 변할 수 있다. 사주팔자는 절대 변하지 않지만 종교에 의해서 심성이 바뀌면 바뀔 수 있다. 관상과 사주에서 어느 쪽이 더 중요한 것이냐 묻는다면 사주라고 하겠지만, 질문의 출발은 보통 '자신이 어떻게 살아가야 하는가'를 고민하고 있다는 점이라고 생각한다. 사주팔자마저 바꾸는 것이 사람의 마음가짐이다. 관상이나 사주에 얽매이기보다 올바른 길이 무엇인가를 늘 고민하며 살아가는 것이 자신의 운명을 스스로 개척하는 길이라고 할 것이다.

8장

다양한 사례 분석

유명인에게 적용해본 명리학

1.
유명인에게 적용해본 사주 사례

사주를 알기 위해서는 년/월/일/시를 모두 알아야 한다. 하지만 유명인의 경우 출생 연월은 공식적으로 오픈돼있으나 출생시간은 알 수 없는 경우가 많다. 사생활 보호와 원치 않은 추측을 방지하기 위해 소속사 측에서 과도한 정보제공은 사전에 차단하기도 한다. 그러나 시간을 잘못 입력할 경우 사주가 완전히 바뀌기도 한다. 그러므로 사주 사례의 파트는 연도와 월, 일을 기준으로 간단하게 보는 것이 좋겠다. 태어난 시간을 정확히 안다면 여태껏 배워온 자료를 바탕으로 스스로 재조합하여 해석해보는 시간을 갖는 것도 유익하다고 본다.

■ 김연아(1990년 9월 5일)

대한민국을 대표하는 피겨스케이팅 선수로, 이 분야에서 유일하게 올림픽 금메달을 수상한 최정상의 선수이다. 무수히 많은 세계신기록을 경신했다. 특히 2010 밴쿠버 올림픽에서 쇼트프로그램과 프리프로그램에서 모두 세계신기록을 세우며 기념비적인 점수로 금메달을 받아 외신의 찬사까지 받아내기도 하였다. 한일 라이벌 구도 속에서도 의연하게 맡은 바를 해내는 대인배적 면모에 많은 국민이 열광하기도 한 스포츠 스타이다.

- 금이 많은 오행

김연아의 오행에는 금과 목이 많다. 차분하고 심성이 깊은 성격이며 쉽게 경솔하게 자신의 의사를 표현하지 않는다. 외적인 화려함보다는 목표한 성과를 위해서 꾸준히 정진하는 편이다. 성실함과 인내가 있는 성격이다. 하지만 오행을 보면 목금은 서로 상극의 성격을 지니고 있다. 그녀가 유년시절부터 다복한 환경에서 편안하게 살지는 못했음을 알 수 있다.

- 도화살과 홍염살

주목할 만한 점은 그녀의 연주에는 도화살, 월주에는 홍염살이 존재한다는 점이다. 스포츠 스타임에도 불구하고 외형에 대한 관심이 끊임없이 따라붙었던 스타이다. 여러 종목 중에서 가장 아름답고 미학적 요소가 많이 가미된 코스튬을 입어야 하는 '피겨스케이터'인 점에서도 해당 살들의 영향을 알 수 있다. 이성에게 꾸준한 인기를 끌고 관심을 한눈에 받는 운명이다.

■ 배용준(1972년 8월 29일)

'욘사마 신드롬'을 만들어낸 배우로서, 동북아시아에서 한류의 기틀을 다진 장본인이기도 하다. 최지우와 합을 맞춘 〈겨울연가〉를 흥행시키며 일본에서 엄청난 인기를 끌었다. 큰 예능 활동 없이 오직 비주얼과 연기 하나로 얻어낸 쾌거임에도 그 인기가 오랫동안 지속된 편이다. 이후 〈태왕사신기〉도 히트시키며 우수한 평판을 이어나갔다. 현재는 작품보다 가정을 꾸린 뒤 경영자로서 활동 중이다.

– 물이 많은 오행

그의 오행을 보면 오행이 골고루 조화되지는 않았다. 보통 물의 성질이 강하면 정적이고 차분하며 신비로운 이미지가 강하게 풍긴다. 때로는 자신만의 생각에 갇혀 고립되기도 하는데 배용준의 경우 이를 오히려 잘 이용한 케이스라고 볼 수 있다. 히트를 친 이후 국내에서 왕성한 활동을 하지 않았으며 일본에서도 신비하고 고고한 왕자 이미지를 준수하였다.

– 화개살과 홍염살

그는 연주에 홍염살, 일주에 화개살이 있다. 이성에게 인기를 끄는 홍염살은 그가 연예인으로서 성공할 천성을 가졌음을 알려준다. 여기에 예술적이고 고독한 성질을 지닌 화개살이 더해지면서 전형적인 연예인 바탕이 만들어진다. 특히 화개살의 경우 한 분야에 대한 끈질긴 고집이 더해지기에 쉽게 직종을 이탈하지 않음을 말하기도 한다. 많은 재물을 얻었음에도 유명 연예기획사의 최대주주로 경영자 활동을 이어온 그의 선택을 이해할 수 있는 대목이다.

– 임진일주 임수일간

배용준 사주는 임수일간으로 사주에 물이 많아 신강 사주이며 물은 어떤 형태를 담은 그릇에 따라 변할 수 있는 물체로 현실 적응력이 빠르고 순간적 재치와 기지가 뛰어나 방송, 통신 분야에 적합하며 임수는 큰 바다와 큰 저수지 큰 강을 의미하므로 다른 사람의 우두머리로 군림할 수 있게 된다. 그리고 사주에 복성귀인이 있어 자수성가할 자질이 있으며 여러 작품에서 주로 왕의 역할을 맡고 연기 소화가 부드러웠던 이유도 그의 타고난 천성 자체가 왕과 유사하기 때문이다. 인가가 많은 사주이기도 하며 좋은 합으로 인하여 귀인들이 절로 도와주게 된다. 구설수가 생기더라도 타인의 잘못으로 결과가 탄로 나게 되는 경우가 많다. 여러모로 참 좋은 사주를 타고났다고 말할 수 있다.

■ 이영애(1971년 1월 31일)

이영애는 '산소 같은 여자'로 알려진 명실공히 최고의 청순파 배우이다. 50대에 접어든 현재에도 사람들에게 한국 여배우계의 청순함을 대표하는 배우로 좋은 평판을 유지하고 있다. 작품보다는 각종 CF 모델로 유명했지만 〈대장금〉이 한국과 중국 양쪽에서 메가 히트를 하면서 실력파 배우의 이미지도 완전히 갖추게 됐다. 이후 〈친절한 금자씨〉의 주연도 소화했으나 작품 속의 캐릭터와 달리 청순한 이미지를 유지하고 있다.

- 흙이 많은 오행

그녀의 오행에는 흙이 월등히 많다. 인내심이 강하고 배려심이 좋으며 타인을 잘 포용한다. 좋은 투입원이 들어올 경우 상당한 재물을 쌓을 수 있으며 그릇된 선택을 하지 않기 위해 철두철미하게 여러 사항을 고려한다. 방송과 영화계에서 좋은 작품을 고르기로 유명한 그녀의 성향을 잘 나타낸다.

- 병진일주

연예인을 선택할 경우 승승장구할 수 있는 일주이다. 뜨거운 병화의 성격과 부드러운 진토의 성격이 더해져 아침 햇살이 내리쬐는 땅과 같은 기운을 가졌다. 명랑하고 밝은 성품을 가졌으며 받기보다는 주는 것에 능한 사람이다. 이 덕에 타인의 귀감을 얻게 되고 좋은 이미지를 구축하게 된다. 특히 병진일주는 일지에 식신이 있어 아이디어가 매우 뛰어나며 감수성이 풍부하며 예술계통에 능하게 된다. 선견지명이 가장 좋은 일주로도 알려져 있다. 그녀가 좋은 작품과 광고만 쏙쏙 골라 흥행을 이어간 이유로도 해석할 수 있겠다.

- 좋은 대운

타고난 사주도 중요하지만 대운이 어떻게 작용하는지도 반드시 살펴야 한다. 이영애의 경우 말년이 시작되기까지 용희신이 길한 대운을 타고났다. 말년이 시작되기 전까지는 무리 없이 큰 재물과 성공을 이어갈 수 있을 것이다. 그러므로 중장년까지 부단히 성과를 쌓아 곳간을 만들어야 하는 사주이기도 하다. 물론 말년이 찾아온다고 하여서 쌓아놓은 업적이 모두 도망가는 대운이나 사주도 절대 아니다. 타고난 운과 기질의 조화가 매우 긍정적인 케이스이다.

■ 방탄소년단 뷔(1995년 12월 30일)

뷔는 국내 최정상 아이돌 방탄소년단의 멤버이다. 서브보컬 파트를 맡고 있다. 데뷔 초부터 눈에 띄는 신비한 비주얼로 수많은 팬층을 확보했으며 현재는 명실상부한 아티스트가 됐다. 앞서 'RM' 파트에서 소개하였듯 방탄소년단의 인기와 지위는 국내를 초월하여 글로벌 급이며 각 멤버의 개인별 소득만 보아도 웬만한 중소기업의 연 매출과 맞먹는 수준이다.

– 흙이 많은 오행, 신강

뷔는 앞서 설명한 이영애와 마찬가지로 흙이 강한 사주를 가졌다. 여기에 신강이기 때문에 본인의 소신이 좀 더 확고하고 고집이 있는 성격으로 해석할 수 있다.

– 도화살, 원진살

세계적인 상당한 팬층을 거느린 아이돌답게 그에게도 도화살이 있다. 편인도화인데 엉뚱한 매력으로 이성뿐 아니라 친구 관계에서도 인기가 있다. 하지만 원진살이 함께 동주하고 있다. 원진은 공연하게 타인과의 불화를 끌어내 이성 문제를 초래하게 하는 살이다. 부부 사이에 이 원진살이 껴있으면 작은 싸움이 크게 확대돼 오해를 살 수 있다. 먼저 배려하고 상대를 이해하는 노력이 요구된다.

– 을미일주

한겨울의 동백나무와 같다. 강인한 생명력을 지녔으며 환경에 대한 적응력이 뛰어나다. 어디에서든 잘 어울릴 수 있도록 자신을 컨트롤할 수 있다. 그러나 고집이 세고 다혈질인 기질이 있어 자신의 화를 잘 억눌러야 큰 싸움을 피할 수 있다. 백호의 기운이 서려 있는 일주이기 때문에 아버지와 더욱 합이 좋다. 또한 재물복이 있다.

뷔의 대운은 8살을 기준으로 바뀌는데 현재에는 병술 대운으로 매우 좋은 흐름을 이어가고 있다. 마치 꽃이 활짝 만개한 것처럼 모든 일이 아름다운 성과로 돌아오게 된다. 28살부터 시작될 대운에는 관운이 좋을 것으로 전망된다. 명예가 높아지며 팀 내에 지위가 상승할 것이다. 여전히 바쁜 연예활동을 계속할 수 있으며 능동적인 자세를 취하면 더 큰 부를 쌓을 수 있다.

■ 강경화(1955년 4월 7일)

현직 외교부 장관으로 카리스마 넘치면서도 부드러운 리더십으로 신임을 얻고 있다. 보수적인 정치권에서 핸디캡으로 작용될 수 있는 '여성'이라는 점에 좌절하지 않고 세계적으로 다양한 커리어를 쌓아왔다. 코피 아난 유엔사무총장이 그녀의 여성지위위원회 의장직 수행을 눈여겨보다 유엔 인권고등판무관실 부판무관으로 발탁한 이력이 있다. 유엔 인권최고대표사무소 부대표로도 활동했으며 국내에서는 외교부 장관을 역임하며 G20의 성공적 마무리에 큰 도움을 주었다.

- 흙이 많은 오행, 신강

뷔, 이영애와 마찬가지로 흙이 많은 오행이다. 부드러운 포용력도 갖고 있는 오행이다. 여기에 신강이 더해져 자신의 소신이 확고하고 강단이 있다.

- 백호살, 괴강살

두 개의 살은 세부적인 성격은 다르지만 공통점이 있다. 기운이 세고 자존심이 강하며 호락호락하지 않은 기질을 갖고 있다는 점이다. 사회가 바라는 가녀린 여성상과는 매우 상반된 살들로써 그녀가 출생부터 리더의 천성을 타고났다는 점을 알 수 있다. 해당 살을 갖고 정치인이 될 경우 지조가 확실하여 갈대처럼 여러 사람에게 옮겨붙지 않으며 자신만의 길을 개척하게 된다. 다만 그 신념이 너무 확고하여 오해를 만들 수 있으며 경쟁심이 지나쳐 피곤해질 수 있으니 스스로 주의하는 것이 좋다. 추진력이 상당히 강하여 말보다는 행동이 우선이다.

- 무술일주

큰 산에 사는 늑대와 같다. 자신의 영역에 속한 것들을 지키고자 하는 애정이 상당히 강하며 큰 포부를 동시에 갖고 있다. 권력욕과 포용력을 동시에 가졌지만 생애는 고독하게 흘러간다. 흙의 성격 탓에 중립적인 성향이 짙고 겉과 속이 동일하다. 그녀가 정치권에서 보여준 행보를 보면 가히 '무술일주'답다고 생각할 수 있는데, 외교부 장관으로서 거침없이 자국민의 역사를 수호하기 위해 소녀상 발언을 한 점, 반기문 유엔사무총장의 그늘에 가려지지 않고 본인의 자리에서 최선의 기상을 보여준 점을 예로 들 수 있다.

■ 백종원(1966년 9월 4일)

백종원은 한국 요식업계의 대부라고 알려져 있다. 국내 수많은 프랜 차이즈를 거느리고 있는 '더본코리아', '더본차이나', '더본아메리카'의 대표이사로 활동하며 각종 TV 프로그램 등에 출연하며 방송계에서의 본인 입지도 확고히 다져가고 있다. 하지만 기본적으로는 사업가인데, 대중의 트렌드와 보편적인 입맛을 꿰뚫는 역량 덕에 그가 소유한 기업은 1,000억이 넘는 매출액을 자랑한다.

- 불이 강한 오행

불은 만물의 성장에 있어서 '개화'를 의미한다. 화려하고 돋보이는 운을 타고났으며 어디에 있던지 남들의 눈에 띄는 사람이다. 열과 정이 동시에 많아서 어떠한 일에 남들보다 뜨겁게 불타오를 수 있으며 집중도도 뛰어나다. 백종원이 단지 사업뿐만 아니라 특유의 입담과 친근한 이미지로 방송계에서도 인기를 끌고 있는 점을 보면 다분히 그의 기질이 '불'을 타고났음을 알 수 있다.

- 아버지보다는 배우자와 가까운 사주

육친운에 있어서 강한 불의 성질은 오히려 독이 된다. 부친과의 인연을 멀게 하기 때문이다. 또는 부친과 크고 잦은 불화를 겪게 되며 합이 좋지 않다. 모친과 함께하거나 배우자와 함께하면 오히려 일이 더 잘 풀린다.

- 병인일주

초봄에 햇살을 받는 호랑이다. 일에 대한 시작의 기운이 좋고 추진력이 뛰어나다. 봄의 시작에 한기가 서려 있듯 초반에는 고난을 겪을지라도 점차 만개하게 된다. 사무직이나 영업직보다 한 분야에 매진하는 전문직이 어울린다. 건강운이 좋다. 그러나 급한 성격을 가졌기 때문에 장점을 잘 살리지 못하는 경우가 많다. 실패를 실패로 인지하기 전에 한번 더 인내하는 자세가 필요하다. 백종원 역시 처음부터 요식업에 큰 성공을 거둔 건 아니다. 오히려 17억의 빚을 지고 죽음까지 생각할 정도였다고 하니 그에게도 좌절이 있었다. 하지만 여기에서 꺾이지 말고 버텨야 병인일주의 힘이 발휘되는 셈이고 그 역시 이를 해냈다.

2.
유명인에게 적용해본 작명 사례

자원오행은 상생과 상극을 따지지 않는다. 각 한 자 한 자의 오행을 지니고, 부족하면 필요한 오행을, 넘치면 설기하는 오행을 넘어 오행의 흐름을 균형 있게 바로잡는 역할이다.

■ 전지현(본명 왕지현, 王智賢)

전지현은 국내 탑 여배우 중 한 명으로 중화권까지 빅히트를 친 〈별에서 온 그대〉 드라마의 여주인공 역할로 유명하다. 그 외에도 〈베를린〉, 〈도둑들〉 등의 굵직한 히트 영화에 주연으로 출연하였다. 수려한 외모와 시원시원한 체형뿐 아니라 배역에 대한 숙지와 이해도가 높으며 이미지 평판도 높은 거물급 국내 스타이다. 하지만 '전지현'은 배우를 위해 준비한 활동 명이기에 본명과는 다르다. 그러므로 자원오행과 수리오행에 대입해야 할 이름이 달라진다.

- 불용문자

본명으로 판단해봐야 한다. 王智賢 중 성을 제외한 智와 賢의 경우 모두 불용문자가 아니다. 불용문자를 사용하면 이름에 불길한 기운이 더해지는데 이를 모두 피했으니 무난한 선택이다.

- 자원오행

본명으로 판단해봐야 한다. 王智賢 중 王은 금, 智는 화, 賢은 금에 해당한다. 즉 왕지현 본명의 자원오행은 '금화금'이다. 금화금은 서로 흐름이 좋지 않아 상생하는 사주가 아니다. 각자의 기운을 막고 있으니 초중말년의 운이 모두 다 좋다고는 할 수 없다. 돈의 흐름을 막는 운이 존재한다. 그녀는 1997년에 데뷔했지만 〈엽기적인 그녀〉 영화로 스포트라이트를 받기 시작한 시점은 2001년이었다. 그러므로 대배우인 그녀 역시 짧지 않은 무명의 시절이 존재했다. 처음부터 보석이 발굴된 듯이 승승장구한 것은 아니었다.

- 발음오행

예명으로 판단해봐야 한다. 사람들이 육성으로 부르는 이름은 본명이 아닌 예명이기 때문이다. 전지현의 초성은 'ㅈㅈㅎ'이다. 이를 발음오행에 대입시키면 '금금수'에 해당한다. 이는 '발전향상격'으로 말할 수 있는 오행으로 자손운이 좋고 재물이 풍족함을 의미한다. 큰 병 없이 건강하고 평탄한 삶을 누릴 수 있는 오행이다. 그녀의 본명 자원오행이 좋지 않았더라도 배우 이후에 사용한 예명의 발음오행이 좋았으므로 운의 흐름을 바꿀 수 있었다고 본다.

- 수리오행

본명으로 판단해야 한다. 王智賢은 각각 5/12/15행으로 구성돼있다.

수리오행에서는 3개의 획수 조합을 통하여 원형이정격(4단계의 운)으로 구분한다. 이에 따른 그녀의 초년운은 12+15, 총 27획으로 '중절격'이다. 세부적으로 본다면 외적인 아름다움과 두뇌의 비범함을 모두 갖추었음을 의미한다. 지적인 부분에 미모까지 겸비했으니 적은 노력으로도 성공할 수 있다. 하지만 구설에 취약하므로 연예인이나 모델 등의 직업을 갖기 쉽다. 즉 플러스, 마이너스가 공존하는 시기다.

중년운은 5+12, 총 17획으로 '용진격'이다. 곧은 가치관과 신념을 가졌음을 말한다. 강단 있는 성격 덕분에 이름을 널리 떨칠 수 있다. 명예와 부를 향한 욕심이 있으며 이를 이루기 위해서 자기주장을 멈추지 않는다. 그녀가 데뷔한 이후 30대에 접어들어 더욱 굵직한 역할을 맡게 됨을 떠올려본다면 적합한 풀이이다.

말년운은 5+15, 총 20획으로 '허망격'이다. 허망함과 무상함을 경험하게 된다. 크고 작은 어려움이 생기기 시작하여 불편한 일들이 생겨난다. 그리 좋지 않은 흐름이다. 가정의 평화를 위하여 신경 쓸 필요가 있겠다.

총운은 5+12+15, 총 32획으로 '의의형복지상'이다. 뿔뿔이 흩어진 것을 하나로 합칠 수 있는 운이다. 또한 큰 연못 속에 용이 잠자고 있으니 적절한 시기를 기다리면 얼마든지 비상할 수 있다. 우연한 기회를 붙잡아 큰 행운과 성장으로 이끌게 된다. 특정작품이 대박을 치면 크게 일이 잘 풀리는 연예인으로서의 삶이 이와 같다고 보인다. 그중에서도 그녀는 작품운이 뒤따른 듯하다.

■ 유재석(본명 유재석, 劉在錫)

유재석은 국내 탑 MC로 타의 추종을 불허하는 위치에 서 있다. 방송 예능계에 최강자로 수많은 상을 받기도 했다. 또한 밝고 바른 이미지가 있으며 구설에 잘 휘말리지 않아 이미지 평판도 매우 우수하다. 그 덕에 꾸준히 각종 프로그램과 CF 모델로 활약하며 큰 부를 일구었다. 〈무한 도전〉으로 대중들에게 기억되지만 〈해피투게더〉, 〈놀러 와〉 등 사실상 여러 프로그램의 메인 MC를 맡아 히트한 이력이 있다. 예명이 따로 없어 모두 본명으로 해석할 수 있다.

- 불용문자

劉在錫 중 성을 제외한 在와 錫 모두 불용문자가 아니다.

- 자원오행

劉在錫 중 劉는 금, 在는 토, 錫은 금에 해당된다. 즉 유재석 본명의 자원오행은 '금토금'이다. 금토금은 상당히 좋은 오행 조합이다. 하고자 하는 일이 모두 잘 풀리며 만사가 형통하다. 주변에 도와줄 사람이 나타나기보다 스스로가 만인의 귀감이 된다. 재물운과 자손운이 특히 좋아 걱정이 없겠다.

- 발음오행

유재석의 초성은 'ㅇㅈㅅ'이다. 이를 발음오행에 대입시키면 '토금금'에 해당한다. 이는 '순풍순성격'으로 말할 수 있는 오행으로 대표적인 대기만성형이다. 지혜가 있고 인덕이 있으니 스스로 발전하려는 의지만 품고 노력한다면 원대한 꿈을 이룰 수 있다. 그러나 초년에는 운이 풍파가 많다. 유재석이 데뷔 후 현재의 위치에 서기까지 오랜 시간이 필요했지만, 결국 국내 최정상에 섰으므로 해당 흐름이 정확히 맞아떨어진다고 볼 수 있다. 20대에는 방황했지만 중년이 돼서야 비로소 대기만성한 그의 이력에 부합한다.

- 수리오행

劉在錫은 각각 15/6/16행으로 구성돼있다. 이에 따른 그의 초년운은 6+16, 총 22획으로 '중절격'이다. 재능과 지혜, 타고난 베이스가 있어 훌륭한 기틀을 가졌으나 매사에 결실을 보지는 못한다. 오히려 실패와 좌절을 함께 맛보게 된다. 가진 것만큼 뛰어난 비상을 하지는 못한 경우이다.

중년운은 15+6, 총 21획으로 '두령격'이다. 매사에 의욕을 가지고 참여하며 진취적인 기상으로 타인을 잘 리드하여 인정과 평판을 얻게 되는 시기이다. 대길이 들어오게 된다. 그가 긴 무명을 끝내고 비로소 〈무한도전〉으로 MC 1인자를 얻게 되는 시점이기도 하다. 특히 프로그램 속에서 주로 남을 리딩하는 지도자 역할을 했으므로 해당 두령격이 제대로 적중했음을 알 수 있다.

말년운은 15+16, 총 31획으로 '융창격'이다. 통찰력이 더해져 모든 어려움을 극복하고 난관이 사라진다. 좌절할 일이 있어도 오히려 전화위복으로 더 큰 복이 되기도 한다. 결국 지혜와 용기, 덕을 함께 쌓아 부와 명예로 되돌려 받으니 가히 걱정 없이 살 수 있는 좋은 운이라고 할 수 있다.

총운은 15+6+16, 총 37획으로 '인덕격'이다. 주변 사람으로부터 신뢰와 도움을 두루 받아 평판을 드높이게 된다. 자신만의 결단력이 있고 지조가 있어 뚝심 있게 스스로의 뜻을 이어나간다. 그가 오랜 무명을 걸었음에도 포기하지 않고 예능계에 잔류하여 끝내 성공했음을, 최정상의 자리에 올랐음을 매우 잘 보여 주는 결과다. 그는 '유재석'이라는 이름에서부터 이미 준비가 된 사람이었다.

■ 서강준(본명 이승환, 李承桓)

차세대 스타로 급부상하여 탄탄한 입지를 쌓고 있는 서강준은 귀공자 같은 외모로 유명한 배우이다. 학창시절부터 상당한 인기가 따랐다고 하는 서강준은 최근 들어 더욱 활발한 활약을 보이고 있다. 선택한 드라마나 영화 등의 작품이 인기를 끌기 시작하여 추후가 더 기대되는 스타 중 한 명으로 아직 최고의 톱스타 반열에 오르지는 않았지만 인기와 평판을 발판삼아 상당한 비상이 예상된다.

- 불용문자

본명으로 판단해봐야 한다. 李承桓 중 성을 제외한 承와 桓의 경우 모두 불용문자가 아니다.

- 자원오행

본명으로 판단해봐야 한다. 李承桓 중 李은 목, 承는 목, 桓은 목에 해당한다. 즉 이승환 본명의 자원오행은 '목목목'이다. 오로지 하나의 오행으로만 구성돼있으니 외골수적인 성향이 강하다. 하지만 불굴의 의지와 정신력이 있어 의욕이 충만하고 뚝심이 있다. 주로 자수성가 타입이 많으며 큰일을 이루게 되고 자신의 소신껏 역량을 만천하에 발휘하게 된다. 그러나 타인과의 소통이나 협력에 취약하므로 인덕이 부족할 수 있으니 이를 꼭 주의해야겠다.

– 발음오행

예명으로 판단해봐야 한다. 서강준의 초성은 'ㅅㄱㅈ'이다. 이를 발음 오행에 대입시키면 '금목금'에 해당한다. 이는 '간난신고격'으로 그리 좋지 않은 조합이다. 의심이 많고 용기가 부족하여 대인관계에 능하지 못하다. 처음에는 성공을 거두더라도 그 불길이 크게 이어지지 않고 일시에 멈추는 경우가 있어 뒷심이 부족하다 볼 수 있다. 무리한 일을 벌여서는 안 된다. 자포자기를 주의해야 한다. 고집이 세 자기가 최고라는 생각을 하기 마련인데 이를 버려야 한다.

– 수리오행

본명으로 판단해봐야 한다. 李承桓은 각각 7/8/10행으로 구성돼있다. 이에 따른 그의 초년운은 8+10, 총 18획으로 '발전격'이다. 두뇌 회전이 좋고 친화력이 좋아 사람들과 잘 어울리게 된다. 창의성과 감수성이 높으니 예술계통으로 특화돼있다. 초년부터 연예계 쪽에 관심이 많았던 그의 성향을 엿볼 수 있다.

중년운은 7+8, 총 15획으로 '통솔격'이다. 큰 복을 받게 돼 지혜와 덕망을 동시에 쌓게 된다. 부와 명성이 함께 따르고 자신이 몸담은 자리의 값어치가 높아진다. 힘든 상황이 전혀 없지는 않다. 그러나 구설수가 생기더라도 신망을 잃지 않고 원하는 바를 이뤄갈 수 있다. 한창 승승장구 중인 그의 현시점을 대변하는 흐름이다. 중년의 시기에는 당분간 어려움 없이 크게 성공할 수 있겠다.

말년운은 7+10, 총 17획으로 '건창격'이다. 자신이 맡은 업무와 일을 포기하지 않고 뚝심 있게 해결해나갈 흐름이다. 적극적으로 꿈을 펼쳐 끝내 입신양명을 이루게 된다. 난관이 있더라도 곧은 심지로 이겨내며 가끔 타인의 도움도 받을 수 있겠다. 관운이 따라 자리에 대한 상승 흐름도 기대할 수 있고 타지, 타국에서의 흐름도 좋다. 해외진출을 해도 부와 명예를 모두 잡으니 가히 좋은 운이다.

총운은 7+8+10, 총 25획으로 '안전격'이다. 마음이 넓어져 사람들로부터 존경의 마음마저 얻게 된다. 지혜가 있어 자신이 원하는 바를 꼭 성공으로 이끌어가니 과연 연예계에서의 입지가 더욱 기대되는 배우이다. 매사 부귀와 권세가 따르겠지만 타인과의 소통과 협조의 마음만은 잊지 않고 새겨야겠다. 자손복도 있으리라 여겨지니 소홀하지 않는다면 가정도 태평하겠다.

3.
유명인에게 적용해본 수상 사례

■ 박나래

대한민국 예능계의 판도를 바꾼 여성 희극인 박나래는 최근 들어 더욱 승승장구하고 있다. 사실 〈개그콘서트〉에 출연했을 때만 보아도 그녀가 크게 두각을 나타내지는 못했지만 이후 꾸준히 한 분야에 주력하면서 끝내 빛을 보게 된 사례다. 최근 엄청난 부를 축적한 것으로도 유명하며 동시에 여러 예능프로그램과 각종 CF 러브콜을 받고 있다.

- 막쥔손금

박나래의 손금에서 가장 눈여겨 볼만한 점은 '막쥔손금'이다. 감정선과 두뇌선이 합쳐져 곧게 뻗은 일직선으로 생겨있는 형태를 말한다. 마치 손바닥 상단부를 가로질러 놓은 듯 선으로 드문 손금이다. 막쥔손금은 전형적인 '사업가'의 수상으로 일컬어진다. 자기주장과 소신이 곧고 수완이 좋아 큰 성공을 거두며 부를 쌓을 수 있다고 해석된다. 막쥔손금에 바른 가치관이 더해지면 사회적으로 명성이 높아지며 재물운이 따르고 그릇된 가치관이 쌓이면 크게 기울 수 있다. 박나래의 경우 코로나19 사태에도 호탕하게 사회에 큰 기부를 하듯, 이전부터 선행을 이어오고 있기에 좋은 방향으로 수상의 흐름이 적용했음을 알 수 있다.

■ 방탄소년단 RM(김남준)

방탄소년단은 국내 최정상을 넘어 세계적인 입지를 다져가고 있는 K-POP 아이돌이다. 중년들에겐 생소할 수 있지만 미국의 빌보드차트와 그래미어워즈에도 동시에 두각을 나타낸 유일한 국내 아이돌이라 주목을 받고 있다. 해당 그룹에서 랩을 담당하고 있는 RM은 리더역할을 동시에 수행하고 있으며 팀 내에 영어를 맡아 글로벌 진출에 큰 도움을 주고 있기도 하다.

- 막쥔손금

RM 역시 박나래와 마찬가지로 막쥔손금을 갖고 있다. 그가 속한 방탄소년단은 미국 경제전문지 포브스가 선정한 '2019 세계에서 가장 많은 수입을 낸 엔터테이너' 순위에 한국에서는 유일하게 무려 43위에 랭킹됐다. 막쥔손금이 그가 가진 재운을 단적으로 보여 주고 있음을 알 수 있다.

- 갈라진 두뇌선

그의 두뇌선을 자세히 보면 막쥔손금에 합쳐진 것 이외에 한 갈래가 아래로 더 향하고 있다. 이는 성취욕과 집중욕이 더욱 크다는 것을 의미한다. 단순히 춤과 노래로 승부하는 멤버가 아니라 암기가 필요한 언어공부와 랩 작사작곡에 열을 올려 더 큰 가치를 창출하고자 하는 그의 성향과 일맥상통하다.

■ 버락 오바마

해외 인사들의 손금에서도 삶을 유추할 수 있을까? 얼마든지 가능하다. 미국 최초의 흑인 대통령으로 유명한 오바마는 자국 서민들을 위하여 의료보험개혁을 도입하여 일명 '오바마 케어' 정책을 마들어냈다. 또한 이란 핵 협상 타결과 쿠바의 경제봉쇄를 해제시키는 등 세계적으로 커다란 흐름을 만들어냈다. 백인 위주의 미국 사회에서 인종차별과 이념 갈등을 줄이는 데 공헌을 한 정치인으로 유명하다.

- M자손금

오바마의 손에서 가장 또렷하게 찾아볼 수 있는 것은 바로 'M자 손금'이다. 이 수상은 감정선과 두뇌선 사이에 세로선이 존재하여 이어져 있고 두뇌선과 생명선도 시작점이 붙어있어 결국 감정/두뇌/생명선이 연속적으로 이어지는 모양을 말한다. 막쥔손금만큼이나 좋은 손금으로 알려져 있으며 '자수성가', '후천적 부자'의 손금이기도 하다. 어머니와 의붓아버지 밑에서 길러지며 어린 시절부터 흑인으로 차별을 받는 등 엄혹한 환경에 노출됐지만 꿈을 잃지 않고 끝내 입신양명한 그의 삶을 잘 나타낸다.

- 짙고 긴 두뇌선

또한 그의 손을 보면 두뇌선이 상당히 선명하고 길이도 매우 길다. 이는 남다른 총명함을 나타내며 이성적인 선택을 할 때 지혜를 잃지 않음을 의미한다. 또한 배움에 대한 강한 의지를 나타내기도 한다. 실제로 오바마는 학창시절 공부에만 지나치게 열중하여, 룸메이트가 질려 방을 나가버렸을 정도라고 한다. 결국 미국 명문대학인 콜롬비아 대학을 졸업했으며 험난한 정치판에서 또렷한 가치관을 주장하는 그의 모습을 잘 말해주는 손금이다.

- 선명한 감정선

그의 손금에는 감정선도 선명하다. 예술가적, 작가적인 기질이 있으며 감수성과 창조성까지 겸비하고 있다. 공부를 할 때 매일 밤 일기를 써 자신의 생각을 글로 꾸준히 수년간 남겨온 그의 또 다른 면모와 잘 부합하는 손금이다. 그러나 두뇌선보다는 길이나 선명함이 덜하다. 이를 통해 그가 작가나 예술가보다는, 치열한 두뇌 싸움이 필요한 정치인에 좀 더 어울린다는 것도 예상할 수 있다.

■ 이수만

이수만은 동종업계 국내 최정상인 'SM엔터테인먼트'의 회장이다. 보아, 동방신기, 샤이니, 소녀시대 등 한국 대중문화를 대표하는 아티스트들을 배출했다. 또한 일찍부터 일본, 동남아 등 해외진출을 꾸준히 실현하여 한류가 세계적인 위치에 설 수 있도록 노력한 선구자이기도 하다.

아티스트들의 연이은 성공 덕에 그 역시 현재 막대한 부를 소유하고 있다. 그의 상징처럼 자리 잡았던 SM엔터테인먼트 역시 경영진의 교체가 있었음에도 여전히 굴지의 최정상 기업의 자리를 지키고 있다.

- M자 손금

이수만 역시 성공한 사업가답게 M자 손금을 가졌다. 선명하고 꼬리가 긴 M자 손금으로 그가 여태껏 일궈왔던 사업적인 수완을 엿볼 수 있다. 배출하는 수많은 아티스트들이 국내외로 꾸준한 인기를 얻으며 대중문화를 이끌어간 것만 보아도 그가 사업적인 면모가 뛰어나며 나아가 경영자로서 좋은 통찰력을 가졌다는 사실을 충분히 알 수 있다.

- 긴 생명선

그의 손금을 자세히 보면 생명선이 매우 길다. 엄지손가락의 살두덩이를 충분히 휘감는 섬 모양은 손목 인근까지 다다르고 있다. 큰 건강 염려 없이 오래 장수할 수 있으며 실제로 이수만은 최근까지도 여러 아티스트들의 SNS에서 건강한 모습을 드러낸 바 있다. 1952년 출생임에도 불구하고 여전히 생기 넘치는 표정으로 직접 아티스트들과 소통하고자 하는 모습에서 그의 건강을 알아차릴 수 있다. 손금대로라면 향후에도 큰 병치레 없이 건강히 여생을 보낼 수 있으리라 본다.

■ 송중기

송중기는 한국과 중화권에서 사랑받는 배우이다. 〈성균관 스캔들〉과

〈태양의 후예〉, 〈늑대소년〉 등 여러 가지 드라마와 영화에 주연으로 출연하여 스타덤에 올랐다. 또한 성균관대 출신 배우라는 타이틀 덕분에 스마트하고 성실한 이미지까지 더해져 평판이 우수하다. 물론 타 배우들처럼 그에게도 무명시절이 있었으나 비교적 기간이 짧았다. 2008년 영화 〈쌍화점〉 조연에서 2010년 공중파 드라마였던 〈성균관 스캔들〉의 주인공으로 오기까지 걸린 시간은 채 2년이 되지 않는다.

- 길지 않은 운명선

송중기의 손바닥 중앙에 위치한 운명선은 중지손가락 쪽으로 향하지만 두뇌선 근처에서 옅어진다. 자세히 보면 두뇌선에 막혀 완전히 소멸하는 것은 아니고 잔가지로 갈라진다. 이를 통해서 그가 초중년까지는 쭉쭉 뻗어 나가다 중년의 시기에 한 번의 시련을 맞이한다는 것을 알 수 있다. 실제 〈태양의 후예〉로 큰 히트를 했을 때 송중기의 나이는 33살이었다. 그 이후 촬영한 〈아스달 연대기〉는 중반부 이후부터 시청률이 급격히 감소하며 흥행하지 못했다. 또한 배우 송혜교와 이혼하며 큰 시련을 맞이하기도 했다. 운명선에 따라 살펴본다면, 앞으로의 운명이 초년처럼 이어지려면 여러 운명의 잔가지 중 현명한 선택을 해야 한다.

- 발달한 태양구

태양구는 약지 손가락 아래, 두뇌선 사이에 위치한 영역을 말한다. 다각도로 찍힌 그의 수상사진을 살펴보면 태양구가 발달해있음을 알 수 있다. 태양구는 명예, 평판, 추진력을 의미한다. 그가 데뷔 초반부터 가졌던 엘리트 느낌의 이미지만 보아도 과연 태양구가 발달한 사람임을 알 수 있다. 비록 시련을 맞이할지언정, 탑배우로 큰 명성이 있다는 사실 역시 부인할 수 없다.

– 짧은 생명선

사진상으로 그는 생명선이 선명하나 그리 길지 않다. 중후반대의 나이부터 미리 건강에 신경 써 각별히 주의를 하면 걱정을 줄일 수 있겠다.

4.
유명인에게 적용해본 관상 사례

■ 김태희

한때 '대한민국에서 가장 예쁜 연예인'으로 손꼽혔던 김태희는 현재도 명성 높은 여배우이다. 〈선물〉에서 이영애 아역으로 데뷔한 시절부터 빼어난 미모 덕분에 인기를 누렸다. 이후 〈천국의 계단〉에서 최지우를 곤란에 처하게 하는 악역으로 등장했음에도 불구하고 아름다운 얼굴 덕에 많은 팬층을 만들었으며 결국 빅히트를 치게 된다. CF퀸으로 떠오르며 승승장구했다.

- 넓고 둥그런 이마

이마는 사람에게 타고난 재물운을 알 수 있는 창으로 해석된다. 김태희는 둥글고 넓은 이마를 가졌다. 다복한 가정에서 좋은 부모를 만나 초년부터 큰 무리 없이 성장할 수 있음을 알 수 있다. 동시에 도톰하고 넓게 빛나는 이마로 인해 큰 재물이 들어와 머무른다는 점 역시 알 수 있다. LA에도 고급 주택을 소유했을 정도로 현재 큰 부를 누리고 있는 그녀의 삶이 잘 나타나 있다.

- 황금 각도로 올라간 눈꼬리

그녀의 눈을 보면 어린 시절부터 돋보였던 총명함도 알 수 있다. 찢어지지 않고 좋은 각도로 살짝 올라간 눈은 남다른 명석함과 지조를 나타낸다. 실제로 김태희는 미모만 뛰어날 뿐 아니라 '서울대학교' 출신으로도 유명하다. 만약 서울대에 떨어지면 의대를 넣으려고 했을 정도라 한다. 명석한 두뇌와 총명함을 10대 시절부터 보유하고 있었다.

- 선명한 코끝

그녀의 코를 보면 콧구멍이 보이지 않으면서 코끝이 처지지도 않았다. 관상학적으로 좋은 코이다. 선명하게 살아있는 코끝과 콧대의 조화는 한번 들어온 재물이 엄한 곳으로 새어나가지 않고 자신의 곳간에 머무르게 된다는 것을 의미한다. 연예인 활동으로 엄청난 부를 쌓아간 그녀의 커리어를 잘 해석해주는 관상 포인트이기도 하다. 또한 콧대도 낮지 않으니 인생 전반에 걸쳐 나름의 프라이드와 가치관을 지키며 소신껏 산다는 징표이기도 하다.

■ 유승호

유승호는 데뷔작인 〈가시고기〉부터 연기에 재능이 있는 아역배우로 두각을 보였다. 이후 영화 〈집으로〉 작품에서 대중에게 큰 인상을 남기며 자타공인 탑 아역배우로 자리매김했다. 그 이후 〈태왕사신기〉, 〈공부의 신〉에 참여하며 청년, 성인 배우의 입지 또한 다져나갔다. 현재에는 왕성한 활동을 보이지는 않지만 이미지가 매우 좋은 편이며 아직 나이가 20대이기에 추후 더 큰 기대가 되는 배우이다.

- 최고의 봉황눈

관상을 볼 때 최고의 눈 모양으로 손꼽히는 것이 바로 '봉황눈'인데 정확히 유승호의 눈을 보면 알 수 있다. 선명하고 옆으로 긴 눈이며 그 속에 흑과 백의 색이 뚜렷하며 눈에 총기가 있다. 인품이 고귀하며 원대한 포부를 이룰 수 있다. 덕망을 겸비하여 높은 자리에 오를 수 있는 눈이다. 유승호는 굳이 배우를 하지 않더라도 어떤 영역에 종사하든지 나름의 리더십을 발휘할 수 있으리라고 본다.

- 짙고 살짝 올라간 눈썹

유승호는 눈썹이 매우 짙고 풍성한 배우이다. 이는 강한 신념과 명확한 가치관을 갖고 있으며 쉽게 외부상황과 타협하지 않음을 의미한다. 또한 부모나 조상과의 인연이 깊어 좋은 환경을 물려받았을 가능성이 크다. 별다른 무명 없이 어린 시절부터 부모의 선견지명으로 배우를 시작하여 인기를 끌었던 사실만 보아도 잘 알 수 있다. 그러나 짙은 눈썹은 자신의 속내를 감추는 관상이기도 하다. 또렷한 뜻을 가졌지만 외부에 잘 발설하지 않아 소통의 문제가 생기기도 한다.

- 강하지 않은 하관

관상에서 하관은 말년의 흐름을 나타낸다. 그는 부드럽되 강하지 못한 하관을 가졌다. 말년에는 하고자 하는 뜻이 정확히 방향을 찾지 못하고 나름의 고충을 겪을 수 있다. 개인적인 사업을 추진하기보다는 기존의 일을 잘 갈고 닦아 입지를 튼튼히 쌓아가는 것이 후일을 대비하는 좋은 행동으로 여겨진다. 현대적인 미의 기준에 부합하기 위해 종종 하관을 흐릿하고 유약하게 바꾸려는 시도를 하는 배우들이 많으나 이는 관상학적으로는 대치되는 행동이다. 유승호의 경우 타고난 하관이 강하지 않으니 말년의 성숙을 일구기 위해서는 건드려서는 안 된다.

■ 이재명

이재명은 성남시장을 거쳐 35대 경기도지사의 직책을 맡고 있다. 파격적이면서도 개혁적인 정책들로 주로 2030 젊은 진보계층의 지지를 많이 받았다. 특히 그가 성남시장일 때 보인 개혁적 행보는 지역주민의 큰 성원을 얻기도 했다. 그러나 보수성향의 4050 계층에게는 지나치고 과격한 정치라며 빈축을 사거나 비판의 대상이 되기도 했다. 현재에도 해당 정치인을 둘러싼 평가는 양극을 달리는 편이다.

- 옅고 흩어진 눈썹

그의 일상사진을 보면 눈썹이 굉장히 옅고 흩어져있음을 확인할 수 있다. 가지런하지 못한 눈썹은 감정을 대표한다. 시종일관 안정된 하나의 감정으로 사는 사람이 아니라 기복이 심하며 다혈질적인 기질이 있을 수 있다. 공식적인 발언 중에서도 감정을 숨기지 않고 여과 없이 보이는 그를 나타내는 눈썹이라 할 수 있다. 기복이 심하다 하여서 무조건 부정적인 것은 아니다. 그만큼 다채로운 감정을 내부에 품고 있다.

다만, 평정을 유지해야 할 때는 많은 노력이 필요하다.

- 낮은 코 산근

콧대의 시작으로 보이는 코 산근이 낮으면 초년에 고생을 하게 된다. 재물과 멀어지며 명예욕도 낮다. 스스로를 '흙수저 아닌 무수저'라 말할 정도로 힘든 유년을 보낸 그의 삶이 코 산근에 그대로 나타나있다. 또한 높은 명예와 지위보다는 다소 위험하더라도 모험적인 정치를 하는 그의 신념과도 일맥상통한다.

- 코의 선명한 가로주름

그의 콧대에는 유독 가로주름이 많다. 미간부터 콧등의 초중반부까지 가로주름이 있다는 것은 일생을 가로막는 험한 일이 많이 발생함을 의미한다. 그 역시도 인기 정치인으로 승승장구하다 가족 스캔들, 여배우 스캔들로 대중에게 질타를 받은 이력이 있다. 이러한 구설수가 일생에 자꾸만 생겨나 그의 정치인생을 방해할지도 모른다는 사실을 유추할 수 있다.

- 작은 입

입이 작으면 여러 사람의 말을 잘 담지 못한다. 이는 여러 의미로 해석할 수 있다. 자신의 주관이 강하여 신념을 잘 지킬 수도 있지만 주변과의 화합에는 약하다. 정치인에게는 좋지 않은 입이다.

■ 도널드 트럼프

트럼프는 미국의 45대 대통령이다. 'Make America Great Again!'
표어로 대표되는 그의 정치는 보수적인 공화당 진영의 신념을 잘 보여준
다. 부동산 기업을 거느렸던 거대 부호 출신답게 기업가적 수완에 강하
다. 그러나 오바마 정치 이후 급격히 백인 위주로 정치 상황을 퇴보시켰
다는 비판을 받기도 한다. 젊은 층의 표심은 약한 편이나 그를 지지하는
콘크리트 층이 분명 존재한다.

- 움푹한 관골

서양인은 대체로 얼굴의 골격이 선명한 편이다. 이를 감안했을 때 트
럼프의 관골은 상대적으로 매우 약하다. 오히려 사진의 각도에 따라
움푹 팼다는 느낌을 주기도 한다. 이러한 관골은 물질, 성적인 욕망이
강하며 주변인들과 조화를 이루지 못한다. 자신이 우두머리로 서려고
하는 기질이 강해 삶에 권력 다툼이 끊임없이 생겨나기도 한다. 그의
정치인생을 보았을 때 상당히 부합한다.

- 돌출된 앞턱

그는 얼굴에서 유독 앞턱이 돌출돼있다. 주걱턱까지는 아니지만 분
명한 굴곡을 이루는 앞턱은 그가 말년에도 재물을 놓지 않고 여유 있
게 살 수 있음을 의미한다. 명예나 욕망 등을 늦은 나이까지 쭉 이어
가 지키게 된다. 이미 말년의 나이에 다다른 그는 미국 대통령의 지위
가 아니더라도 충분한 대부호이다. 다만 자신의 고집이 세고 신념이 확
고하다. 결코 부드럽거나 유순한 성격이 아닌 트럼프를 잘 보여 주는

관상 포인트이다.

- 좁은 이마

대체로 이마가 좁으면 재물운이 약하며 초년에 힘든 시기를 보낸다고 해석된다. 그러나 트럼프의 재물운은 이마와 일맥상통하지 않다. 트럼프는 부유한 가정에서 자랐기 때문이다. 그 이유는 이마에서 이어지는 코에 있다.

- 산근부터 높은 코

좁은 이마가 충분히 상쇄될 만큼 높은 코 산근은 코끝까지 시원하게 이어져 있다. 그의 얼굴 관상 모든 요소가 눈을 제외하고 '재물'을 대표하고 있다.

■ 시진핑

시진핑은 중국의 국가주석이다. 우리나라에 비유한다면 중국의 대통령이라고 보아도 무관한 지위이다. 오히려 중국 내의 시스템상 대통령 이상의 막강한 권력과 명예를 가진 위치이다. 그는 확고한 개혁주의적 성향을 가졌기 때문에 과거 마오쩌둥의 탄압을 받아 좌천되기도 했다. 주석이 된 이후 반부패 척결을 모토로 삼아 상당히 공격적인 행보를 보였다.

- 눈썹 위까지 올라온 귀

귀는 총명함을 나타낸다. 시진핑은 귀가 굉장히 크고 바깥으로 활짝

열려있다. 또한 눈썹선의 위까지 올라와 있는데 이는 상당히 명석하고 영리하다는 뜻이다. 타인의 말을 잘 경청하는 자세가 있기 때문에 정보 수집력이 높으며 이를 바탕으로 신뢰 있는 리더십을 지니게 된다. 그가 좌천을 당했음에도 불구하고 주석이라는 최고의 자리까지 꾸준히 올라올 수 있었음을 알게 해주는 대목이다.

- 발달한 코 준두

코 준두는 코끝에 위치한 동그란 언덕, 가장 튀어나온 부분을 말한다. 시진핑은 준두가 상당히 발달해있으며 완만한 곡선을 이루고 있다. 한번 들어온 재물을 꽉 잡을 수 있다. 강직하고 묵직한 성품이 있어 타인에게 믿음을 주기도 한다. 그러나 쉽사리 자신의 감정표현은 하지 않기 때문에 내면을 읽기 힘들다는 평가를 받기도 한다. 공식 석상에서 쉽게 잘 웃지 않는 그의 특성과도 일치한다.

- 크고 두툼한 입술

시진핑의 입술은 아래위로 두툼하며 가로로도 길다. 이는 충직함과 신중함을 동시에 나타낸다. 절대 경솔하게 행동하지 않으며 입이 무거운 사람이다. 이러한 입술의 모양은 입이 위치한 하관과도 연결된 경우가 많다. 시진핑 역시 얼굴 살이 적지 않음에도 불구하고 하관이 분명하다. 말년이 부유하고 안정적이며 큰 명예를 누릴 수 있을 것이다.

- 좁은 이마와 고르지 못한 주름

이마를 보면 그도 완벽하지는 못한 관상이다. 좁은 이마이기에 그의 위치에 비해선 재물이 다소 덜 따르는 편이다. 또한 주름이 흩어져있어 가족운이 없다. 부모와 형제들이 앞길에 불운을 가져다줄 수 있으니 조심해야 한다.

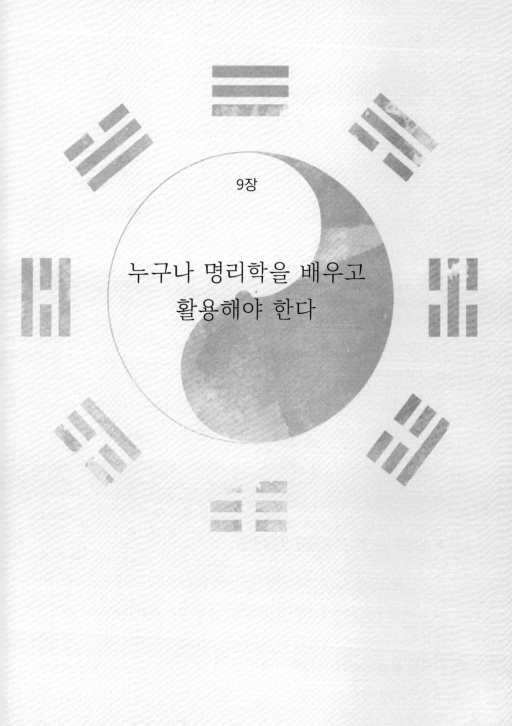

9장

누구나 명리학을 배우고
활용해야 한다

1.
명리학을 배우면 잘사는가?

■ 잘 산다는 것?

오랫동안 명리학을 연구하고 이에 대해서 의뢰하는 사람들을 만나면서 가장 많이 받는 질문 중 하나는 결국 명리학을 배우면 잘사느냐에 대한 근본적인 질문이다. 궁극적으로 이 세상에 살고 있는 모든 사람들의 목적은 결국 건강하고 행복하게 사는 것이다. 본인이나 사랑하는 가족, 친지가 건강을 잃거나, 학업이나 애정과 결혼, 재물에서 좋지 않다면 그 삶은 좋지 못한 삶이 되는 것이다.

■ 명리학은 인생의 중요한 알림판

많은 사람들이 하는 오해가 명리학을 배우면 곧바로 인생이 탄탄대로가 되고 만사가 잘 풀릴 것이라고 생각하는 것이다. 하지만 명리학 그 자체로서는 인생에 큰 영향을 미치지 못하는 경우가 대부분이다.

쉬운 예를 들자면, 요리를 잘하고 싶어서 요리책을 많이 산 후에 열심히 읽는다고 해서 그 사람의 요리 실력이 높아지고 유명한 요리사가 될 수 있는가? 이는 이론과 실천이 다르다는 걸 알지 못하는 잘못된 생각이다. 지금 책을 읽는 독자나 세상 많은 사람들이 이러한 생각에 대해 아둔하다며 비웃지만, 사실 수많은 사람들이 이러한 오해를 하고 있다. 명리학도 마찬가지라고 할 수 있다.

　명리학을 공부한다는 것은 자신의 주어진 사주와 운명을 깨닫고, 이를 바탕으로 적극적으로 자신의 운명을 개척해 나가고 개선해나가야 효과가 있는 것이지, 그저 명리학을 열심히 공부만 한다고 해서 갑자기 우울하던 인생이 밝아지고 행복해지리라고 기대하는 것은 그 사고의 본말이 전도되어 있다고밖에 볼 수가 없다.

　하지만 한 가지 확실한 것은 명리학은 인생을 어떻게 살아가야 잘 살 수 있는지, 그리고 자신의 운명에 맞게 살 수 있는지를 알려주는 매우 중요한 지표가 될 수 있다는 점이다. 보통 인생이 답답하고 잘 풀리지 않는다며 운세나 사주 등을 물어보는 사람들을 보면 열에 아홉은 자신의 운명을 거스르는 삶을 사는 경우이다. 동양철학에서 가장 강조하는 바는 "물이 위에서 아래로 흐르는 것처럼 순리대로 살라"는 것이다. 인간도 결국 자연의 한 요소로서 이 세상 만물이 움직이는 이치대로 살면 편안하고 행복하게 살 수 있지만, 자꾸 이를 어기고 자기 마음대로 살고자 하면 결국 화를 입게 마련이다.

　그렇기에 자신의 삶이 너무나도 안 풀리고 답답하다고 느껴진다면 우선 명리학을 공부하거나 이미 명리학으로 저명한 사람을 찾아 자신의 운명을 정확히 파악하는 것이 우선되어야 한다. 그리고 자신의 주어진 운명과 지금 삶의 방향이 어긋나 있음을 깨닫게 된다면 적극적으로 자기 삶의 방향을 바꾸어 사주팔자에 맞는 삶을 살아야 큰 화가 없이 행복한 삶을 살 수 있는 것이다.

■ 과학이 발전한 이 시대에 사주라니?

현대 과학문명이 발달하고 여러 종교에 귀의하여 사는 사람이 많은 요즘 시대에는 특히 명리학에 대한 불신이 커지는 시기이기도 하다. 현대 과학 문명에서는 인간은 결국 생물학적인 분석을 통해 하나의 유기체로서 살아가는 것이라고 판단한다. 하지만 이러한 과학적 분석이 간과하는 것은 바로 인간의 사회성과 심리적인 특성이다. 모든 인간이 과학적으로 분석 가능하고 생물학적으로만 살아간다면 인간 사이의 갈등과 심리적인 문제나 대립의 발생을 설명할 방도가 없다. 결국 명리학은 이러한 인간사에 대한 이야기이며, 사람과 사람 사이에서 어떻게 하면 현명하고 슬기롭게 대처하며 살아갈 것인가에 대한 이론이다. 인간에 대한 과학적인 분석과 대립하지도 않으며, 오히려 그러한 분석이 보지 못하는 이면의 깊은 탐구도 가능하다고 할 수 있다.

다른 종교적인 해석에 의거하여 명리학을 폄하하는 최근의 움직임도 명리학에 대한 제대로 된 이해가 없는 발상이라고 할 수 있다. 애초에 명리학은 어떠한 종교적인 색채를 가지고 있는 해석이 아니다. 인간의 삶과 운명에 대한 수천 년에 걸쳐 쌓이고 쌓인 데이터베이스를 바탕으로 한 빅 데이터 방식의 과학적 분석 방법이라고 할 수 있는 명리학을 그저 종교적인 맹신에 불과하다고 비하해 버리는 것은 무지의 소치로밖에 볼 수 없다. 게다가 애초에 이러한 주장을 하는 사람들의 이면을 살펴보면 특정한 종교에 과도하게 귀의하여 오히려 비과학적인 신념을 맹신하는 경우가 많다. 이러한 사람들의 경우에는 오히려 자신의 삶을 특정 방향으로 과하게 밀어붙이는 경우가 많아 오히려 명리학적 분석에 따르면 삶이 행복하지 못하고 불행해지는 경우도 많다고 할 수 있다.

결론적으로 말하자면, 명리학은 어떠한 허무맹랑한 신념이나 종교적인 믿음이 아닌 체계적이고 과학적인 인간에 대한 분석을 담고 있는 이론이다. 따라서 이를 열심히 공부하고 알게 되면 인생을 편하고 행복하게 사는 법을 깨닫는 것이라고 말할 수 있다. 하지만 명리학과 운명을 조금 볼 줄 안다고 해서 인생에 대단한 행운이 깃들기를 바라는 것은 또한 매우 그릇된 생각이므로 유의하여야 한다.

사례 1) 금전운을 운명에 맡긴 젊은이

예전에 자신의 금전운이 궁금하다며 나를 찾아왔던 한 젊은이가 있다. 그 사람의 운명과 사주를 보고 나는 매우 놀라울 정도의 재물운을 타고난 사주임을 알 수 있었다. 하지만 재물이 들어오는 사주를 가졌음에도 이를 잘 관리하는 운명은 없었기에 나는 이를 꼭 유의하면서 금전을 지키는데 많은 노력을 기울여야 한다고 주의를 주었다. 하지만 이 젊은이는 나의 뒷말은 무시한 채 재물운이 좋다는 이야기만을 듣고는 자신의 운명이 좋다고 생각하여 도박에 **빠지게 되**

었다. 처음에는 남들보다 좋은 운으로 인해서 도박으로 돈을 벌었지만, 결국에는 이를 지키지 못하고 돈을 모두 잃고 결국 도박판을 전전하다가 개인 파산을 한 사례가 있다. 이처럼 단순히 자신의 운명을 믿고 운에 인생을 걸어버린다면 명리학을 공부하는 의미가 없을뿐더러 제대로 삶에 적용되지도 않으므로 항상 유의하여야 한다.

사례 2) 늦게 박사학위를 받은 교수

해당 의뢰인은 서른 살이 넘을 때까지 공부에 대해서 큰뜻이 없이 살아온 사람이었다. 유명하지 않은 대학을 졸업하고 그저 몸을 쓰는 일을 하면서 이곳저곳을 전전하며 살아왔지만, 이러한 삶에 만족을 못 하고 답답해하며 나에게 찾아왔다. 나는 이 의뢰인의 사주를 보면서 가장 놀란 것이, 생년월일과 관상에 공부에 대한 깊은 운명이 박혀 있음에도 불구하고 철저히 이를 무시하고 살아왔다는 것이었다. 역마살이 강하게 작용하여 이곳저곳을 떠돌이처럼 돌아다니지만, 이 사람의 삶에 깊게 연관된 공부 사주를 연결하지 못한다면 결국 막노동꾼으로 전국을 전전하는 삶을 살 것으로 보였다.

나는 이 의뢰인에게 지금처럼 단순한 일을 할 것이 아니고 모아온 돈을 바탕으로 대학에 다시 들어가서 자신이 관심 있던 공부를 진지하게 시작해보라고 권유하였다. 그 청년이 말하길 자신 역시 공부에 관심이 많았지만 유복하지 못한 집안 환경 탓에 어린 나이부터 일을 할 수밖에 없었다며 사연을 털어놓았다.

결국 이 청년은 나의 사주팔자에 대한 분석을 믿고 일을 그만두고 여태 일해서 모은 돈으로 다시 대학을 들어가기 위해 공부를 시작하였다.

남들보다 늦은 나이로 시작하는 공부여서 위험도 크고 적응하기가쉽지 않았을 테지만, 결국 자신의 사주팔자에 있는 공부에 대한 운명을 바탕으로 명문대에 입학하였고, 그 뒤에 공부에 대한 자신감과 확신이 생겨 대학원에 진학하고 외국에 유학까지 가게 되었다. 외국으로 나가는 삶의 방향 역시 사주에 깊게 각인되어 있는 역마살을 잘 살린 경우라고 할 수 있다. 결국 외국 대학에서 박사학위를 받게 되었고, 지금은 한국에 와서 교수를 하고 있다고 하니, 자신의 운명을 모른 채 그저 막노동만 하던 삶이 외국을 돌아다니는 석학으로 바뀐 드라마틱한 사례라고 할 수 있다.

이 의뢰인의 경우 자신의 운명과 사주를 궁금해하고 물어보러 오지 않았다면 얼마나 삶이 비참했을 것인가? 그러므로 자신의 삶이 운명과 어긋난다고 생각하면 반드시 명리학에 통달한 사람에게 이를 묻고, 자신의 삶을 그에 잘 맞추어 살도록 노력해야 할 것이다.

사례 3) 박복한 애정운을 극복하고 행복한 결혼을 한 여성

애정과 결혼은 사람의 인생에 있어 매우 중요한 분기점 중 하나이다. 아무리 자신의 운명과 합치되게 잘사는 사람일지라도 잘 맞지 않는 사람과 결혼을 한다면 인생이 급속도로 나락에 빠지게 되는 경우도 많다. 많은 사람들이 간과하는 것이 결혼을 그저 서로 좋아하면 해도 되는 것이라고 생각하는데, 절대적으로 다른 삶을 살아온 제각각의 사람이 뜻을 맞추고 한집에서 살아가는 것은 그렇게 단순하게 판단해서는 안 된다. 나를 찾아왔던 한 여성 의뢰인 역시 이러한 애정운에 대해서 쉽게 생각하는 사람이었다. 이 여성은 결혼을 두 번이나 하였지만 두 번 모두 이혼하고 매우 우울하게 인생을 살고 있었다. 뛰어난 외모와 지적인 능력까지 겸비하고 있어 많은 남성들에게 애정 공세를 받고는 했지만 결국 자신이 선택한 남자들과 결혼을 하면 남자들이 외도를 한다든지, 폭력적인 성향을 지닌 경우였기에 마음에 큰 상처를 안고 있었다. 이 사람의 사주를 명리학적으로 분석해 보았더니, 애정운이 가장 합치하는 사람은 나이 차이가 많이 나서 해당 여성을 아버지처럼 보듬어줄 수 있는 사람이 어울리는 것으로 판단되었다. 하지만 여태 자신에 맞는 외모와 지적인 능력만을 판단근거로 남자들을 골라왔기에 문제가 발생했던 것이었다.

나는 이 의뢰인에게 다음부터는 자신이 끌리는 남자가 아닌 자신을 잘 이해해주고 성격적으로 원만하고 배포가 큰 남자를 고를 것을 조언했다. 그리고 얼마 지나지 않아 한 남자와 함께 나를 찾아와서 자기들이 결혼하면 잘 맞을지 물어보았는데, 남자를 보니 지금까지와는 다르게 오로지 성격적인 면만을 고려하여 데려왔음을 알 수 있었다. 생년월일과 그 외의 사주를 보아도 둘의 인연이 매우 잘 맞음을 알 수 있었기에 이번에는 결혼을 해도 잘살 수 있을 거라고 이야기하였다.

두 사람은 결혼을 하였고 10년이 넘는 기간 동안 크게 싸우지 않고 행복하게 살고 있다. 즉, 자신의 성향과 어긋난다고 하더라도 그 주어진 사주와 운명에 맞는 방향으로 결혼을 한 덕분에 그 여성이 마침내 행복한 결혼생활을 영위할 수 있게 된 것이다.

명리학을 공부하고 그 이론을 적당히 이해하더라도 항상 겸손한 마음으로 자신의 삶에 주어진 섭리에 맞추어 살기 위해 노력하는 것이 가장 중요하다. 단순히 명리학을 안다고 해서 성공한 인생을 산다고 보장하는 것이야말로 오만이다. 반면에 명리학을 공부하고 자기 삶의 방향을 잘 이끌어나가서 결국 행복한 삶을 살게 된 사람들도 있다. 나를 찾는 의뢰인들에게 나는 최대한 이 점을 주의하도록 한다. 역술가는 이와 같이 '인생컨설턴트'로서의 역할을 잘 해주어야 한다.

2.
운명을 개척하는 방법

운명을 개척하는 것은 곧 순리를 따르는 것이다.

그렇다면 이처럼 과학적인 근거에 바탕한 명리학에 따라서 자신의 삶을 개척해 나가는 방법은 어떤 것이 있을까? 가장 어리석은 것은 자신의 주어진 사주팔자가 지금의 삶과 어긋난다고 그저 한탄하고 포기해버리는 것이다. 애초에 사주팔자는 그러한 삶을 살 경우에 순리대로 잘 흘러가고 행복하고 건강해질 수 있다고 조언하는 것인데, 그저 지금의 삶과 맞지 않다고 절망해버리는 것은 자신의 운을 틔울 기회를 걷어차 버린 채 스스로 불행의 구덩이로 걸어가는 행위라고 할 수 있다.

또한 어리석은 사례는 자신의 운명을 그저 미신에 맡겨버리는 경우이다. 제대로 삶의 향방을 분석하는 사람을 찾아가지도 않고 그저 감언이설과 비과학적인 이야기만을 하는 미신에 자신의 운명을 의탁하는 사람들은 오히려 삶이 더욱 꼬이게 되고, 금전적으로도 큰 손해를 입는 경우가 많기 때문에 항상 유의하여야 한다.

그렇다면 명리학적인 분석을 바탕으로 어떻게 하면 자신의 삶에 내재된 운을 틔우고 이를 좋은 방향으로 잘 개척해 나갈 수 있을까? 자신의 운명을 개척하는 것을 개운改運이라 한다. 그렇다면 어떠한 방법으로 성공적인 개운을 통해 행복한 인생으로 살아갈 수 있을지 알아보도록 하자.

■ 오행을 통한 개운법

우선 인간의 삶에 깊숙이 관여하고 있는 오행에 대한 분석을 바탕으로 개운改運을 하는 방법이 있다. 이는 자신의 삶에서 오행 중 어떠한 기운이 강하며 어떠한 기운이 약한지를 파악하고 이를 보완하는 삶의 방향을 택하는 것이다.

① 비견, 겁재일 경우

비겁이 약하다는 것은 기본적으로 자신을 둘러싸고 있는 사회적인 관계들 즉, 친구나 동료, 형제 등과 함께 화합하는 덕이 약하다는 것을 의미한다. 그러므로 만약 자신이 이러한 경우라면 친구나 동료 등의 유대관계를 항상 잘 맺기 위해 노력하고 자신을 낮추고 주변 사람들을 올리는 태도를 가져야 한다. 또한 남들이 먼저 다가오기를 기다리기보다는 자신이 먼저 베풀고, 다가가며, 자신이 가진 것을 나누는 태도가 개운의 기본적인 요건이라고 할 수 있다.

② 식신, 상관일 경우

기본적으로 여자의 경우에는 식상이 가족에게 전이되는 경우가 많기 때문에 되도록 자식을 많이 가지고, 자식에게 많은 애정과 정성을 쏟아붓는 것이 중요하다. 만약 가족에 대한 애정이 적은 식상의 경우에는 평생 외로움에 몸서리치며 살게 되는 안 좋은 운명을 가질 수 있기 때문에 크게 유의하여야 한다.

남녀에게 공통으로 요구되는 식상의 개운법은 활동적으로 남에게 베푸는 마음을 가져야 한다는 것이다. 비단 직업적으로 서비스적인 것을 가져야 한다는 것이 아니라 각종 사회, 종교단체나 봉사단체에 들어가서 활발하게 나눔을 실천하고, 함께 음식을 나눠 먹으면서 사람들과 행복하게 이야기하는 것을 중요시하여야 한다. 또한 나보다 항상 타인을 먼저 생각하고 배려하며 베푸는 마음을 가지는 것이 중요하다.

③ 재성일 경우

재성은 재물을 뜻하며, 남자에게는 부인, 여자에게는 시어머니를 의미한다. 즉 재물을 항상 소중히 여기고 늘 아끼고 절약하며, 한 푼이라도 모으는 알뜰함을 가져야 한다. 또한 남자는 아내의 소중함을 늘 상기하며 항상 사랑한다고 표현하는 것에 인색하지 말아야 하며, 절대 다른 여자에게 한눈을 팔거나 외도해서는 안 된다. 혹여나 재성을 가진 남자가 색色을 탐하여 '다른 여자와 만나보고 싶다'라고 생각하는 것은 자신에게 있는 재성을 걷어차 버리는 매우 어리석은 행동이라고 할 수 있다. 자신이 재성을 소홀히 할수록 재성은 언제든지 자신의 운명에서 멀어질 수 있음을 명심하고 주어진 것에 만족할 수 있는 태도를 지녀야 한다. 또한 여성의 경우에는 시어머니를 잘 모셔야 하고 마음으로도 항상 공경하며, 자신이 복을 받고 있음을 깨달아야 할 것이다.

④ 관성일 경우

관성은 명예요, 직업이며 남자에게는 자식을 의미하고, 여자에게는 남편을 의미한다. 그러므로 항상 명예를 존중하는 동시에 남의 체면을 깎아내리는 언행을 삼가야 한다. 또한 법과 규범 및 질서를 잘 지켜 자신의 명예를 갉아먹는 행위를 하지 말아야 할 것이다. 또한 남자는 자식을 소중히 여기고 자식에게 좋은 아버지가 될 수 있도록 항상 노력해야 하며 늘 자식과 친밀하고 격의 없이 지내도록 노력해야 한다.

여자의 경우에는 남편의 기운이 약하다고 볼 수 있기 때문에 항상 남편을 존중하고 소중한 존재라고 생각하여 배려해 주어야 한다. 기본적으로 남편을 왕으로 모셔야 자신이 왕비가 된다는 격언을 유의하여야 한다. 남편을 머슴 취급한다면 자신도 결국 하녀밖에 더 되지 않는 것이다.

⑤ 인성일 경우

인성은 인품이고 학문이며, 자기 수양이므로 인성이 약한 사주는 학문을 가까이하고 직업적으로나 취미로나 늘 공부를 하고 수양하려는 태도가 기본이 되어야 한다. 또한 자신의 인품을 닦고 수양하는 일을 게을리하면 안 되고 항상 생활 속에서 이를 실천하려는 태도를 가져야 마땅하다.

또한 인성은 문서에 대한 기운이 깊게 서려 있기 때문에 재산증식도 현금성으로 따지기보다는 문서 재산을 통해서 증식을 도모하는 것이 바람직하다. 즉 각종 자격증을 취득하고 자격증을 통해서 사업의 형태로 돈을 버는 것이 좋다고 할 수 있다.

■ 삶의 태도의 변화를 통한 개운改運법

자신의 운명과 사주, 오행을 바탕으로 운을 틔우는 방법도 존재하지만, 기본적으로 삶의 태도에서 전반적으로 통용되는 개운법도 존재한다. 이는 결국 사람과 사람이 함께 살아가는 사회에서 어떻게 하면 자신과 타인이 모두 행복하게 살 수 있을까를 연구하는 명리학의 기본적인 태도라고 할 수 있으므로 항상 유의하고 명심하여야 할 것이다.

① 첫째는 적덕법積德法이다

남을 위한 선행과 은혜로 덕을 쌓는 것이다. 이 방법은 여러 가지 개운법 중에서도 가장 으뜸이 되는 것으로 가진 것이 없어도 주위 사람들을 위해서 힘쓰고 노력한다면 결국 자신의 운명이 개선되는 결과를 얻을 수 있게 된다.

② 둘째는 개운 기도법祈禱法이다

단순히 기도라고 하면 종교적인 의미를 지니지만 여기서 기도는 종교적인 색채가 아닌 스스로에 대한 깊은 반성과 고뇌, 그리고 개선된 행동을 의미한다. 기본적으로 자신이 저지른 행동에 대한 깊은 참회와 명상을 통해서 본인의 사주팔자를 잘 파악한 후에, 이를 좀 더 개선하기 위한 방향은 무엇일지를 연구하여야 한다. 자고로 깊은 수준의 고뇌와 뉘우침이 없는 기도는 무의미하기에 유의하여야 한다.

③ 셋째는 인연법因緣法이다

우리가 삶에서도 느낄 수 있을뿐더러 많은 위인전기 등에서도 알 수 있는 것처럼 우리의 인생은 어떤 사람을 만나느냐에 따라 그 방향과 결과가 천차만별로 바뀔 수 있다. 그 대상이 스승이거나 배우자일 때는 더욱 그 영향이 크다고 할 수 있다. 그렇기에 어떤 사람을 만나야 할지를 항상 고민하고 자신에게 좋은 영향을 줄 수 있는 인연과 함께한다면 그 운명이 크게 개선될 수 있음을 깨달아야 한다.

④ 넷째는 독서법讀書法이다

이곳에서 독서라 함은 단순히 책을 읽는다는 것에 국한되지 않고 여러 가지 매체와 강의 등을 통해서 공부를 하고 자신의 어리석음을 깨닫고 무지한 상태에서 벗어나려는 태도를 의미한다. 이처럼 여러 가지 방법을 통해서 지혜를 얻기 위해 노력한다면 주어진 운명과 사주팔자를 개선해나가는데 매우 긍정적인 영향을 미칠 것이다.

⑤ 다섯째는 개명법改名法이다

요즘 시대에 접어들면서 많은 사람들이 이름에 대해서 큰 의미를 부여하지 않는 경우가 많다. 하지만 이는 매우 잘못된 방향이며 우려되는 상황이라고 할 수 있다. 이름은 나를 표상화하고 이미지화하는 것이며, 사주팔자 및 명리학에서도 극도로 중요하게 여기기 때문에 작명과 개명에 대한 파트가 방대하며 전문가의 도움이 꼭 필요하다고 여겨진다. 개운改運에서도 마찬가지로 만약 자신의 운명이 잘 풀리지 않는다고 판단된다면 그 요인 중 하나는 나쁜 이름일 경우가 있으므로, 전문가와 이름에 대한 깊은 상담을 한 후에는 개명을 통해서 나쁜 이름을 좋게 바꾸는 것이 필요할 때가 있다.

⑥ 여섯째는 풍수법風水法이다

사주팔자의 많은 요소 중에서 또한 중요하게 여겨지는 것은 풍수지리로, 조상 묘를 어디에 쓰느냐와 같은 요소도 중요하지만 결국 가장 중요한 것은 내가 어떤 환경에서 사느냐이다. 자기 삶의 위치와 장소, 그리고 그 주위를 둘러싼 환경들을 잘 파악하고 이를 바탕으로 자신의 운명을 어떻게 개척해 나가야 하는지를 파악하는 것은 매우 중요하다고 할 수 있다.

3.
당신의 삶, 어떻게 살아갈 것인가?

앞에서 자신의 운명을 빠르게 깨닫고 이에 맞춘 삶의 방향을 잘 선택하는 것이 좋은 인생을 사는데 필수적인 요소임을 배웠다. 그렇다면 명리학을 공부하여 삶을 바꾼 사람들의 사례를 파악해보고 자신에게 적용하고 배울만한 점들이 있는지를 살펴보도록 하자.

■ 자식운에 대하여

사주명리학에서 자식에 해당하는 글자는 여자에게 활동력을 의미하는 글자인 식신食神과 상관傷官이다. 이 식신과 상관은 재물을 생조하는 글자이므로 여자에게 있어서 자식운이 좋아야 재물을 모으게 된다는 의미가 되기도 한다. 또한 남자에게 자식은 편관偏官이나 정관正官을 의미하는데, 이는 남자에게 명예나 직업을 의미한다. 이 역시 재물에 해당하는 글자로 남자에게도 자식을 가지면 재물운이 들어온다고 볼 수 있다. 즉 남녀 모두에게 자식은 재물을 뜻하며 자식과의 관계가 좋지 못하면 재물운이 달아난다고 할 수도 있다. 이러한 상관관계는 우리의 일상에서도 쉽게 깨달을 수 있다. 만약 지금 현재 재운을 누리고 있는 부자라고 하더라도 자식운이 좋지 못한 사람이라면, 필히 말년운 또한 자식운과 동반하여 하락하므로 피땀 흘려 일군 재산을 자식 문제나 지나친 사업확장 등으로 일거에 날리게 되는 경우가 허다하다.

그러므로 자식운에 있어서 개운을 하기 위해서는 자식과의 관계 개선을 위해서 힘써야만 한다. 기본적으로 자식들과 깊은 이야기를 나누고 고민을 상담해주면서 갈등이 일어나지 않도록 노력해야 하고, 만약 자식이 과도한 사업확장이나 금전적인 욕심을 보인다면 이를 자제시키고 교육을 통해 교화시켜야 한다. 그렇지 못하면 가족 전체의 부를 빼앗아 버리는 경우가 발생하기 때문에 매우 유의하여 개운하는 데 힘써야 한다.

근래에는 한국 사회에서 만혼과 저출산 문제가 심각한 문제로 대두하고 있다. 이는 남성들의 경제적 자립 기반이 늦어지는 동시에 여자들이 육아나 교육에 대한 부담감 때문에 발생하는 것인데, 사주명리학적 관점에서는 매우 좋지 못한 사회현상이다. 그 이유는 남성과 여성에게 편재와 정재, 즉 재물을 이야기하는 기운이 남녀가 만나 자식을 낳아야 성사될 수 있는데, 저출산에 의해서 이 재운이 점점 멀어지기 때문이다. 과거 사주를 봐주었던 가정의 경우에는 결혼과 출산 후 소득 증가가 크게 없더라도 경제적 사정이 나아지는 경우를 왕왕 보고는 했는데, 재물이라는 것은 단순히 많이 번다고 해서 자신에게 오는 것이 아니라 어떻게 활용하느냐에 따라 달라지는 것이다. 그러므로 재운을 위해서는 자식을 반드시 낳는 것이 중요하고, 낳더라도 좋은 관계와 화목한 가정을 이루는 것이 개운의 첫째 요소라고 할 수 있다.

■ 학업운에 대하여

　기본적으로 학업운이라 한다면 그 사람이 공부를 잘할 수 있는지를 판가름하는 운세이다. 하지만 현대사회에 접어듦에 따라서 학창시절에 공부를 잘하고, 못 하고가 인생의 성공과 직결되는 시대는 저물고 있다고 할 수 있다. 학창시절의 우등생이 반드시 사회의 우등생이 된다는 보장이 없고, 공부하기를 게을리했다고 사회에서도 역시 게을러지는 것은 아니기 때문이다. 그러나 대체로 학창시절 학업 성취도의 높고 낮음에 따라 이후에 펼쳐지는 인생의 성공 가능성과 선택의 폭이 넓어질 수 있다는 것을 우리는 경험적으로 느끼고 있는 것 또한 사실이므로 자신의 학업운을 잘 살피고 이에 맞는 삶의 방향을 선택하여야 한다. 기본적으로 사주명리학은 선천적으로 타고난 학습능력과 학업 성취 여부에 대한 일정 정도의 답을 제시할 수 있다. 즉 사주명리적으로 본인에게 타고난 학습능력과 학업 성취 정도를 포착해 내고 이를 일정한 기준에 맞게 분류하고 개선점을 찾아냄으로써 자기 자신의 능력에 대한 이해도를 한층 더 높이고 효율적인 공부방법도 찾아낼 수 있는 것이다.

　그렇다면 만약 학업운이 좋지 못한 경우에는 공부에 대한 뜻을 접고 다른 길을 찾아 나서야만 하는 것일까? 사주에 대해서 잘 알지 못하는 사람은 그 운명을 받아들여야 한다고 생각하고 쉽게 포기하기 마련이다. 하지만 제대로 명리학을 공부한 사람은 그러한 결정론적인 관점에서 인생을 바라보는 것이 아니라, 자신에게 주어진 운명을 다양한 방법으로 개운(改運) 해내며 극복해낼 수 있다는 것을 알기 때문에 전혀 두려워하거나 겁내지 않고 열심히 방법을 찾아 나간다.

학업운의 개운 방법은 기본적으로 자신에게 주어진 학업에 대한 운명이 어느 정도인지를 잘 파악하는 것이 우선이다. 만약 자신에게 학업운이 풍족하게 있다면 가장 우선적인 것은 이에 자만하지 않는 것이다. 학업운은 기본적으로 두뇌의 활동과 큰 연관이 있는데, 만약 자신의 두뇌능력을 과신하게 된다면 큰 함정에 빠지거나 재물적으로 손실을 보는 경우가 많으므로 항상 스스로 겸손한 태도를 취하며 경계하여야 마땅하다.

그리고 만약 자신이 학업운이 타고나지 않은 운명을 가진 것으로 판단된다면 쉽사리 공부에 대한 의지를 포기하는 것 또한 좋지 못한 태도이다. 이러한 사람의 경우에는 기본적으로 주위 환경변화에 좌우되기도 쉽고 불필요한 잡념이나 공상에 빠져드는 경우도 많기 때문에 자신이 원하지 않는 공부를 한다면 절대로 성공적인 결과를 얻기가 어렵다. 그러므로 이러한 사람의 경우 개운改運을 하기 위해서는 기본적으로 자신에게 관심이 있는 요소를 잘 파악하는 것이 우선이라고 할 수 있다. 만약 자신이 흥미를 느끼는 분야의 공부를 시작한다면 예전에 공부에 관심 없던 태도가 금세 사라지고 시험이나 중요한 업무에 의지와 열정을 가지고 밀고 나가는 모습을 볼 수 있다.

또한 대부분 학업운이 있는 경우는 역마驛馬의 기운이 매우 강하게 나타나는 경우가 많다. 자기가 태어나고 자란 고향을 떠나 멀리 객지를 뛰어다닌다는 운명적 암시인 역마는, 현대사회에서는 활발한 활동력과 넓은 행동반경을 뜻하기도 해 좋은 의미로 해석되는 편이다. 특히 학업과 관련한 역마 성향은 객지 또는 해외에서 학업의 인연을 이어가게 되는 경우가 많아 해외유학이나 타지유학 등으로 출행할 기회가 많기 때문에 자신에게 역마의 기운이 있는지를 잘 살피고, 해외에서 어떠한 일을 도모하는 것을 궁리해보는 것도 자신에게 주어진 학업운을 개운改運하는 데 매우 중요한 요소가 될 것이다.

학업운은 육신상 인성에 속한다. 사주 월주, 특히 월지에 인성이 있으면 공부에 관심이 있고 공부를 잘하는 학생이 된다. 하나 재운이 들어오면 갑자기 공부에 소홀하고 이성 및 다른 방향으로 관심을 돌렸다가, 다시 재운이 나가고서야 학업에 힘을 쏟는다. 부모는 그것을 모르니 잘하던 아이가 갑자기 엇나간다고 꾸중하지만, 서로에게 옳지 않은 일이다. 마음을 편히 먹고 재운이 나가기를 기다렸다가 가고 나서 공부를 시작하는 편이 더 좋다.

■ 풍수적 개운에 대해서

뉴욕에 본사를 둔 경영 컨설팅기업 매켄지 앤 컴퍼니는 1986년 홍콩에 지점을 개설할 당시 건물, 층수, 사무실 등을 선택하는 데 길한 숫자, 길한 색상 등의 조언을 받기 위해 기획 단계에서부터 풍수 전문가를 고용해 안내 데스크의 방위까지 상세한 정보를 제공받았다. 명리학과 큰 관련이 없어 보이는 서양의 거대 자본기업에서도 회사의 위치를 정할 때 방위나 풍수 등을 살핀다는 것은 이러한 믿음이 전혀 근거 없는 미신이 아닌 오랜 기간의 데이터 축적으로 쌓여온 경험적 과학임을 드러내는 것이다.

결혼이나 이사를 하며 길吉한 날을 찾는 것은 명리학의 풍수적 개운改運에서 아주 기본적이며 중요한 것이라고 할 수 있다. 어떤 날에 결혼하느냐에 따라서 부부의 행복과 가정의 안정, 자식의 운세 등이 결정되는 것이므로, 신중하게 결혼 날을 골라야 하며, 이사 역시 마찬가지이다. 보통 이사에 있어서 널리 퍼진 낭설 중 하나는 '손 없는 날'이라고 해서 해당 날짜에 이사를 하면 집안의 운수가 좋게 된다는 것이다. 하지만 이는 민속신앙에서 온 근거 없는 이야기이다. 그 이유는 명리학의 사주팔자는 각 개인의 생년월일과 타고난 운명에 따라 그 길吉하고 흉凶함이 결정되기 때문에 일괄적으로 어떠한 날이 좋고 어떠한 날이 나쁘다고 하는 것은 이에 대한 섬세한 분석이 없는 이야기에 불과하므로 유의하여야 한다.

방위의 선택도 그 결정이 운명을 바꿀 수 있기에 잘 따져보아야 한다. 방위는 크게는 동서남북의 4가지와 북동쪽 북서쪽 남동쪽 남서쪽 등, 총 8가지의 구성을 가지며, 각 방향과 개인의 사주팔자에 따라 8가지의 운세로 천살방위, 지살방위, 역마살방위, 월살방위, 반안살방위, 겁살방위, 재살방위, 연살방위 등으로 표시된다. 그리고 해당 기운을 풀어 개인적인 명리학적 분석과 그 개인이 가지는 주위 상황에 맞물려 풀이를 하게 된다. 또한 자신의 운세 흐름뿐만이 아니라 물건의 배치, 산수의 배치를 함께 작용시키며, 집안의 대문, 부엌 등이 아주 미묘하게 가족의 기운에 영향을 미치기 때문에 풍수적 개운改運을 위해서는 방위운을 잘 살피고 따져보아야 할 것이다.

마지막으로 색상 역시 사람의 명리학적 운세에 지대한 영향을 끼치게 된다. 음양오행에 있어 불(화 火), 물(수 水), 나무(목 木), 쇠(금 金), 흙(토 土)의 다섯 가지에 따라 특정 요소가 너무 강하거나 기운이 치우쳐져 있으면 좋지 않기 때문에 이것들을 조화롭게 하기 위한 색의 사용이 중요하다. 기본적으로 불은 빨간색, 물은 검은색, 나무는 파란색, 쇠는 흰색, 흙은 노란색과 연관이 되며, 사람이 각자 태어난 해(年)와 달(月), 날짜와 시간을 계산하여 보완하는 색을 찾게 된다.

이처럼 숫자와 방위, 색깔 등 기본적인 명리학 바탕의 풍수지리 연구에 따라서 자신의 운명을 바꿀 수 있는 행동을 하는 방향이 있다. 이러한 방법 역시 주어진 운명에 그저 순응하기보다는, 자신의 사주를 분석하고 어찌하면 좀 더 행복하고 건강한 삶을 영위할 것인가의 문제이므로, 만약 자신의 현재 삶이 마음에 들지 않고 무엇인가 바꾸고자 한다면 이러한 연구와 행동을 능동적이고 적극적으로 추구해야 할 것이다.

4.
좋은 역술책을 통해 운명의 길을 닦다

앞서 말했듯 자신의 운명을 깨닫고 이를 바탕으로 바람직한 삶을 살아가는 것은 너무나도 중요한 일이다. 잘못된 방향으로 아무리 노력한다 하더라도 그 복은 찾아올 수 없으며, 올바른 방향으로 목표를 맞추고 살게 되면 남들에 비해 크게 무리하지 않아도 수월하게 성공을 얻을 수 있다. 그렇다면 여기서 가장 중요해지는 것은 역시 얼마나 정확하고 똑바르게 자신의 사주팔자를 알 수 있느냐라고 할 수 있다.

■ <사주첩경>에 대하여

명리학을 공부하는 데 가장 기본적인 저서는 〈사주첩경〉이다. 명리학의 종가인 중국의 어떤 명리학책보다 현대 한국 사람 故 자강 이석영 선생님이 저술한 〈사주첩경〉이 더 훌륭하다고 평가하며 이를 바탕으로 사주를 보곤 한다. 더구나 이 책은 실전 사례를 소상하게 소개함으로써 초보자들이 통변(通變, 변화에 통한다)의 원리를 이해하도록 했다.

통변은 사주에서 가장 어려운 부분이라 할 수 있다. 그리고 기존의 사주책에서 제일 안 밝히는 부분이기도 하다. 통변이라 함은 시골 면

사무소에서 일하는 서기 공무원에 비유할 수 있다. 서기는 매일 사람들의 호적을 들여다보고 호적을 발급하는 일을 하기에, 호적상으로는 사람 이름을 많이 외운다. 누가 누구의 아버지고 아들이라는 식으로 머리에 암기하는 것이다. 그러나 면사무소 호적실에서 나가 길거리의 사람을 보면 그가 누구의 아들인지 모른다. 장부상으로는 이름을 알지만 실전에서는 모르는 경우가 발생한다.

사주도 마찬가지라고 할 수 있다. 이론상으로는 알 수 있지만, 실전 사주풀이에 들어가면 캄캄한 경우가 있다. 자동차 부품은 많이 모아놓았지만, 이걸 어떤 순서에 의해 어떻게 조립해야 하는지는 모르는 셈이다. 즉, 조립 순서 어떤 볼트를 어떤 너트에 조립해야 하는지 순서를 알려주는 게 통변이라 할 수 있다. 부품을 아무리 많이 갖고 있어도 조립하지 못하면 무슨 소용인가. 이걸 조립해 자동차를 완성해야 타고 다닐 것 아닌가. 대부분의 사주책이 부품 이야기만 하고, 이걸 조립하는 노하우에 대해서는 설명이 소략하다. 그런데 〈사주첩경〉은 이 조립 노하우를 공개하였기에 이 점이 대단하이다.

■ 격국, 잘못 알면 오히려 도움이 안 된다

격국이란 사주팔자의 짜임새를 보고 체體를 판단하는 것으로, 사주 내에서 어떤 것이 주도권을 잡고 있느냐를 판단하는 것이다. 사주는 오행五行의 세력다툼이요, 주도권싸움이라고 할 수 있다. 또한 순리에 따라서 약자는 강자에게 굴복하는 사주를 가지게 된다. 그러나 대운에서 약자를 돕는 운이 오면 약자는 입장을 바꿔 강자에게 도전장을 내밀게 되는데, 이러한 점은 참 인간사와 비슷하다고 느껴지기도 한다.

격국은 다양하고 화려한 어구들이 가장 많이 쏟아져 있는 분야이기도 하다. 또한 내격, 외격으로 분류되어 식신생재격, 상관패인격, 관인격 등 머리 아픈 용어들이 난무하기도 한다. 하지만 아무리 복잡하고 어렵더라도 그 사람의 운명을 감정하는데 잘 맞고 좋은 것이라면 꼭 배워야 하는 것이기도 하다.

격국은 이러한 부분에서 많은 논란이 있는 분야이다. 기본적으로 만들어진 시기에 비해 수많은 세월이 지났고, 이에 따라 예전 사회보다 사람들이 살아가는 방식 역시 다변화되었기에 단순히 격국 하나만으로 인생의 성공과 실패, 빈부귀천을 설명하려고 하면 잘 안 맞는 부분도 많이 발생한다.

그러므로 결국 올바르게 인생을 관찰하는데 격국도 하나의 관법으로 사용하는 것이 올바르고, 빈부귀천을 모두 이것으로 판단하는 것은 오히려 인생의 방향성을 잘못 선택하게 하는 요소가 되므로 주의하여야 한다.

■ 좋은 사주팔자 책이란?

시대가 갈수록 혼란스러워지고 믿고 따라야 할 지침들이 다변화됨에 따라 사주팔자에서도 어떠한 스승이나 저서가 좋은지 혼란이 가중되고 있다. 사실 예전부터 좋은 역술책이나 역술 스승을 만나는 것이 쉬운 일은 아니었다. 필자 역시 전국을 유랑하며 유명하다는 스승이나 저서를 찾아보기도 하였지만 많은 경우 그저 말만 번지르르하고 깊은 지식이 없는 경우가 많았기에 실망도 컸으며, 잘못된 지식을 설파하는 사람들에 속아 그릇된 방향으로 노력하다가 시간 낭비를 한 경험도 있다.

이러한 수많은 시행착오와 잘못된 지식에 대항하여 제대로 된 과학적이고 심층적인 명리학 저서를 만들기 위해서 나는 오랜 기간 연구를 하였다. 수많은 내담자들과 만나며 빅 데이터 구축을 기반으로 사람의 사주팔자가 어떻게 흘러가는지를 공부하였으며, 많은 변수들과 요소들을 정리하여 어떻게 하면 나를 찾아오는 절박한 사람들의 운명을 좀 더 행복하고 좋게 만들 수 있을까 고민하였다. 그 오랜 시간 노력의 결과로 나온 이 책은 방대한 명리학 개념을 읽기 쉽고 편안하게 분석하였으며, 많은 사례 분석을 통하여 자신의 삶에 대입시켜 어떻게 살 것인가에 대한 명징한 대안을 제시한다고 할 수 있다.

인터넷의 발달로 워낙에 스스로 명리학, 사주팔자 전문가라고 자칭하는 사람들이 많은 시대이기에 정확하고 권위 있는 해당 분야의 스승에게 해답을 요구하는 사람들이 늘어나고 있다고 한다. 그 사람들에게 나의 이 저서가 조금이나마 쉽게 길을 찾아가는 이정표가 되기를 바라는 마음 간절하다.

自步가 똑바로 본
사주팔자

펴낸날 2020년 10월 15일

지은이 박인주
펴낸이 주계수 │ **편집책임** 이슬기 │ **꾸민이** 이화선

펴낸곳 밥북 │ **출판등록** 제 2014-000085 호
주소 서울시 마포구 양화로 59 화승리버스텔 303호
전화 02-6925-0370 │ **팩스** 02-6925-0380
홈페이지 www.bobbook.co.kr │ **이메일** bobbook@hanmail.net

© 박인주, 2020.
ISBN 979-11-5858-718-5 (03180)

※ 이 도서의 국립중앙도서관 출판시도서목록(CIP)은 e-CIP 홈페이지(http://www.nl.go.kr/
cip)에서 이용하실 수 있습니다. (CIP 2020041436)

※ 이 책은 저작권법에 따라 보호받는 저작물이므로 무단전재와 복제를 금합니다.